3rd Edition

작업관리

박희석 · 공용구 · 정명철 · 이인석 · 기도형 공저

Motion And Time Study

한 경 사

작업관리(3e)

저　자　박희석 · 공용구 · 정명철 ·
이인석 · 기도형

발 행 일　2023년 7월 31일 3쇄

발 행 처　**한경사**

발 행 인　이계남

등록사항　제10-1951호 2000년 4월 14일

주　소　서울시 마포구 신수로 59-1 3층

전화번호　02_717_7264~5

팩스번호　02_717_7226

홈페이지　hankyungsa.co.kr

전자우편　hankyungsa@hanmail.net

ISBN　978-89-6844-145-5　(93530)

가　격　28,000원

차례

3판의 머리말

본 서의 2판이 나온 지 약 3년 만에 3판을 내게 되었다. 학습하는 학생들의 입장에서 어려운 용어 및 단어, 애매하고 부족한 설명 등을 보완하였으며, 본 서로 수강한 학생들이 많은 의견을 주었고 개정작업에 참여하였다.

앞으로도 학습하는데 쉽고 편리하도록 수정과 보완을 계속할 것이며, 강의하시는 교수님들과 수강 학생들이 많은 의견 주실 것을 부탁드린다.

그동안 본 서를 교재로 채택하여 강의를 하신 교수님들과 수강하신 학생들에게 감사를 드리며, 개정판을 허락하여 주신 한경사의 이계남 사장님과 편집에 수고하신 편집실에 깊은 감사를 드린다.

2017년 7월

저자 일동

2판의 머리말

우선, 그동안 본 서를 교재로 채택하여 강의를 하신 교수님들과 수강하신 학생들께 감사를 드린다.

저자들을 비롯하여 여러 교수님들이 강의하면서 본 서의 몇몇 오류가 발견되었으며, 학생들의 이해를 돕기 위하여 보완되어야 하는 부분들이 지적되어 개정판을 내놓게 되었다. 그리고 시설배치 계획을 5장으로 추가하였다.

개정판이 나오기까지 많은 손질을 거쳤다. 그렇다 하더라도 본 서가 작업관리의 이해를 위해 충분하다고 할 수 없다. 앞으로도 수정과 보완을 계속할 것을 약속하며, 교수님들과 학생들께서 많은 의견 주실 것을 앙청한다.

개정판을 허락하여 주신 한경사의 이계남 사장님과 편집에 수고하신 편집실에 감사를 드린다.

2014년 10월

저자 일동

1판의 머리말

작업관리는 생산과정에 필요한 작업자, 기계, 재료, 작업방법, 작업환경 등 제반 작업조건을 조사 · 분석하여, 비능률적인 요소는 제거하거나 줄이고 능률적인 요소는 좀 더 효율적으로 개선하여 최적의 작업조건을 달성하는 여러 개념과 기법들을 다루는 학문이다. 작업관리는 크게 동작연구와 시간연구로 구성된다. 방법연구라고도 불리는 동작연구는 작업을 수행하는 최선의 방법을 강구하는 것이고, 시간연구는 작업이 수행되는 시간을 측정하여 작업을 완료하는 데 필요한 표준시간을 확립하는 것이라 요약할 수 있다.

한편, 갈수록 산업이 자동화되고 산업구조가 제조업 중심에서 IT, BT, NT 등의 첨단분야로 전환되고 있어 작업관리의 중요성이 과거에 비하여 낮게 인식되고 있다. 그러나 산업의 구조와 특성에 관계없이 생산성은 경영의 가장 기본적인 요소이며, 생산성 개선을 목적으로 하는 작업관리의 중요성은 여전하다 하겠다.

작업관리 분야는 근대 경영학과 산업공학의 모태가 되는 중요한 분야이다. 세부적으로는 인간공학, 안전공학, 품질경영 등의 분야들이 추구하는 바와 일치한다. 이러한 연유로 한국산업인력공단에서 시행하는 여러 기사/기술사 자격(품질경영, 인간공학, 산업안전관리, 공장관리 등)의 시험과목에 포함되어 있다. 이에 본 서는 산업공학, 안전공학을 전공하는 학생들을 위한 전공과목 및 자격시험 준비를 위한 교재와 산업현장의 작업관리 담당자를 위한 지침서로 활용되도록 꾸몄다. 기존의 작업관리 저서들에서 다루어져 오던 작업장 배치, 직무분석, 가치공학, 임금관리 등 작업관리와 관련성이 다소 낮거나 생산관리 등의 다른 과목에서 깊게 다루는 주제는 배제하였고, 작업관리와 직접적으로 관련된 주제에 한정하여 한 학기 강의에 적합하도록 분량과 내용을 구성하였다.

본 서의 1장 및 2장에서는 작업관리의 정의와 작업관리의 두 핵심분야인 방법연구 및 시간연구에 대하여 설명하였고, 작업현장에서의 문제점을 찾아내고 개선하는 문제해결 절차를 다루었다. 이어서 방법연구의 핵심이 되는 공정분석(3장), 다중활동분석표(4장)와 함께 라인 균형화(5장)를 서술하였다. 6장과 7장에서는 동작연구와 동작경제원칙을 서술하였다. 작업 소요시간 측정을 위한 작업측정은 8장에서, 수행도 평가와 여유시간은 각각 9장과 10장에서 상세히 설명하였다. 또한 작업시간을 직접 측정하지 않고도 표준시간을 결정할 수 있는 PTS기법으로서 WF, MTM, MOST, MODAPTS를 11장, 12장 그리고 13장에 소개하였다. 특히 국내 작업관리 교과서에서 거의 다루어지지 않았던 MOST와 MODAPTS를 별도의 장에 상세히 설명하였다. 13장에서는 비정형 작업의 효율분석, 정원 산정에 유용한 워크샘플링을 설명하였다. 끝으로 작업관리와 관련된 심리적 요소를 별도의 장으로 서술하는 등, 작업관리의 전통적인 주제와 최신 주제를 두루 포함하려고 노력하였다.

저자들이 미처 인식하지 못한 불충분한 점과 교정되지 못한 오류에 대해서는 여러 독자들의 지도편달을 기대하며, 꾸준히 개선하여 나갈 것을 약속한다.

본 서의 출간을 위하여 많은 노력과 시간을 할애하여 주신 한경사의 이계남 사장님과 권혜진 편집실장님, 직원 여러분께 깊이 감사를 드리며, 저자들의 가족들에게 사랑과 감사를 전한다.

2012년 6월

저자 일동

1장 서론

1장 서론

본 장에서는 작업관리의 정의와 작업관리의 두 핵심분야인 동작연구 및 시간연구의 개요를 다룬다. 또한 작업관리의 범위 및 인접한 분야들에 대하여 알아보고, 작업관리의 역사를 배운다.

1.1 작업관리의 정의

생산(production)의 고전적인 정의는 '인간이 생활하는 데 필요한 각종 물건을 만들어내는 활동'이다. 그러나 현대사회에서 인간에게 필요한 것은 형태가 있는 물건뿐만 아니라 무형의 서비스나 절차 등을 포함한다. 그리고 인간의 생활에서 경제적인 측면뿐만 아니라 삶의 가치를 높일 수 있는 정신적, 심리적인 요소도 매우 중요하다. 따라서 생산의 확대된 개념은 '인간이 생활하는 데 필요한 모든 요소를 만들어내는 활동'이라고 하겠다.

작업관리는 생산과정에 필요한 4M(작업자 man, 기계 machine, 재료 material, 작업방법 method)과 작업환경 등 제반 작업조건을 조사 · 분석하고, 비능률적인 요소는 제거하거나 줄이고 능률적인 것은 좀 더 효율적으로 개선하여 최적의 작업조건을 달성하는 데 필요한 여러 개념과 기법들이다. 작업관리는

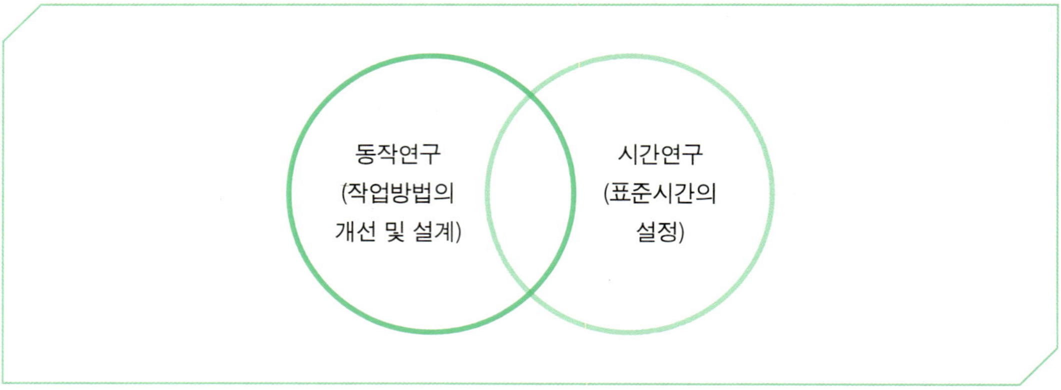

〈그림 1-1〉 작업관리의 핵심분야: 동작연구와 시간연구

〈그림 1-1〉과 같이 크게 동작연구(motion study)와 시간연구(time study)로 구성된다. 방법연구(method study)라고도 불리는 동작연구는 작업을 수행하는 최선의 방법을 찾아내는 것이고, 시간연구는 작업이 수행되는 시간을 측정하여 표준시간(standard time)을 확립하는 것이라 요약할 수 있다.

동작/방법연구는 1900년경에 미국의 길브레스 부부(Frank and Lillian Gilbreth)에 의해 창시되었으며, 가장 적은 비용으로 작업을 수행할 수 있는 효율적인 작업방법을 개발하거나 기존 작업방법을 개선하는 기법이다. 이를 위하여 작업과정을 일련의 미세한 기본동작으로 분해하고 불필요한 부분을 제거하는 등 동작을 가장 편하게 하고, 작업자가 사용하기에 편리한 도구나 기계를 개발하여 최상의 작업방법을 찾아낸다.

시간연구는 1880년경에 미국의 테일러(Frederick W. Taylor)가 스톱워치를 사용하여 작업시간을 측정한 것에서 시작되었으며, 평균적인 숙련도의 작업자가 작업을 정상속도로 수행할 때 소요되는 시간인 표준시간을 결정하는 기법을 다루는 분야이다. 즉, 작업에서 불필요한 요소와 불필요한 시간을 찾아내서 작업을 개선하고, 그 작업에 필요한 적정 시간을 설정하는 기법이라 할 수 있다.

1900년대 초반에는 성과급 지급의 기초로 활용될 수 있는 시간연구가 주로 적용되었고, 1930년대를 넘어서면서 단순하고 효율적 방법을 추구하는 동작/방법연구에 관심을 가지게 되었다. 이후 두 분야는 시간·동작연구로 통합된 개념으로 서로 보완적으로 적용되고 있으며, 생산현장에서 문제점을 찾아내어 분석하고 개선안을 도출하는 과학적인 기법으로 인식되고 있다. 동작/방법연구와 시간연구의 유기적인 관계가 〈그림 1-2〉에 나타나 있다.

작업관리를 일컫는 다른 용어로는 방법공학(method engineering), 작업설계(work design), 직무설계(job design) 등이 있다. 우리나라에서는 시간·동작연구뿐만 아니라 공정분석, 시설배치, 라인 균형화 등의 개념을 포함한 넓은 의미의 작업관리라는 용어로 통용되고 있다. 작업관리 기법은 전통적으로는 수작업 중심의 제조업에서 출발하였으나, 최근에는 서비스업과 공공분야에도 활발히 적용되고 있다.

우리나라는 OECD 국가 중 근로시간이 긴 편에 속하지만 생산성은 상대

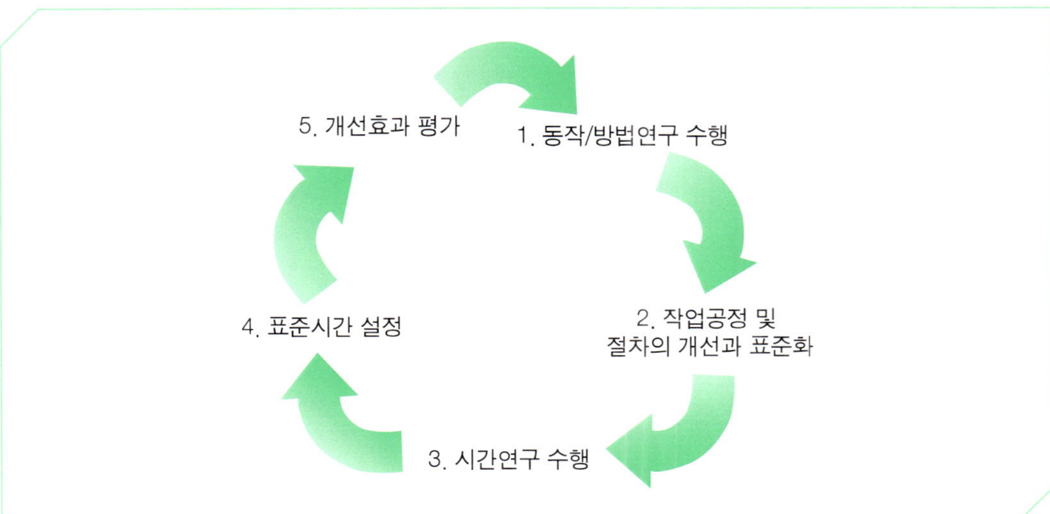

〈그림 1-2〉 동작/방법연구와 시간연구의 순환적인 관계

적으로 낮은 편이다. 이러한 현상의 타개를 위해서 작업관리 기법의 보다 넓고, 심도 있는 적용이 필요한 시점이다.

1.2 작업관리의 범위

작업관리의 범위를 설명하기 위해 공정, 작업, 동작의 상호관계를 먼저 이해할 필요가 있다. 한 공정에는 여러 작업이 있고, 한 작업은 여러 동작으로 이루어진다. 즉, 〈그림 1-3〉과 같이 공정 > 작업 > 동작의 관계가 있는 것이다.

작업관리의 범위는 최적인 작업방법을 개발하는 동작/방법연구에서부터 이를 표준화하는 과정, 표준시간 설정을 위한 시간연구와 작업자 훈련, 임금관리까지 작업에 관련된 모든 과정을 포함한다. 작업관리의 범위는 〈그림 1-4〉에 나타나 있다.

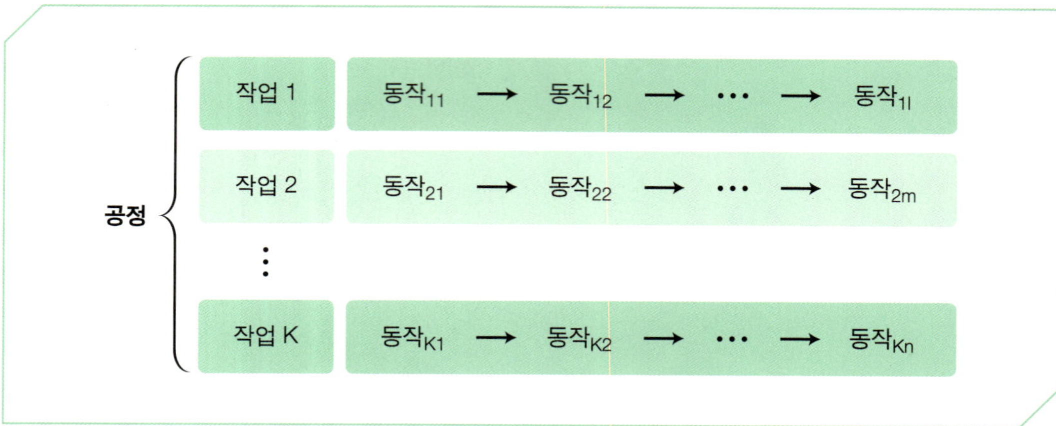

〈그림 1-3〉 공정, 작업, 동작 간의 관계

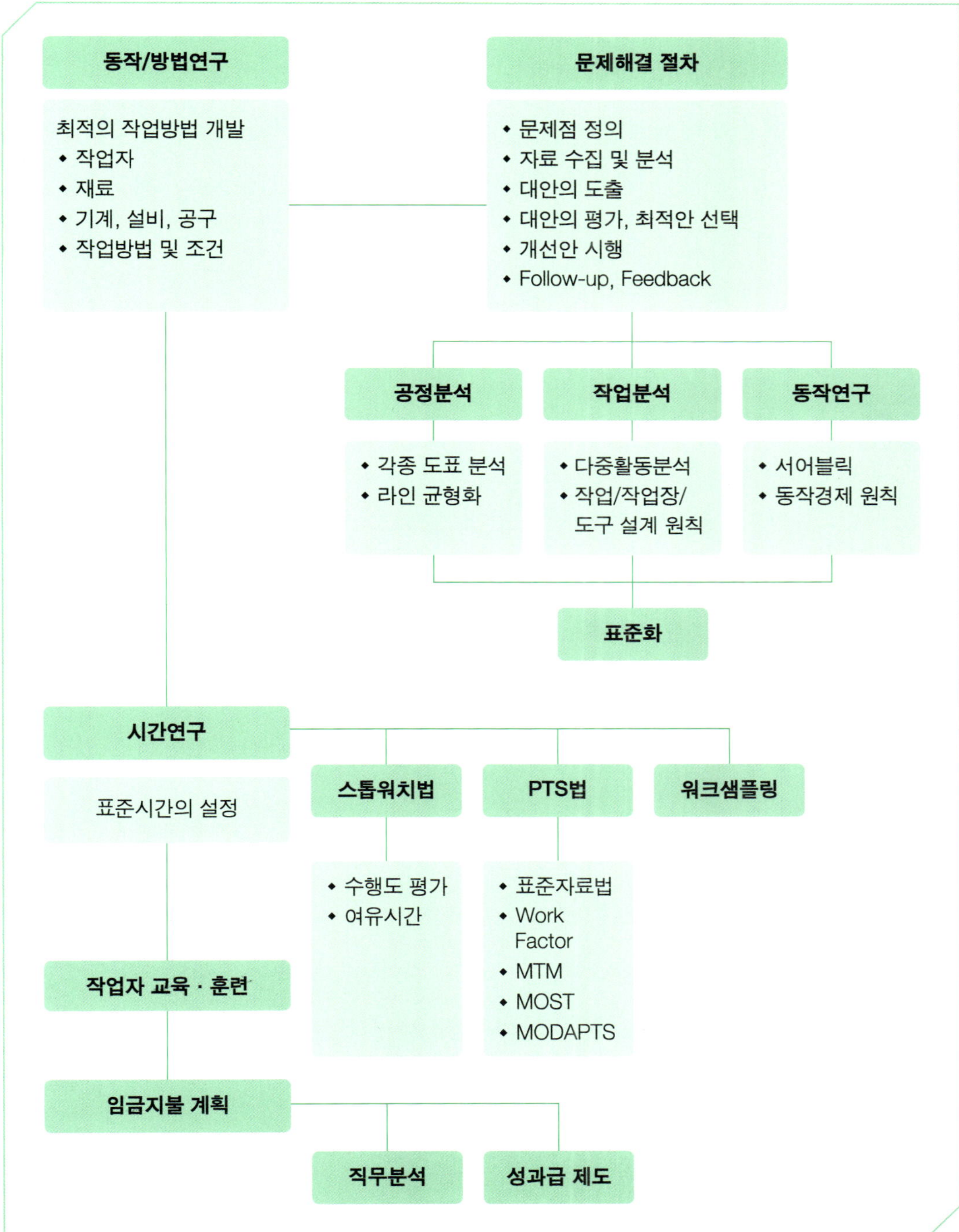

〈그림 1-4〉 작업관리의 범위

동작/방법연구에서는 문제해결 절차를 시작으로 공정분석, 작업분석, 동작연구의 체계를 따라 최적의 작업방법을 개발하여 이를 표준화한다. 그 다음, 표준화된 작업방법의 표준시간을 설정하며, 이때 전통적인 스톱워치법, 기존에 결정된 시간치를 적용하는 PTS법, 간헐적인 관찰법인 워크샘플링 등이 이용된다.

1.3 인접 분야들

작업관리 분야와 밀접한 관계에 있는 산업공학(industrial engineering)은 인력 · 자재 · 설비 · 기술 · 자금 등으로 이루어지는 통합적 시스템의 분석 및 설계에 관한 문제를 다루는 기술 또는 개념의 체계라고 정의할 수 있고, 작업관리는 산업공학의 모태가 된다. 특히 현대의 대량생산 체계에서는 제품의 표준화, 부품의 규격화, 기계설비의 전문화와 작업의 단순화가 필수적이며, 이는 작업관리 기법의 적용으로 달성된다.

작업하기에 편리하고 안전한 작업과 작업장을 설계하는 것은 인간공학(ergonomics)과 안전공학 분야가 추구하는 바와 일치한다. 그리고 좋은 품질의 제품을 생산하는 작업방법과 조건을 찾아내는 것은 품질경영 분야와 일치하는 등, 작업관리 분야는 경영관리의 여러 분야와 매우 밀접한 관계가 있다. 또한 우리나라의 한국산업인력공단에서 부여하는 여러 기사/기술사 자격(품질경영, 인간공학, 산업안전관리, 공장관리 등)의 시험과목에 포함되어 있다.

1.4 작업관리의 역사

1. 배비지

컴퓨터의 개념을 처음으로 고안한 것으로 유명한 영국의 배비지(Charles Babbage: 1791~1871)는 1832년 「기계와 제품의 경제에 대하여(On the economy of machinery and manufactures)」라는 저서에서 기계에 의한 자동화의 필요성, 작업기술에 따른 임금의 차별, 숙련도에 따른 분업의 필요성 등을 제안하였다.

2. 테일러

테일러(Frederick W. Taylor: 1856~1915) 이전에도 1760년에 프랑스 기술자 페로네(Jean-Rodolphe Perronet)와 1820년경에 영국의 배비지에 의해 시간연구가 수행된 적이 있으나, 테일러가 현대적 시간연구의 아버지로 알려져 있다.

테일러

테일러는 미국 필라델피아의 부유한 퀘이커교 집안의 법률가 아버지와 청교도 혈통의 어머니 사이에서 태어났다. 그는 하버드대학교의 입학시험에 우수한 성적으로 통과하였으나 시력이 좋지 않아 수학할 수 없었다. 4년 후 22세의 나이로 미드베일(Midvale) 철강회사에 노동자로 취직하였고, 승진을 계속하여 31세에는 선임엔지니어 자리에 올랐다. 1883년에는 스티븐스대학교(Stevens Institute)에서 학사 학위를 받았다.

테일러 이전에는 작업자가 시행착오를 통하여 자신만의 작업방식을 개발하였고, 작업도구를 작업자가 직접 조달하였다. 그러나 테일러는 합리적인 작업방법을 규정하고 그 작업방법을 교육 · 훈련하였다. 그리고 당시의 작업관행은 작업 표준량이 부정확하였기 때문에 기업주가 임의로 임금을 낮게 책정하였다. 이 때문에 노동자의 조직적인 태업(일을 게을리함)이 발생하였다. 이에 테일러는 표준시간과 작업목표를 설정하여 그 이상을 수행하면 상여금(bonus)을 지급하였다.

즉, 테일러의 시간연구는 작업자와 경영자 모두 타당하다고 인정할 수 있는 공정한 하루 작업량을 결정하는 데 사용되었다. 1890년 미드베일 철강회사를 떠날 때까지의 12년간은 공장경영의 기본 개념을 형성한 시기였다. 이후 목재가공회사의 책임경영자로 일하다 1893년부터 1901년까지 경영자문 사업을 하였고, 이 기간에 쌓은 다양한 경험이 테일러 시스템의 원천이 되었다.

1898년 베들레헴(Bethlehem) 철강회사에서 작업방법을 개선하는 일을 여럿 수행하였는데, 그중 유명한 사례가 삽질작업 개선에 관한 것이다. 당시에는 400~600여 명의 작업자가 석탄, 철광석 등을 삽으로 퍼 날랐다. 작업자는 각자 자신의 삽을 집에서 가져왔고, 매일매일 다른 작업반에 배치되었다. 1명의 조장이 50~60명의 작업자를 감독하였고, 작업자들이 무리를 지어 큰 작업장(3,500m×420m)을 돌아다니며 작업을 하였다. 한 번에 하는 삽질의 양도 작업내용에 따라 달라서 석탄은 1.6kg, 철광석은 최대 17.2kg이었다.

테일러는 삽의 크기가 작업별로 다른 것에 의아해했고, 어느 삽이 가장 효율적인지를 연구하였다. 삽의 크기, 작업시간, 휴식시간 등을 스톱워치로 측정하여 분석하였고, 석탄, 코크스(cokes), 철광석 각각에 대하여 다른 삽을 제작하여 사용하도록 하였다. 이를 위하여 2명의 시간연구자를 고용하여 2명의 우수 작업자를 대상으로 하루 최대 삽질 작업량을 결정하였다. 그 결과, 1회 삽질의 중량이 9.8kg일 때 하루 작업량이 최대임을 밝혔고, 작업내용에 따라 다른 크기의 삽을 사용하게 하였다.

아울러, 공구실을 설치하여 작업내용에 따라 필요한 삽을 작업자에게 제공하였으며, 기획실을 두어 작업반장과 작업자에게 매일 아침 작업내용, 필요한 도구, 작업위치가 담긴 작업 지시서를 내렸다. 그리고 그룹으로 일하는 방식 대신 작업자 개인별로 작업량을 측정하여, 규정된 작업량을 달성하면 하루 임금의 60%의 상여금을 지급하였다. 그렇지 못한 작업자는 적절한 작업방법에 대한 교육을 받게 하였다. 이러한 노력을 3년 반 정도 한 결과, 개선에 소요된 비용을 제외하고 연간 78,000달러의 비용 절감을 가져왔으며, 구체적 성과는 〈표 1-1〉과 같다.

테일러 이전에는 근로자에게 작업관리가 의존하여 왔지만, 테일러는 작업관리를 경영자의 과학적인 과업관리라는 계획적 관리로 바꾸어 노동생산성을 높이고 조직적 태업을 방지하였다. 임금문제 해결을 위하여 과학적이고 객관적인 표준 작업량을 설정하였으며, 고임금, 저노무비를 이루어 노사 쌍방이 만족하는 새로운 작업관리 방법을 도입하였다. 이를 과학적 관리법(scientific management)이라 하며 테일러리즘, 또는 테일러 시스템이라고도 한

〈표 1-1〉 테일러의 삽질작업 개선 효과

항목	개선 이전	개선 이후
작업자 수	400~600명	140명
작업자 하루 평균 작업량	16톤	59톤
삽질당 무게	1.6~17.2kg	9.8kg
작업자 하루 평균 임금	1.15달러	1.88달러
상여금	없음	있음
관리 단위	팀	개인
비용/톤	7~8센트	3~4센트

다. 이의 핵심은 공정한(fair) 하루 작업량을 합리적으로 결정하는 것이다.

과학적 관리의 개념은 현재 시점에서 보면 당연하고 기본적인 내용이나, 당시에는 획기적인 것이었다. 그가 주장한 과학적 관리의 4대 원칙은 다음과 같다.

첫째, 종래의 인습적인 과업결정 방법에서 벗어나 합리적으로 과업을 설정하기 위하여 과학적인 시간연구기법을 개발하고, 그 전제조건으로서 작업조건과 작업방법을 표준화한다. 동작연구를 통해 최적의 작업방법을 결정하고, 시간연구를 통해 작업자별로 하루 동안의 공정한 작업량을 결정한 다음 과업설계를 한다.

둘째, 과업이 결정되면 그 과업에 가장 적합한 작업자를 과학적으로 선발하고 훈련하며, 각 작업자가 자기 분야에서 최고 수준이 되도록 한다.

셋째, 모든 과업이 과학적 원리들에 입각하여 행하여질 수 있도록 작업자들과 협조한다. 이를 위하여 작업자들이 최선을 다해 주어진 과업을 수행할 수 있도록 성과급 제도를 도입한다.

넷째, 작업 조직의 노동생산성을 향상시키기 위해 직능식 조직을 도입한다. 이 제도는 계획 기능과 작업 기능을 분리하여 경영자는 계획과 통제의 기능을, 작업자는 계획된 작업의 실행을 담당한다.

그러나 테일러는 시간연구를 통해 결정되는 하루의 공정한 작업량이 단체교섭으로 결정한 기준보다 합리적이기 때문에 노동조합이 불필요하다고 주장하여 비난을 받기도 하였다. 그리고 다음과 같은 적용상의 오해로 인하여 비판을 받기도 하였다. 첫째, 작업과정에서 발생하는 작업자 간의 인간관계 문제나 비공식 조직과 같은 사회적 요인을 고려하지 않고 작업자를 기계의 부속물로 취급하는 경우가 종종 발생하였다. 둘째, 작업자의 개인차를 고려하지 않았다. 셋째, 작업자는 현장감독(foreman)의 일방적인 작업 지시를 수행하고, 현장감독은 작업자의 새로운 아이디어나 제안을 받아들이지 않는 경우가 발생하였다.

3. 길브레스 부부

길브레스 부부는 동작연구의 효시로 여겨지며, 주어진 작업을 수행하는 가장 최선의 방법을 찾는 연구를 수행하였다. 이 개념은 인간공학의 기반이 되기도 한다.

남편인 프랭크 길브레스(Frank Gilbreth: 1868~1924)는 MIT에 진학할 예정이었으나, 부친의 사망으로 학업을 포기하고 17세에 벽돌을 쌓는 견습공으로 일하기 시작하였다. 그는 벽돌쌓기 작업의 관찰에서 다음의 사실을 발견하였다. ① 각 작업자는 각자 자신의 고유한 작업방법으로 작업을 수행하고 있어, 어느 누구도 같은 방법으로 작업을 하지 않았다. ② 한 작업자도 항상 같은 방법으로 작업을 하는 것은 아니었다. 즉, 작업을 빠르게 할 때와 느리게 할 때 방법이 다르며, 다른 작업자에게 작업방법을 가르칠 때도 방법이 달랐다. 이와 같은 점을 의아해하여 최선의 작업방법을 찾아내려 한 것이 동작연구의 출발이라고 알려져 있다.

길브레스 부부

길브레스는 벽돌쌓기 작업을 사진으로 찍어 분석하고 작업분석에 필요한 여러 공정도를 만들어 작업을 다음과 같이 개선하였다. 첫째, 벽돌이 쌓임에 따라 작업 높이가 높아지더라도 발판을 조절하여 편안한 자세로 일할 수 있도록 높낮이가 조절 가능한 발판을 고안하였다. 둘째, 벽돌과 모르타르(mortar)를 공급하는 작업대를 제공하였다. 셋째, 저임금 작업자를 고

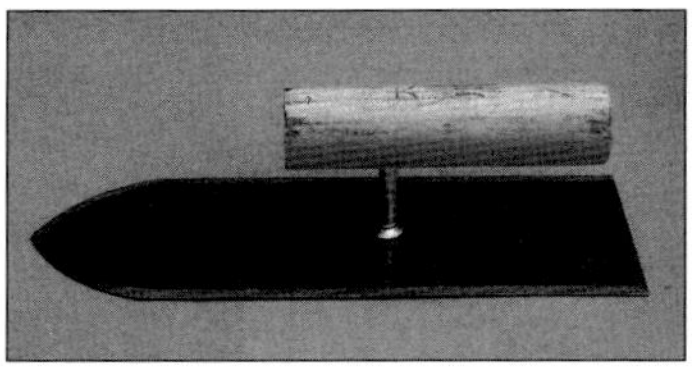
흙손

용하여 벽돌을 작업하기 편한 방향으로 미리 쌓도록 하여 벽돌공이 벽돌의 작업 방향을 찾기 위하여 이리저리 돌리는 시간을 제거하였다. 넷째, 작업대 배치를 개선하여 벽돌공이 한 손으로 벽돌을 잡고 다른 손으로는 모르타르가 담긴 흙손을 동시에 사용하는 두 손 작업이 가능하도록 하였다. 마지막으로 모르타르를 묽게 하여 흙손을 사용하지 않고 손으로도 쉽게 벽돌을 원하는 위치에 쌓을 수 있도록 하였다. 이와 같은 개선으로 시간당 120개의 벽돌을 쌓던 것을 시간당 350개를 쌓을 수 있게 되었다. 노동조합에서도 시간당 270개의 벽돌을 쌓는 것을 타당한 작업량으로 인정하게 되었다.

아내인 릴리언 길브레스(Lillian Gilbreth: 1878~1972)는 브라운대학교에서 심리학 박사학위를 받은 학자였고, 인간적인 측면에 관심이 있었다. 무려 12명의 자녀를 양육하면서 여러 권의 책을 집필하였다. 그리고 남편의 연구가 작업의 비인간화를 지향하지 않도록 항상 곁에서 도왔다고 한다. 'First lady of Engineering', 'Ambassador of Management'라고 불렸고, 1984년에는 그녀를 기념하는 우표가 발매되었다.

그들은 작업시간을 줄이면서 동시에 피로를 경감하는 작업방법을 창안하였고, 공정도, 사이클그래프(cyclegraph), 크로노사이클그래프(chrono-cyclegraph)와 같은 분석기법을 개발하였다. 사이클그래프는 작은 전구를 동작연구의 대상이 되는 신체부위에 부착한 후, 작업자가 작업을 수행하는 장면을 사진으로 찍는 기법이다. 이 기법을 이용하면 동작의 궤적을 분석할 수 있다. 크로노사이클그래프는 전구가 일정 시간 간격으로 깜빡이는 것 외에

크로노사이클그래프

는 사이클그래프와 같으며, 동작의 궤적과 더불어 사진에 나타난 전구의 간격을 바탕으로 동작의 속도와 가속도를 계산할 수 있는 기법이다.

그들은 작업에 주로 사용되는 인간의 동작들을 세분화하여 17개의 공통적인 요소로 분류하였고, 그들 성의 철자를 거꾸로 쓴 Therblig(서어블릭)이라고 명명하였다.

4. 바스

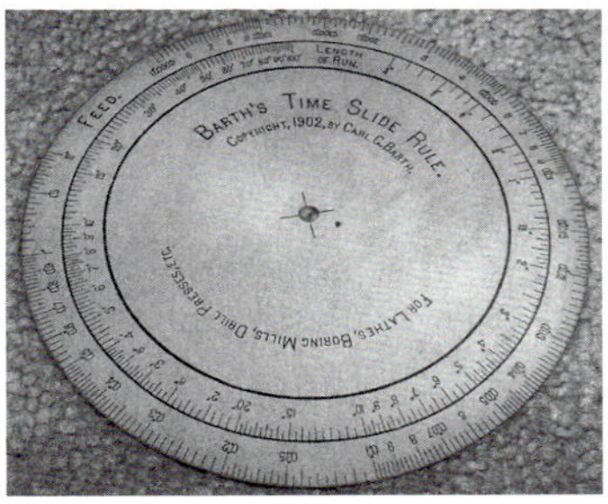

계산척

바스(Carl G. Barth: 1860~1939)는 테일러와 베들레헴 철강회사에서 같이 일한 동료로서, 금속절삭 작업에서 절삭용 금속재료의 효율적인 회전 속도와 이송 속도(feed speed)를 결정하는 계산척(slide rule)을 개발하였다. 그는 경영자로 회사를 운영하였으며 하버드대학교에서 강의하였다.

5. 에머슨

에머슨(Harrington Emerson: 1864~1945)은 1916~1920년 미국 메릴랜드 주지사를 역임하였다. 당시 문제가 되었던 철도회사의 업무에 과학적 방법을 적용하여 회사조직의 변경, 절차 통합, 표준비용과 상여금 지급 계획 수립, 회계업무의 체계화를 수행하였으며, 이러한 노력은 연간 150만 달러를 절약하는 성과를 거두었다. 또한 효율적 작업을 위한 절차를 다룬 「효율성을 위한 12가지 원칙(Twelve principles of efficiency)」이라는 저서를 남겼다.

6. 간트

간트(Henry Gantt: 1861~1919)는 테일러의 동료로서 상여금 체계, 작업자 선발, 교육 · 훈련 및 동기부여에 관심이 있었다. 제1차 세계대전 중에는 프로젝트의 계획 대비 진행 정도를 시각적으로 보여줄 수 있는 일정관리 기법인 간트 차트를 개발하였다.

7. 쿡

테일러와 함께 일했던 쿡(Morris Cooke: 1872~1960)은 필라델피아 시의 공공부문의 국장으로 재임하면서 과학적 관리 원칙을 시정 업무에 도입하였다. 루즈벨트 대통령에 의해 전기 시설을 확충하는 여러 위원회에 임명되어 활동하였다. 1940년에 머레이(Philip Murray)와의 공저 「조직화된 노동과 생산(Organized labor and production)」을 출간하였다. 이 저서에서 노동자와 경영자의 공통의 목적은 최적의 생산성이라고 역설하였다. 최적의 생산성은 경영자와 노동자가 노동력과 물질적 자원을 보존하면서 생산할 수 있고, 공정하게 나눌 수 있는 상품과 서비스의 가장 균형 잡힌 산출이라고 정의하였다.

8. 메이요

메이요(Elton Mayo: 1880~1949)는 호주 태생의 심리학자로, 퀸즈랜드대학교, 펜실베이니아대학교를 거쳐 하버드대학교의 교수로 재직하였다. 작업에서 인적 요소의 중요성을 처음으로 강조하였다.

그는 미국 시카고 인근의 호오손(Hawthorne) 시에 위치하고 있던 웨스턴

일렉트릭(Western Electric)사의 한 공장에서 1924~1933년에 걸쳐 물리적인 작업조건과 생산성과의 관계에 관한 연구를 수행하였다. 원래는 타 연구기관(National Research Council)이 작업장의 조도 수준이 생산성에 미치는 영향을 분석하였으나, 3년에 걸친 연구 끝에 뚜렷한 결과를 보지 못하고 1차 연구가 끝나게 된다.

메이요 교수는 이 연구에 관심을 가지고 2단계 연구를 시작하였다. 이를 위하여 5명의 여성 작업자를 선발하여 여러 작업조건을 제어할 수 있는 별도의 조립라인에 배정하였다. 당시 연구의 가설은 작업조건이 생산성 변화를 가져온다는 것이었다. 연구자는 작업자의 의견을 청취하였고, 성과급, 휴식시간 및 점심시간, 토요 휴무, 작업시간 단축, 점심식사 및 음료의 제공 등이 생산성에 미치는 영향을 연구하였다.

그 결과, 작업조건이 생산성에 영향을 미치는 것보다 작업자의 태도를 포함한 인적 요소가 생산성에 더 영향을 미친다는 것을 발견하였다. 즉, 연구를 위해 선발된 작업자는 다른 작업자와 다르게 대접받았고, 그들 자신이 중요한 존재라고 인식하였다. 따라서 긍정적인 만족감을 갖게 되어 생산성이 증가하였던 것이다.

9. 우리나라 작업관리의 역사

현대적인 작업관리 기법들이 언제부터 우리나라에 소개되었는지에 관한 기록은 없다. 그러나 일제 강점기로부터의 독립과 한국전쟁을 거치는 과정에서 미군에 의해 경영과학(operations research)과 인간공학 분야가 활용되었고, 미국 정부가 모든 대정부 사업계약에서 프로젝트 관리 기법(PERT/CPM) 등의 방법을 사용할 것을 요구했던 것을 근대적인 경영관리 기법의 최초 도입

사례로 볼 수 있을 것이다.

민간에서는 정부의 경제개발계획과 더불어 주로 제조업 현장에 전파되었고, 대학에서 공업경영학과 또는 산업공학과가 개설되면서 작업관리 기법이 본격적으로 강의되기 시작하였다.

요약

작업관리는 생산과정에 필요한 작업자, 기계, 재료, 작업방법, 작업환경 등 제반 작업조건을 조사하고, 생산성에 부정적인 영향을 미치는 요소를 제거하여 최적의 작업조건을 달성하는 여러 개념과 기법들을 다루는 학문이다. 작업관리는 최선의 작업방법을 찾아내는 동작/방법연구와 표준시간을 확립하는 시간연구로 구성된다. 동작 또는 방법연구는 길브레스 부부에 의해 창시되었으며, 시간연구는 테일러가 스톱워치를 가지고 작업시간을 측정한 것에서 시작되었다. 두 분야는 시간 · 동작연구로 통합되어 서로 보완적으로 적용되고 있다.

작업관리의 범위는 최적인 작업방법을 개발하는 동작/방법연구에서부터 이를 표준화하는 과정, 표준시간 설정을 위한 시간연구와 작업자 훈련, 임금관리까지 작업에 관련된 모든 과정을 포함한다. 동작/방법연구에서는 문제해결 절차를 시작으로 공정분석, 작업분석, 동작연구의 체계를 따라 최적의 작업방법을 개발하여 이를 표준화한다. 그 다음, 표준화된 작업방법의 표준시간을 설정하며, 스톱워치법, 기존에 결정된 시간치를 적용하는 PTS법, 간헐적인 작업측정법인 워크샘플링 등이 이용된다.

작업관리는 경영관리의 여러 분야와 관련되어 있으며, 특히 산업공학, 인간공학, 안전공학, 품질경영 등과 밀접한 관계가 있다.

작업관리의 역사에서는 과학적 관리법과 시간연구를 주창한 테일러와 동작연구의 효시인 길브레스 부부를 빼놓을 수 없다. 그 외 배비지, 바스, 에머슨, 간트, 쿡 등의 인물을 기억할 필요가 있다. 그리고 작업에 있어 인적 요소의 중요성을 처음으로 강조한 메이요 교수의 호오손 연구를 기억하기 바란다.

연습문제

1. 작업관리의 내용과 가장 거리가 먼 것은?

   ① 동작/방법연구와 시간연구를 주요 영역으로 하는 경영기법이다.

   ② 최적 작업방법을 모색한다.

   ③ 작업자에게 가능하면 많은 작업을 하게 하는 것이 주목적이다.

   ④ 제조업뿐만 아니라 서비스업에도 적용 가능한 기법들이다.

2. 작업관리의 주목적으로 가장 거리가 먼 것은?

   ① 작업분석을 통한 작업개선

   ② 공정개선을 통한 작업의 편리성 향상

   ③ 표준시간 설정을 통한 작업효율 관리

   ④ 납품관리를 통한 품질 향상

3. 작업관리에서 다루는 분야로 보기 어려운 것은?

   ① 작업강도 강화　　② 생산성 관리

   ③ 작업방법의 개선　　④ 작업측정

4. 올바른 것은?

   ① 길브레스 부부는 동작연구의 창시자이다.

   ② 테일러는 사이클그래프를 가장 먼저 사용하였다.

   ③ 메이요는 성과급 제도를 개발하였다.

   ④ 쿡은 여유시간의 결정에 크게 기여하였다.

5. 테일러의 과업관리 원칙이 아닌 것은?
   ① 공정한 일일 과업량의 결정
   ② 과업을 완수하지 못한 작업자는 적절한 훈련을 받음
   ③ 작업표준 결정
   ④ 호환성 있는 부품의 개발

6. 호오손 연구에 대하여 옳은 것을 모두 고르면?

a. 호오손은 연구자의 이름을 딴 것이다. b. 작업조건과 생산성과의 관계를 조사하기 위해 시작된 연구이다. c. 인적 요소와 생산성과의 관련성에 대한 연구이다.

① a ② b ③ a, c ④ b, c ⑤ a, b, c

7. 작업관리의 발전에 직접적으로 기여한 사람이 아닌 것은?
   ① 테일러 ② 길브레스 부부 ③ 에디슨 ④ 바스

8. 테일러의 삽질작업에 관한 연구의 내용을 중심으로 아래를 설명하라.
   1) 당시 작업관리의 문제점은 무엇이었는가?
   2) 그는 어떻게 작업관리 체제를 개선하였는가?
   3) 그에 대한 비판은 무엇이었는가?

2장 문제해결 절차

2장 문제해결 절차

본 장에서는 작업현장에서 문제점을 찾아내고 이를 개선하는 절차에 대하여 공부한다. 그리고 각 단계에서 적용되는 구체적인 방법과 도구에 대하여 설명한다.

현장의 문제는 대개 여러 요소들이 복잡하게 개입되어 있으므로 문제점을 분석하고 개선안을 도출하려면 체계적이며 과학적인 접근방법이 필요하다. 작업의 문제점을 파악하고 개선안을 도출하는 일반적인 절차가 〈그림 2-1〉에 나타나 있다.

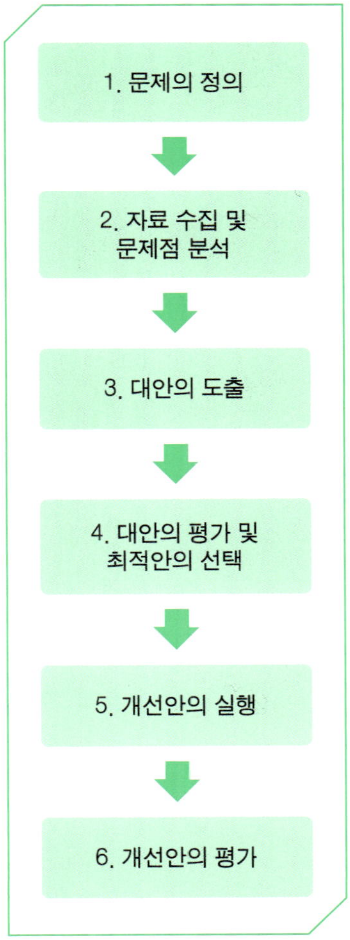

〈그림 2-1〉 문제해결 절차

2.1 문제의 정의

개선과정은 문제를 정확히 정의하고 인식하는 것에서 시작하며, 문제의 정의는 가장 중요하면서도 어려운 단계라고 할 수 있다. 개선대상 작업을 선정할 때는 다음과 같은 기준을 고려한다.

1. 제조원가가 높은 제품
2. 생산량이 많은 제품
3. 재작업(rework)이 많이 발생하는 제품
4. 병목현상이 발생하는 애로공정
5. 새로운 작업 또는 공정
6. 작업자들이 자주 불만을 호소하는 작업
7. 산업재해가 많이 발생하는 작업
8. 작업자들이 개선을 요구하는 작업

파악된 문제점들의 목록을 만들어서 중요도순으로 정리하고, 문제점이 해결되었을 때 가져올 가치를 대략적으로 추정하여 우선적으로 개선의 대상이 되는 것을 선정한다. 이 단계에서는 문제점의 세부적인 사항들, 제약조건, 가능한 해결방법 등은 아직 고려하지 않으며, 문제점을 가능한 한 넓은 시각에서 바라보는 단계이다.

개선대상 작업은 다음 기준을 만족하는 것이 바람직하다.

1. 기술적 측면: 현재 개발되어 있는 기술 수준으로 해결 가능해야 한다.
2. 경제적 측면: 개선할 경우 투자비 이상을 회수할 수 있는 경제성이 있어야 한다.
3. 인간적 측면: 개선된 작업방법은 현장에서 작업자들에 의해 수행되기 때문에 작업자들의 협조가 원활해야 한다.

위의 기준을 고려하면서 작업장 관찰, 생산 관련 자료 조사, 작업자와의 면담/토론, 관리자 및 작업자 설문 조사, 산업재해 자료 조사 등의 방법을 취하여 관련 정보를 수집한다.

1. **작업자 조사**: 작업자를 대상으로 면담이나 설문 등의 방법으로 작업에 대해 조사하여 개선이 필요한 작업을 도출할 수 있다. 작업자 조사는 다음 방법으로 이루어진다.
   1) 작업자와의 면담/토론: 문제를 경험하였거나 개선의 필요성을 느끼고 있는 작업자와 직접 면담을 하여 개선대상을 파악한다. 가장 간단하며 효율적인 방법이다.
   2) 작업자 불편에 대한 설문 조사: 작업 중에 느끼는 불편이나 신체적인 통증의 발생 부위, 강도, 지속시간, 빈도 등을 조사한다.
   3) 작업자 만족도 조사: 작업자가 사용하고 있는 장비나 설비 등에 대한 사용상 만족도를 조사한다.
2. **작업장 관찰**: 개선 담당자가 직접 작업현장을 둘러보면서 문제점을 파악한다. 관찰은 전반적인 문제점 파악을 위한 것과 특정 문제에 초점이 맞추어진 것으로 구분할 수 있다. 이때 사전에 준비된 점검표(checklist)를 활용하면 도움이 된다.
3. **산업재해 자료 조사**: 기업이 가지고 있는 산업재해에 관련된 자료와 더불어, 아차사고(near miss)에 관한 자료까지 검토한다.
4. **작업자 제안 제도**: 개선이 요구되는 작업과 개선방안을 작업자 스스로 제안하는 제도를 실시한다.

2.2 자료 수집 및 문제점 분석

문제점과 관련한 모든 자료를 수집하고 현실적인 제약조건들을 파악하는 단계이다. 구체적으로 다음과 같은 활동이 있다.

1. 각 작업의 내용과 기능에 관련된 배경 정보를 수집한다.
2. 분석대상 작업 또는 유사한 작업을 관찰한다.
3. 차트기법을 포함한 다양한 분석기법을 사용하여 분석한다.
4. 필요한 경우에는 실험을 수행한다.
5. 수학적 모델이나 컴퓨터 시뮬레이션 모델 등을 사용하여 계량적으로 분석한다.

다음은 자료분석에 사용되는 주요 기법을 설명한다.

1. 산점도

산점도(scatter diagram)는 〈그림 2-2〉와 같이 두 변수의 값을 X축(가로축)과 Y축(세로축) 상에 점으로 나타내어 시각적으로 표현하고자 할 때 사용된다.

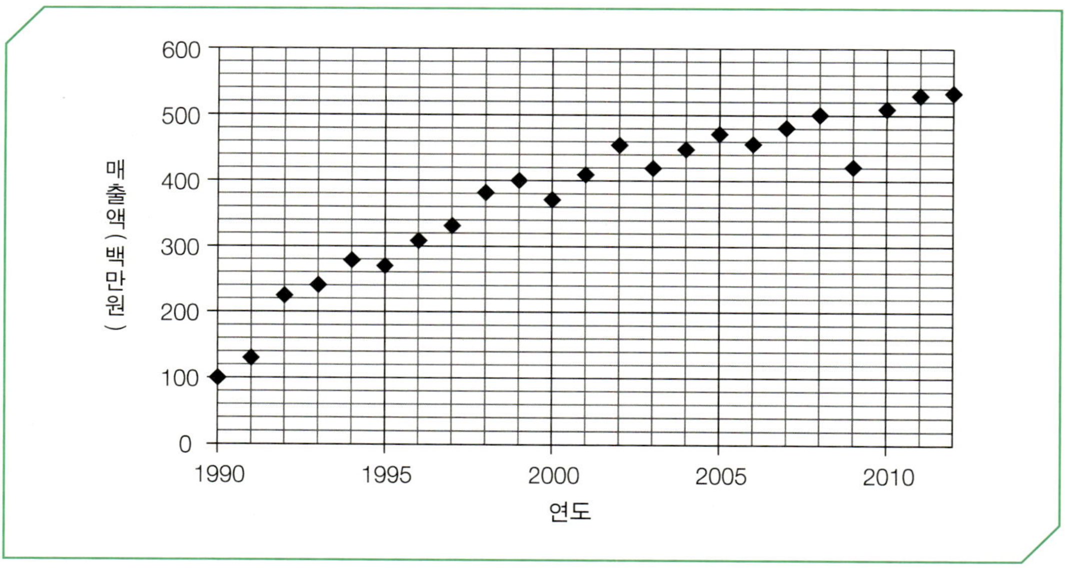

〈그림 2-2〉 산점도의 예시

산점도에서는 다음 사항들을 점검해본다.

1. 두 변수가 양의 상관관계(한 변수의 값이 커질 때 다른 변수의 값도 함께 커짐)를 갖는지, 또는 음의 상관관계(한 변수의 값이 커질 때 다른 변수의 값이 작아짐)를 갖는지?
2. 두 변수의 상관관계가 직선 형태인지 또는 곡선 형태인지?
3. 이상한 값(outlier)이 없는지? 산점도 상에 이상값이 있는 경우는 자료를 수집할 때 잘못된 표본이 수집되었거나, 측정 또는 컴퓨터에 입력 등이 잘못된 것이다. 이 경우에는 그 원인을 파악하여 수정 조치를 하여야 하며, 이상값은 분석에서 제외한다.
4. 표본 자료들이 층별, 즉 서로 다른 집단으로 구분되는가(그림 2-3)?

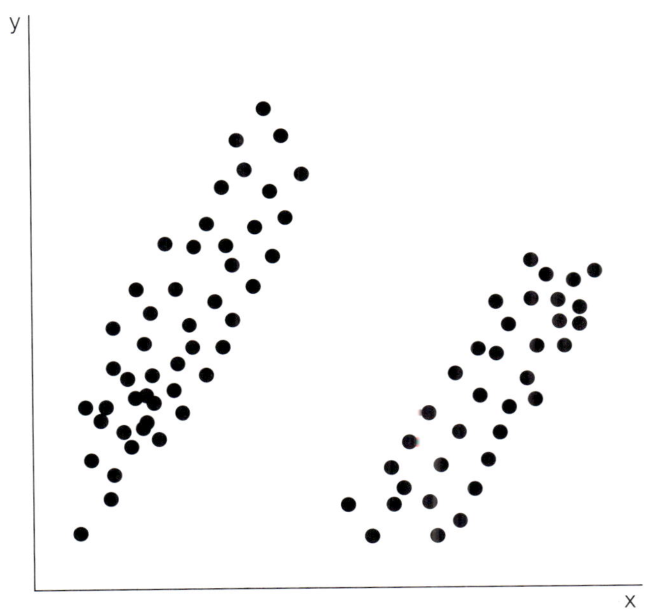

〈그림 2-3〉 층별의 예시

2. 히스토그램

히스토그램(histogram)은 도수분포도라고도 하며, 〈그림 2-4〉와 같이 자료의 빈도 분포를 그래프로 나타낸 것이다. 전체 자료의 분포를 한 눈에 알아보기 쉽다. 가로축에는 자료의 구성 항목 또는 자료의 구간을, 세로축에는 각 항목의 발생 빈도나 구성비를 막대로 그린다.

3. 파레토 차트

파레토(Vilfredo Pareto: 1848~1923)는 이탈리아의 사회학자 및 경제학자로서, 당시 이탈리아 땅의 80%가 국민의 20%에 의하여 소유되고 있다는 것을 발견하였다. 이 파레토 법칙은 전체 결과의 80%가 전체 원인의 20%에 의하여

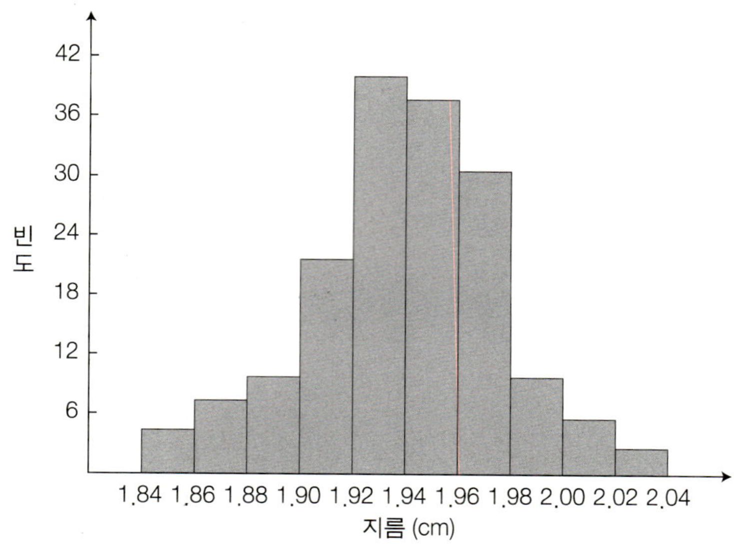

〈그림 2-4〉 히스토그램의 예시

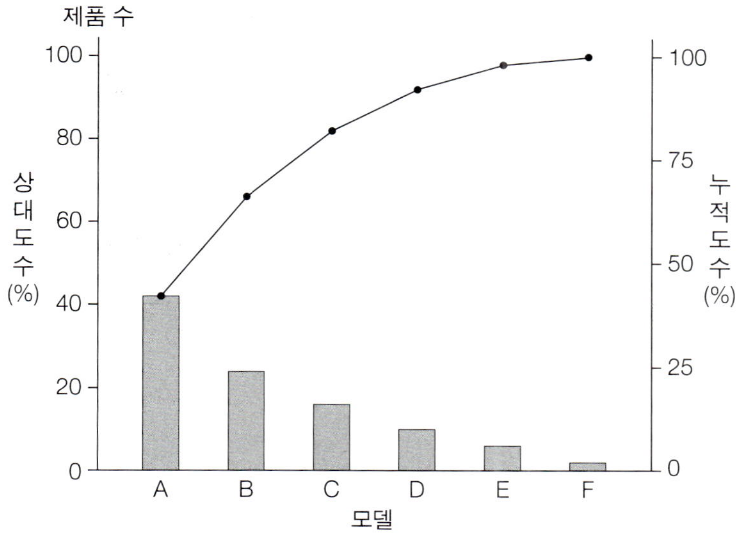

〈그림 2-5〉 **파레토 차트의 예시**

발생한다는 것이며, 전체 원인의 20%에 해당하는 중요한 항목을 우선 연구하는 것이 효율적임을 시사한다.

그리는 방법은, 우선 각 항목의 빈도(또는 수량, 금액 등)를 기준으로 내림차순으로 정렬하고 상대도수(%)를 막대그래프로 그린다. 상대도수의 누적값을 다른 세로축에 함께 나타낼 수 있다(그림 2-5).

파레토 차트를 그려보면 연구자가 어디에 자원을 집중적으로 투자하여야 할지를 알 수 있다.

4. 특성요인도

1950년대 일본의 이시카와가 품질관리 활동을 하면서 개발하였으며, 생선뼈 그림(fishbone diagram), 이시카와 차트 또는 원인-결과도(cause-and-effect diagram)라고도 불린다. 문제와 그 문제에 영향을 미치는 요인들을 한 눈에 볼 수 있는 그림이다.

〈그림 2-6〉과 같이 어떤 특성(결과)에 영향을 미치는 크고 작은 요인(원인)들을 계통적인 그림으로 나타낸다. 바람직하지 못한 사건이나 문제의 결과를 생선 머리로, 그 결과에 영향을 미치는 원인을 찾아 등뼈에 붙어있는 큰 뼈로 나타낸다. 다시 주요 원인에 영향을 미치는 세부 요인들을 그 아래

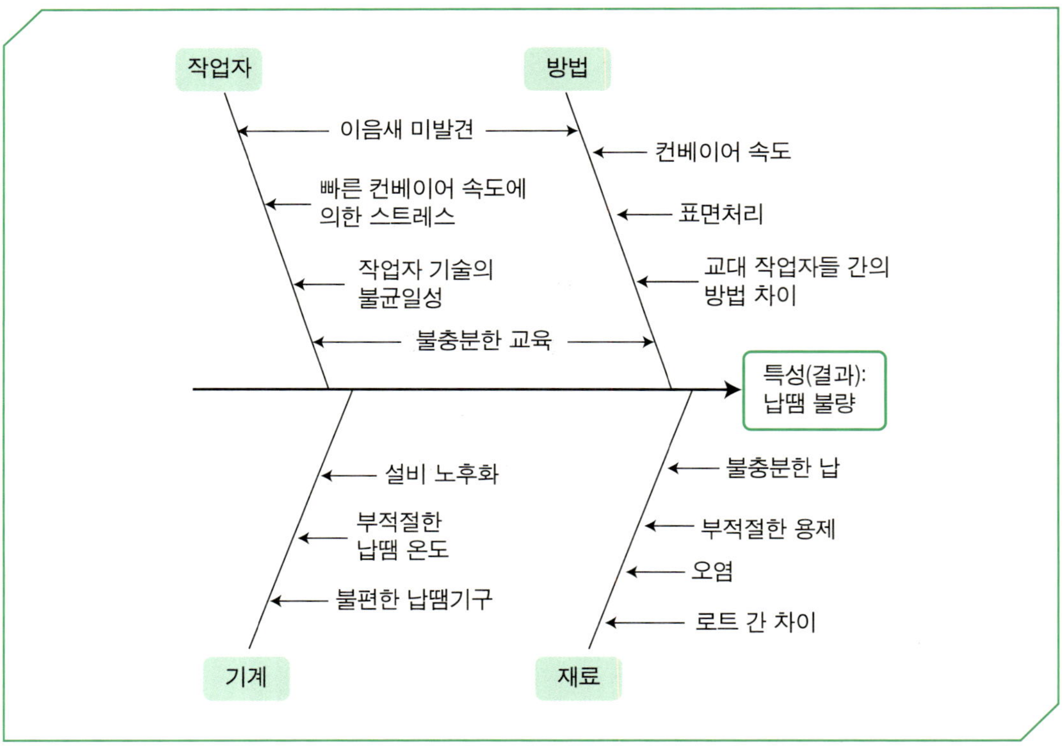

〈그림 2-6〉 특성요인도의 예시

에 나열하여 연결한다(작은 가시). 일반적으로 주요 원인은 작업자, 기계, 방법, 재료, 환경 등으로 구분한다.

5. 간트 차트

1장 4절에서 소개한 간트(Henry Gantt)에 의해 고안된 간트 차트는 제1차 세계대전에서 사용된 이후, 1940년대 국방 분야에서 프로젝트 관리를 좀 더 효율적으로 하기 위하여 활용된 프로젝트 관리기법이다. 〈그림 2-7〉과 같이 간트 차트에서는 각 프로젝트 활동의 예측 완성 시간을 수평선 상의 시간 축

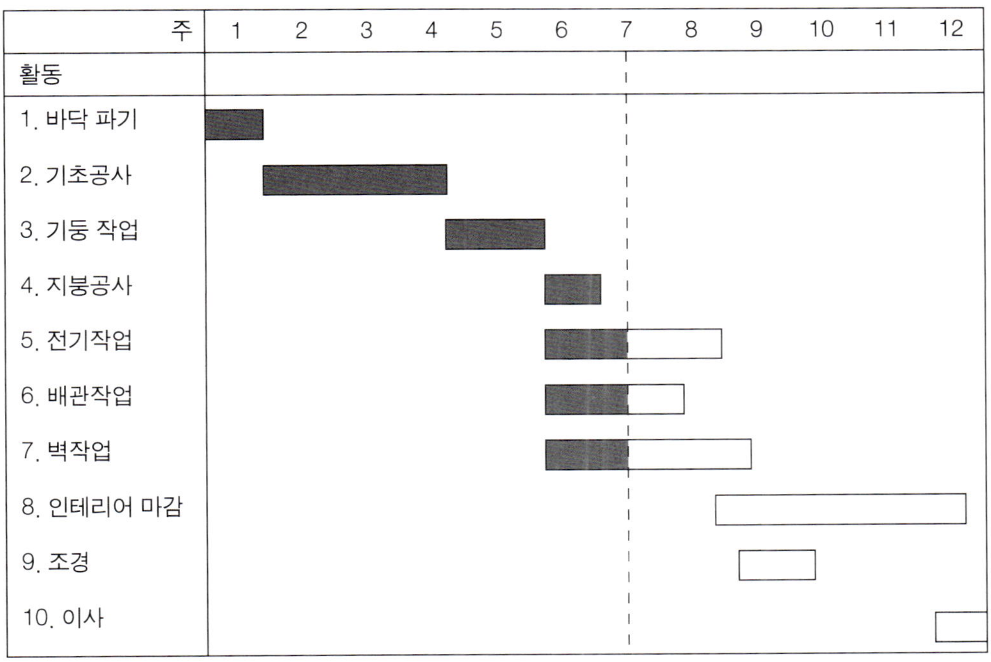

〈그림 2-7〉 간트 차트의 예시

에 막대의 크기로 나타낸다. 실제 완성된 활동(activity)은 음영으로 표현된다. 간트 차트 상에 특정 날짜를 기준으로 수직선을 그려보면 그 시점에서의 프로젝트 진행 현황을 파악할 수 있다.

6. PERT/CPM

간트 차트는 활동의 진행 정도나 공정 간의 순서는 나타낼 수 있으나, 다른 활동과의 상호관계를 표현하지 못하는 단점이 있다. 이러한 단점을 해결할 수 있는 차트가 PERT/CPM 차트이다. PERT(program evaluation and review technique)는 1958년 미 해군에서 폴라리스 미사일 프로젝트의 일정계획 및 통제를 위한 관리기법으로 개발되었으며, CPM(critical path method)은 1957년 미국 래밍톤-랜드사의 켈리와 듀퐁사의 워커에 의해 개발되었다. PERT와

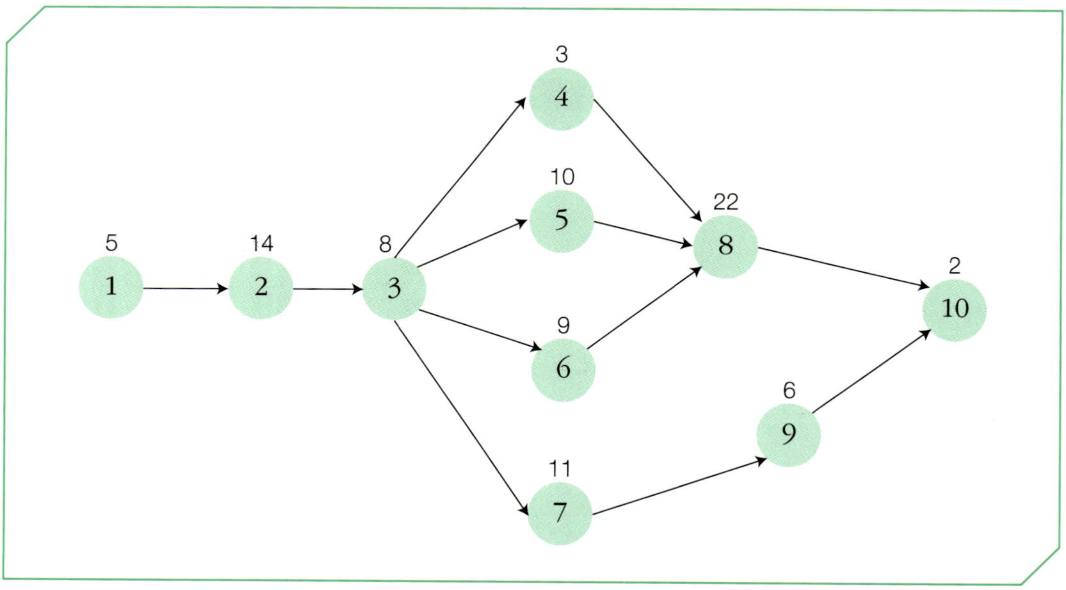

〈그림 2-8〉 PERT/CPM의 예시

CPM은 각각 독립적으로 개발되었지만 그 목표가 동일하므로 현재는 하나의 기법인 CPM(complete project management) 시스템이라고 불릴 만큼 일반화되었다. 복잡한 대규모 프로젝트를 구성하는 여러 요소들의 활동계획 수립, 일정표 작성 및 진척관리 등을 포함한다.

〈그림 2-8〉에 PERT/CPM이 예시되어 있다. 동그라미 속의 숫자는 활동을, 동그라미 위의 숫자는 해당 활동의 소요기간을 나타낸다.

7. 도표기법

개선대상 작업이 선정되면 이 작업이 현재 어떻게 이루어지고 있는가가 정확하게 파악되어야 한다. 문제의 특성에 따라 평가기준을 정하고 문제에 영향을 미치는 제약조건들이 밝혀져야 한다. 이에는 3장과 4장에서 상세히 설명되는 여러 도표가 사용된다.

2.3 대안의 도출

문제점을 해결하는 데에는 단 하나의 해결책만 있는 것이 아니다. 각 대안에는 장단점이 있으므로 가능하면 많은 대안을 도출하는 것이 좋다. 이를 위해서는 문제에 대하여 지식과 경험을 가지고 있는 다양한 사람들이 대안의 도출과정에 참여해야 한다. 이 단계에서는 각 대안을 폭넓게 기술하되, 참여하고 있는 사람들의 창조성을 저해하지 않도록 각 대안을 평가하지 않는다.

다음의 다양한 방법을 통해 작업이나 공정의 개선을 위한 아이디어를 구할 수 있다.

1. 제품이나 장비의 카탈로그
2. 관련 분야의 도서, 학술지, 잡지
3. 관련 분야 전문가의 자문
4. 선도적인 기업에 대한 벤치마킹
5. 인터넷 사이트 등

개선은 크게 공학적 개선(engineering control)과 관리적 개선(administrative control)으로 나눌 수 있다. 공학적 개선은 기계, 설비, 공구, 작업장, 포장, 부품, 제품 등의 재배열·수정·재설계·교체 등을 말한다. 관리적 개선은 작업의 다양성 제공, 작업일정 및 작업속도의 조절, 휴식시간의 제공, 작업습관의 변화, 공구 및 장비의 주기적인 청소 및 유지·보수, 작업자의 적정 배치 등을 말한다. 공학적인 개선을 위해서는 많은 시간과 투자가 필요하며, 심지어는 현실적으로 불가능한 경우도 종종 발생한다. 따라서 공학적 개선보다 관리적 개선이 손쉬운 경우가 많으므로 개선방법 간의 조화로운 균형이 필요하다.

이 단계에서는 다음과 같은 기법들이 활용된다.

1. 5W1H

6하 원칙 5W1H는 When(언제), Where(어디서), Who(누가), What(무엇을), Why(왜), How(어떻게)의 머리글로서, 전통적으로 신문기사를 작성할 때와 같이 사실적인 기술(description)에 적용되는 원칙이다. 작업관리 분야에서도 현장의 문제점을 분석하고 개선안을 도출하기 위한 목적으로 쉬우면서도 체계적으로 적용될 수 있다. 〈표 2-1〉에 각 질문과 이에 관련되는 점검항목이 나타나 있다.

〈표 2-1〉 5W1H의 점검항목

질문	점검항목
When	작업이 이루어지는 시점, 빈도, 기간, 순서
Where	작업이 이루어지는 장소, 공정, 경로, 공간적 배치
Who	작업의 주체, 작업자 또는 부서, 규모, 자격, 숙련도
What	작업의 대상, 재료, 부품, 반제품, 제품
Why	작업의 필요성, 목적
How	작업방법, 기계 및 도구

2. ECRS

이는 개선의 기본이 되는 원칙으로서, 〈표 2-2〉와 같이 Eliminate(제거), Combine(결합), Rearrange(재배치), Simplify(단순화)의 약자이다. 〈표 2-3〉은 5W1H와 ECRS의 관련성을 나타낸다.

〈표 2-2〉 ECRS의 점검항목

질문	점검항목
Eliminate(제거)	이 작업이 꼭 필요한가? 제거할 수 없는가?
Combine (결합, 통합)	이 작업을 (사람, 장소 및 시간 관점에서) 다른 작업과 결합시키면 더 나은 결과가 생길 것인가?
Rearrange (변경, 재배치, 재배열)	(사람, 장소 및 시간 관점에서) 이 작업의 순서를 바꾸면 더 효율적이지 않을까?
Simplify(단순화)	이 작업을 더 단순화할 수 있지 않을까?

〈표 2-3〉 5W1H와 ECRS의 관계

5W1H	ECRS
What	Eliminate(제거)
Where When Who	Combine(결합, 통합) Rearrange(변경, 재배치, 재배열)
How	Simplify(단순화)

3. 브레인스토밍

창의적인 아이디어를 도출하는 데 사용되는 학습도구이자 회의기법이다. 1940년대에 미국의 광고업자 알렉스 오스본(Alex Osborn)이 제창한 방법으로, 구성원의 자유 발언을 통하여 짧은 시간 안에 많은 아이디어를 내는 방법이다.

브레인스토밍(brainstorming)은 리더를 두고 구성원 수는 10명 내외로 하여 하나의 주제에 대해서 자유롭게 토의하는 기법이다. 중요한 점은 어떤 사람이 제시한 의견에 대해서 다른 참가자가 비판을 해서는 안 된다는 것이다. 가능하면 많은 아이디어를 내도록 한다. 제시된 아이디어들을 결합하여 그 주제에 가장 적합한 안을 도출해나간다.

효과적인 브레인스토밍을 위하여 다음의 원칙을 따른다.

1. 상대방의 의견을 비판하지 않는다.
2. 타인의 아이디어를 이용하여 발전시킨다.
3. 주제를 벗어나지 않는다.
4. 한 번에 한 사람씩 발언한다.

5. 아이디어는 많을수록 좋다.
6. 엉뚱한 아이디어도 좋으며, 자유분방한 의견을 낸다.
7. 연관되는 아이디어를 활발히 내어 놓는다.
8. 어떤 현상이나 결과에 대한 원인을 철저히 규명한다. 이를 위하여 5W1H를 되풀이한다.
9. 가능하면 시각적 자료를 활용한다.

2.4 대안의 평가 및 최적안의 선택

각 대안의 장단점과 특징을 구체적이고 상세하게 기술한다. 이를 위해서는 개선안의 도입에 따르는 비용과 혜택, 기술적인 타당성, 도입에 필요한 기간, 인간적인 측면(피로도 경감, 안전 및 사기 진작 등) 등의 정량적, 정성적 평가항목과 각 항목의 가중치를 사전에 확립하고, 이에 의거하여 최적안을 선택하는 것이 합리적이다.

2.5 개선안의 실행

제안된 개선안을 실제 작업에 적용하기에 앞서 작업자, 관리자, 작업자 대표 등 관련되는 사람들에게 설명하여 협조를 구한다. 개선안에 대하여 노무비, 재료비, 설비비 등의 절감 비용을 산출하여 경영층에게 개선을 위한 투자를 유도해야 한다. 변화에 대한 실패의 두려움 등의 이유로 개선안을 반대하는 경향이 많으므로 관련되는 사람들을 잘 설득해야 한다. 또한 개선안의 실행 초기에는 개선 효과가 예상보다 작게 나타날 수 있음을 미리 주지시킬 필요가 있다.

개선안이 현장에서 시행될 수 있도록 구체화하여 표준화하고, 작업자들에게 교육을 실시한다. 개선안의 실행을 위해서 다음 사항을 수행한다.

1. 현재 방법과 비교하여 개선된 요소를 측정하여 기록한다.
2. 개선안을 상부에 보고하고 승인을 받는다.
3. 개선안이 활용되는 부서의 실무진으로부터 이해를 구한다.
4. 기대한 대로 잘 운영되도록 필요한 조치를 취한다.

본격적인 변화 이전에 예비연구(pilot study)를 통하여 소규모로 개선안을 운영해본 뒤, 발생할 수 있는 문제점을 파악한다. 이에 대한 대책을 수립하고 개선안을 수정한 후에 본격적으로 대규모 개선을 실행하는 것이 좋다.

2.6 개선안의 평가

개선안에 대한 주기적인 관찰이나 작업자 의견 수집을 통하여 개선안의 목적달성 여부와 개선 효과, 추진상의 어려움 등을 평가한다. 또한 개선안이 지속적으로 적용될 수 있도록 유지 · 보완한다.

요약

작업의 문제점을 파악하고 개선안을 도출하는 과정은 문제의 정의, 자료 수집 및 문제점 분석, 대안의 도출, 대안의 평가 및 최적안의 선택, 개선안의 실행, 개선안의 평가로 이루어진다.

문제점은 생산성 저하, 고비용, 비효율적 작업방법, 애로공정, 새로운 작업 또는 공정의 도입, 작업자의 불만이 많은 작업 등에 의하여 발생한다. 개선대상 작업은 현재 개발되어 있는 기술 수준으로 해결 가능해야 하고, 개선을 할 경우 투자비 이상을 회수할 수 있는 경제성이 있어야 한다. 또한 작업자들의 협조가 중요하다. 이러한 기준을 고려하며 작업장 관찰, 생산 관련 자료 조사, 작업자와의 면담/토론, 관리자 및 작업자 설문 조사, 산업재해 자료 조사 등의 방법을 취하여 관련 정보를 수집한다.

자료 수집 및 문제점 분석 단계에서는 산점도, 히스토그램, 파레토 차트, 특성요인도, 간트 차트, PERT/CPM 등의 기법이 사용된다. 개선대상 작업이 선정되면 이 작업이 현재 어떻게 이루어지고 있는가가 정확하게 파악되어야 하며, 이때 쓰이는 여러 도표 기법에 대한 구체적인 설명은 후속 장들에서 한다.

대안의 도출 단계에서는 문제에 대하여 지식과 경험을 가지고 있는 다양한 사람들이 참여해야 한다. 개선은 기계, 설비, 공구, 작업장, 포장, 부품, 제품 등의 재배열 · 수정 · 재설계 · 교체 등을 의미하는 공학적 개선과 작업의 다양성 제공, 작업일정 및 작업속도의 조절, 휴식시간의 제공, 작업습관의 변화, 공구 및 장비의 주기적인 청소 및 유지 · 보수, 작업자의 적정 배치 등을 하는 관리적 개선으로 나눌 수 있다. 개선 단계에서 활용되는 기법으로는 5W1H—When(언제), Where(어디서), Who(누가), What(무엇을), Why(왜), How(어떻게)—에 대한 체크리스트, ECRS—Eliminate(제거), Combine(결합, 통합),

Rearrange(변경, 재배치, 재배열), Simplify(단순화)— 원칙과 브레인스토밍 등이 있다.

대안의 평가 및 최적안의 선택 시에는 개선안의 도입에 따르는 비용과 혜택, 기술적인 타당성, 도입에 필요한 기간, 인간적인 측면 등을 고려하는 것이 합리적이다.

제안된 개선안을 실제 작업에 적용하기에 앞서 작업자, 관리자, 작업자 대표 등 관련되는 사람들에게 설명하여 협조를 구한다. 개선안이 현장에서 시행될 수 있도록 구체화하여 표준화하고, 작업자들에게 교육을 실시한다.

마지막으로, 개선안에 대한 주기적인 관찰이나 작업자 의견 수집을 통하여 개선안의 목적달성 여부와 개선 효과, 추진상의 어려움 등을 평가한다. 또한 개선안이 지속적으로 적용될 수 있도록 유지 · 보완한다.

연습문제

1. 문제해결 절차에서 개선대상을 선정할 때 고려해야 할 기준으로 틀린 것은?
   ① 문제점이 해결되었을 때 가져올 가치를 대략적으로 추정하여 고려한다.
   ② 투자비 회수에 관계없이 개선이 필요하면 연구대상으로 포함시켜야 한다.
   ③ 작업자들의 협조가 확보되는 작업이어야 한다.
   ④ 현재 개발되어 있는 기술 수준으로 해결 가능하여야 한다.

2. 개선대상으로 선택할 작업으로 적절하지 않은 것은?
   ① 제조원가가 높은 제품　② 생산량이 많은 제품
   ③ 생산성이 높은 제품　④ 재작업이 많이 발생하는 제품

3. 작업량과 불량갯수와의 상관관계를 검토하는 데 적합한 도구는?
   ① 산점도　② 히스토그램　③ 파레토 차트　④ PERT/CPM

4. 부(wealth) 또는 재고 등의 편중 현상을 잘 나타내는 도구는?
   ① 특성요인도　② 파레토 차트　③ 간트 차트　④ PERT/CPM

5. 간트 차트에 관한 설명으로 틀린 것은?
   ① 예정 일정과 실제 성과를 비교하여 작업을 관리하는 데 사용되는 도표이다.
   ② 각 활동의 예측 완성 시간을 시간 축에 막대의 크기로 나타낸다.
   ③ 기계의 사용에 대한 필요 시간과 일정을 표시할 때 이용될 수 있다.
   ④ 각 활동 간의 상호 연관성을 파악하기에 용이하다.

6. ECRS는 개선의 원칙을 의미한다. 다음 중 ECRS에 대한 설명으로 틀린 것은?

① 제거(Eliminate) ② 결합(Combine)

③ 재배열(Rearrange) ④ 표준화(Standardize)

7. 브레인스토밍법의 원칙으로 옳은 것은?

① 아이디어에 대한 판단은 아이디어를 내면서 동시에 하는 것이 좋다.

② 타인의 아이디어를 이용하여 결합하지 않는다.

③ 엉뚱한 아이디어라도 좋으므로 아이디어를 많이 낸다.

④ 한 번에 여러 사람이 발언한다.

8. 자료분석 도구 중 결과의 원인을 탐색하기 위한 것으로서, 원인을 기준에 따라 분류하고, 이를 중분류, 소분류로 세분하여 물고기뼈와 같은 모양으로 나타내는 분석방법을 무엇이라고 하는가?

9. 개선방안으로 기계, 설비, 공구, 작업장, 포장, 부품, 제품 등의 재배열 · 수정 · 재설계 · 교체 등을 하는 것을 무엇이라 하는가?

10. 개선방안으로 작업의 다양성 제공, 작업일정 및 작업속도의 조절, 휴식시간의 제공, 작업습관의 변화, 공구 및 장비의 주기적인 청소 및 유지 · 보수, 작업자의 적정 배치 등을 하는 것을 무엇이라 하는가?

11. 작업관리 분야에서 어떤 상황을 개선할 때 적용하는 절차를 순서에 맞게 설명하라.

3장 공정분석

3장 공정분석

다양한 요소와 복잡한 절차로 구성되어 있는 공정을 분석하여 문제점을 찾아내고 개선안을 도출하는 것은 쉬운 일이 아니다. 하지만 현재 상황을 간단한 기호를 사용하여 도표로 간결하게 표현하면 공정의 내용을 이해하고 문제점을 분석하며 개선안을 도출하는 데 큰 도움이 된다. 또한 도표와 기호를 사용하면 관련된 사람들 간의 의사소통과 개선 효과의 비교에도 도움이 된다. 본 장에서는 작업관리 분야에서 전통적으로 사용되는 공정분석 기법을 소개한다.

3.1 공정의 구성

1장 2절에서 설명한 바와 같이 제품은 공정의 결과물이고, 각 공정은 몇 개의 단위작업으로 구성되며, 각 단위작업은 이보다 작은 요소작업의 모임이다. 요소작업은 다시 동작의 가장 작은 단위인 서어블릭(7장에서 설명)으로 세분된다. 단, 실제 산업현장에서는 단위작업과 요소작업을 구분하지 않고 혼용해서 사용하는 경우도 있다.

예를 들어 〈그림 3-1〉과 같이 자동차 제조공정 중의 하나인 의장라인은 대시보드, 썬루프, 램프 등을 조립하는 공정으로 구성되며, 대시보드 조립공정은 대시보드 운반, 대시보드 장착, 볼트 체결 등의 단위작업으로 이루어진다. 이 중에서 대시보드 운반 단위작업은 대차에 놓인 대시보드를 리프트로 차체까지 옮기기 위해 빈 리프트 이동, 리프트로 대시보드 들기, 차체로 대

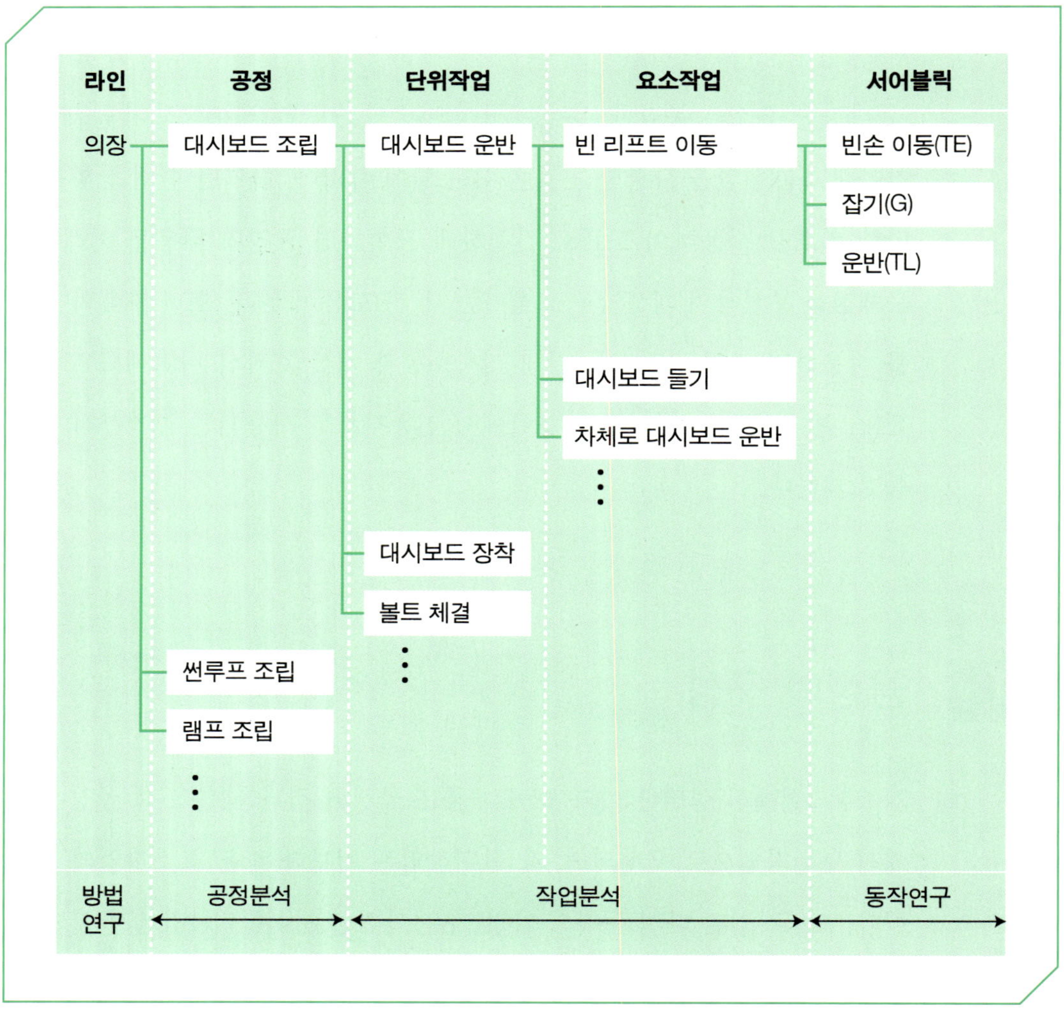

〈그림 3-1〉 자동차 의장라인의 공정, 작업 및 동작의 구분

시보드 운반 등의 요소작업으로 나뉜다. 그리고 빈 리프트 이동 요소작업은 빈 리프트를 대차에 놓인 대시보드까지 옮기기 위해 빈손 이동, 리프트 잡기, 리프트 운반의 서어블릭으로 나눌 수 있다.

3.2 공정도

공정도(process chart)는 공정 내에서 발생하는 작업내용, 작업순서, 물자흐름 등과 같은 여러 상황을 표준화된 기호로 기록하는 방법으로, 작업을 이해하고 개선하는 데 사용된다. 공정도의 구체적인 사용목적은 다음과 같다.

1. 공정에 대한 의사소통을 원활하게 하고 공정의 내용을 쉽게 이해할 수 있게 한다.
2. 분석을 위하여 공정을 작은 요소로 분할한다.
3. 개선안을 찾을 수 있는 토대를 제공한다.
4. 제안된 새로운 공정이나 방법을 나타낸다.
5. 개선 전후를 각각 공정도로 나타내어 개선 효과를 파악한다.

초기의 공정도에는 길브레스 부부가 창안한 40개의 기호가 사용되었으나, 미국기계공학회(American Society of Mechanical Engineers: ASME)에서 이를 바탕으로 운반을 나타내던 작은 원을 화살표로 대체하고 정체에 대한 새로운 기호를 추가하는 등 5개의 기호로 표준화하였다. 공정도의 기호 및 내용은 〈표 3-1〉과 같다. 작업(○)은 재료, 부품, 제품에 변화를 가하여 그 형상이나 특성을 변화시키는 행위이다. 운반(⇨)은 한 장소에서 다른 장소로 이동하는 것을 의미하되, 특정 작업 내에서 기술적인 이유로 약간 움직이는 것은 해당되

〈표 3-1〉 공정도의 기호

기호	명칭	설명
○	작업 (operation)	대상물의 특성을 의도적으로 변화시키는 작업이나 두 개 이상의 부품을 조립하는 작업으로, 기계나 작업장에서 일어나는 주요 단계임 예) 못 박기, 구멍 뚫기, 부품 분해/조립, 정보를 주고받음, 계산하기, 계획 수립
⇨	운반 (transportation)	대상물을 한 장소에서 다른 장소로 이동시키는 작업으로, 이러한 이동이 작업이나 검사의 한 부분일 경우는 제외함 예) 운반차나 컨베이어로 물자 운반, 인력으로 물자 운반
□	검사 (inspection)	작업 대상물을 조사하거나 품질이나 수량을 확인하는 작업 예) 제품의 수량이나 품질 확인, 보일러 게이지 읽기, 인쇄물 정보 확인
D	정체 (delay)	계획된 다음 작업을 즉각 수행할 수 없어서 대기하는 경우 예) 엘리베이터 기다리기, 다음 가공을 위해 운반차나 바닥에 놓여 있는 물자
▽	저장 (storage)	작업 대상물을 움직이게 할 권한이 있는 사람이 다음 작업 지시를 할 때까지 현 상태로 유지되고 있는 경우 예) 저장되어 있는 원재료, 창고에 있는 완성품

지 않는다. 검사(□)는 작업물의 품질 또는 수량을 기준과 비교하는 행위이다. 정체(D)는 물체가 다음 계획된 장소로 이동하지 못하는 상태를 말한다. 저장(▽)은 재료, 부품, 제품 등을 한 장소에 보관하는 것을 말한다. 운반, 검사, 정체, 저장은 우선적으로 개선되어야 한다.

공정도의 기호를 우리나라의 산업표준 KS A 3002에서는 〈표 3-2〉와 같이 정의하고 있는데, 가공(작업), 저장, 지체(정체)의 기호는 ASME의 기호와 같으나, 운반은 작은 동그라미로 표시하고 있다. 검사도 수량검사(□)와 품질검사(◇)로 구분한다.

그리고 작업공정도, 흐름공정도, 흐름선도 등 여러 공정도의 작성 시에 일반적으로 사용되는 관례가 〈그림 3-2〉에 나와 있다. 한편 KS A 3002에서는 ⧗ 대신 ═로 공정의 생략을 나타내고, ∿∿∿로 관리상의 구분을 표현하

〈표 3-2〉 KS A 3002의 기호

요소공정	명칭	기호	비고
가공	가공	○	
운반	운반	○ 또는 ⇨	운반기호의 지름은 가공기호 지름의 1/2 ~ 1/3
정체	저장	▽	
	지체	D	
검사	수량 검사	□	
	품질 검사	◇	

고 있다. 두 가지 활동이 같은 장소에서 일어나거나 하나의 활동처럼 동시에 발생할 경우에는 〈표 3-3〉과 같이 두 개의 기호를 결합하여 표현할 수 있다.

공정도를 작성하려면 우선 작업공정을 이해하여야 하는데, 이에는 다음 방법이 사용된다.

1. **분석자의 지식이나 정보 활용:** 이 경우 분석자는 공정도를 작성하고자 하는 부서나 공정에서 일을 하고 있는 것이 일반적이다. 분석자 본인의 지식이나 정보를 활용하여 공정도를 작성하고, 이를 다른 분석자나 작업자에게 검토를 요청하면 좋다.
2. **관찰 및 기록:** 분석자가 공정을 관찰하고 기록한 정보를 바탕으로 공정도를 작성하고, 이를 해당 공정에 익숙한 자에게 검토를 요청한다.
3. **일대일 면담:** 분석자가 해당 공정에 익숙한 사람과 일련의 면담을 수행하고, 여기에서 수집된 정보를 이용하여 공정도를 작성한다. 작성된 공정도는 피면담자에게 검토를 요청할 수 있다.

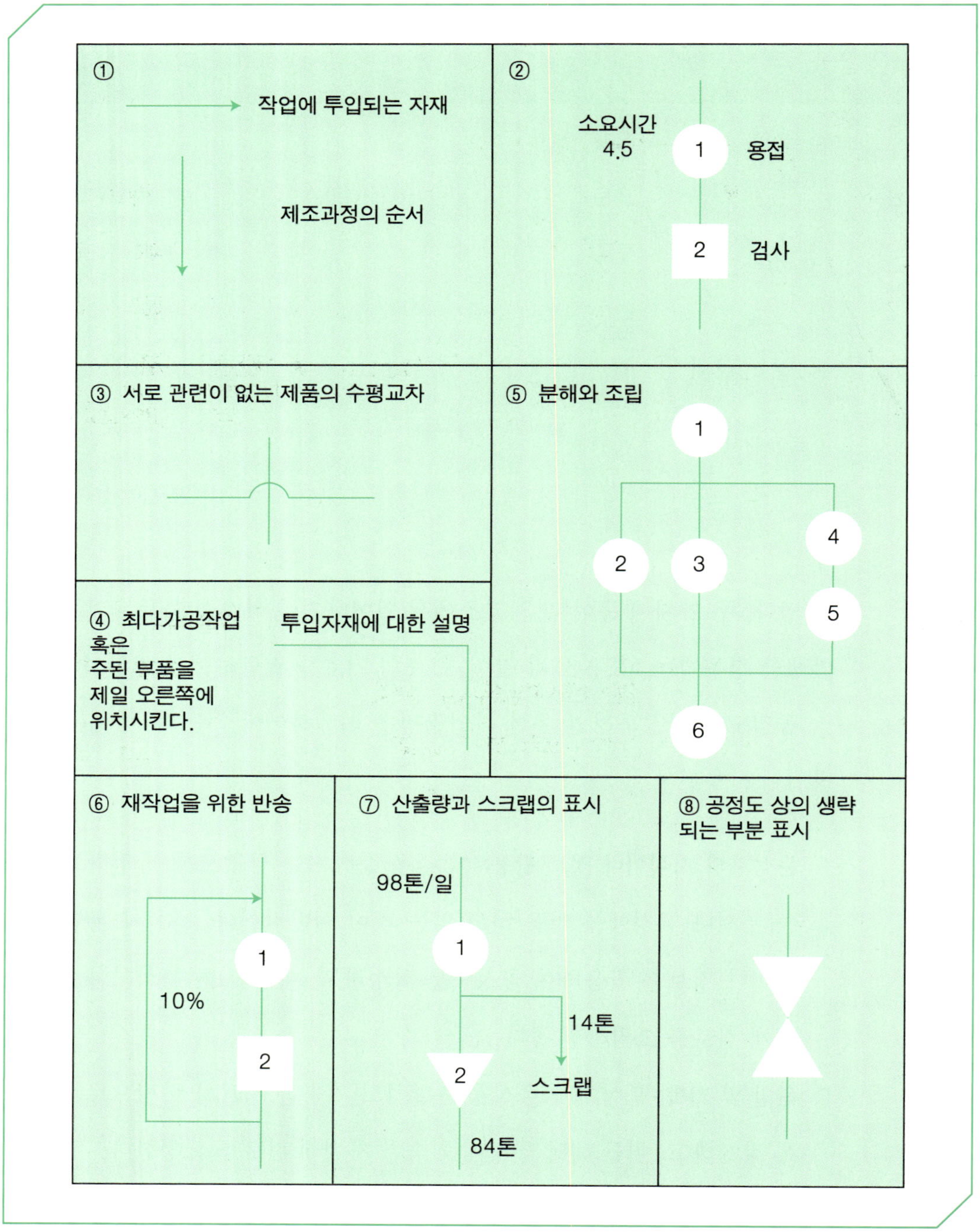

〈그림 3-2〉 공정도 작성의 관례

〈표 3-3〉 복합기호

기호	의미
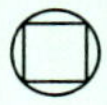	작업을 주로 하면서 수량검사도 한다.
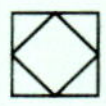	수량검사를 주로 하면서 품질검사도 한다.
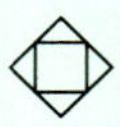	품질검사를 주로 하면서 수량검사도 한다.
	작업을 주로 하면서 운반도 한다.

4. **집단 면담**: 분석자가 공정을 잘 파악하고 있는 사람들과 면담을 실시하고, 이 과정에서 참여자들에게 공정을 설명하게 한다. 집단 면담과정에서 얻은 공정에 대한 정보를 이용하여 공정도를 작성하고, 참여자들에게 검토를 요청한다. 이 방법의 장점은 참여자들이 서로 경쟁적으로 해당 공정에 대한 정보를 제공할 수 있다는 점이다. 그러나 이를 위해서는 집단 면담을 잘 진행할 수 있는 진행자가 있어야 한다.

공정도가 작성되면 다음과 같은 방법을 이용하여 공정도에 대한 분석이 수행되어야 한다.

1. 2장에서 공부한 5W1H 점검, ECRS 분석 등을 통하여 문제점 분석과 개선안을 도출한다.
2. **점검표**: 기존의 점검표나 분석대상 공정에 적절한 새로운 점검표를 작성하고, 이를 이용하여 공정도를 점검한다.
3. **브레인스토밍**을 이용하여 분석대상 공정에 대한 개선안을 마련할 수 있다.

3.3 작업공정도

작업공정도(operation process chart)는 원재료의 도착 시점부터 완제품이 포장될 때까지 일어나는 모든 작업과 검사를 시간 순서에 따라 도식적으로 표현한 것이다. 필요에 따라 작업이나 검사에 소요된 시간과 사용된 재료를 공정도에 기입할 수 있다. ○(작업)과 □(검사) 두 가지 기호만 사용하며, 수직선은 공정의 순서를, 수평선은 공정에 투입되는 자재를 표시한다. 작업공정도의 각 수직선은 제품을 구성하는 요소에 대하여 수행되는 작업과 검사를 나타내며, 각 수직선 맨 위에는 투입되는 첫 재료나 부품이 표기된다. 자재의 규격, 이름, 번호 등은 자재가 투입되는 수평선 위에 쓰고, 소요시간 및 개략적 설명은 기호의 좌측이나 우측에 기입한다. 주된 공정은 공정도 우측에 나타낸다.

〈그림 3-3〉과 〈그림 3-4〉는 작은 사각형 나무판 2개를 볼트, 너트, 와셔로 조립하는 작업의 작업대 및 작업공정도를 보여주고 있다. 〈표 3-4〉는 작업공정도 작성 후 공정분석에 사용할 수 있는 점검표이다.

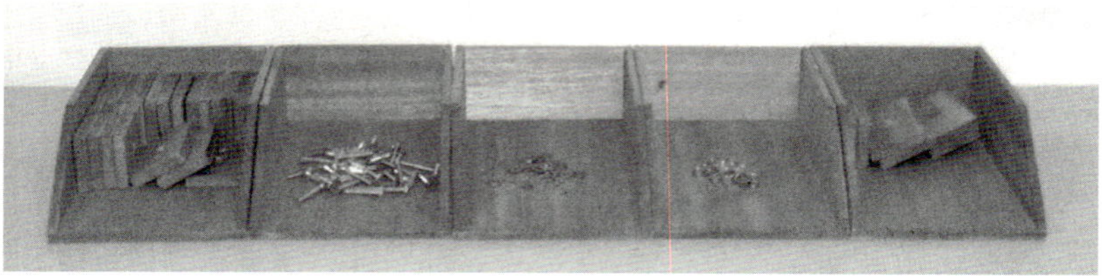

〈그림 3-3〉 나무판 조립작업의 작업대

요약표

작업	17회
검사	4회

〈그림 3-4〉 나무판 조립 작업공정도(개선 전)

3.4 조립공정도

조립공정도(assembly chart)는 부품이 조립되어 완성품이 만들어져 가는 과정을 나타낸다. 작업기호 ○ 안에 조립순서를 나타내는 A-번호와 중간조립을 의미하는 SA-번호를 기입한다. 공급되는 부품은 좌측에, 주 조립과정은 우측에 표기한다. 〈그림 3-5〉는 상체, 하체, 본체, 다리, 배수관 연결 파이프, 포장재료로 이루어진 싱크대 조립공정에 대한 조립공정도이다.

〈표 3-4〉 작업공정도 분석에 사용할 수 있는 점검표

구분	점검 항목
재료 관련	• 재료를 다른 것으로 변경할 수 있는가? • 부품을 제조하지 않고 표준화된 부품을 구매할 수 있는가? • 여러 기능을 하나로 결합할 수 있는가?
가공이나 조립작업 관련	• 각 작업의 목적이 무엇인가? • 이 작업이 필요한 것인가? • 작업이 제거, 결합, 변경 또는 단순화될 수 있는가? • 작업시간이 너무 길지 않은가? • 작업을 자동화할 수 있는가? • 효율적인 다른 방법이 있는가?
검사 관련	• 검사 작업의 목적이 무엇인가? • 이 검사 작업이 필요한가? • 검사 작업을 선행 가공 또는 조립작업과 결합할 수 있는가? • 검사시간을 줄이기 위하여 전수검사가 아닌 표본검사가 가능한가? • 검사 작업을 자동화할 수 있는가?

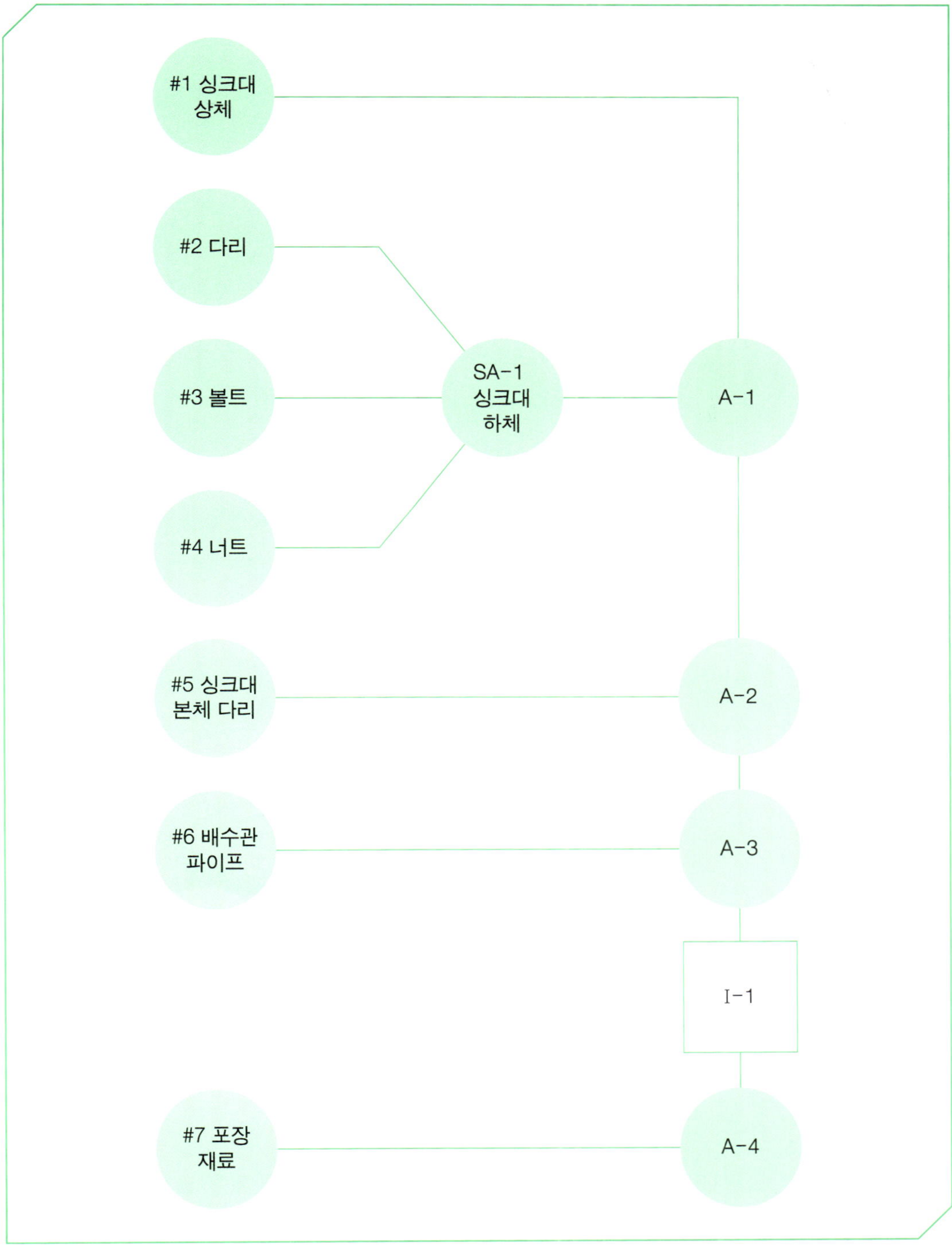

〈그림 3-5〉 조립공정도의 예

3.5 흐름공정도

흐름공정도(flow process chart) 또는 유통공정도는 작업 중에 발생하는 작업, 운반, 검사, 저장, 정체를 도표로 나타낸 차트이다. 흐름공정도는 5개의 표준화된 공정도 기호 모두를 사용하여 상세하게 표현하기 때문에 작업공정도보다 복잡하다. 따라서 흐름공정도는 전 제조과정에 적용하기보다는 각 부품의 제조 또는 조립 과정마다 작성된다. 흐름공정도상에 각 기호가 나타내는 활동에 대한 간단한 설명을 추가할 수 있다.

흐름공정도에는 제품 및 물자 중심과 작업자 중심의 두 가지 종류가 있다. 〈그림 3-6〉에 물자 중심의 흐름공정도의 예를 보여주고 있다.

작업공정도와 마찬가지로 흐름공정도는 작업개선과 절약방안을 찾는 목적으로 사용된다. 작업공정도보다 많은 종류의 작업활동이 표현되기 때문에 흐름공정도는 좀 더 넓은 범위의 활동분석에 사용될 수 있다. 즉, 흐름공정도는 각 활동에 대한 운반거리와 시간을 기록할 수 있어 운반, 정체, 일시저장과 같은 잠복비용(hidden cost)을 찾아 개선하는 데 유용하다. 〈표 3-5〉는 흐름공정도 작성 후 분석과정에서 〈표 3-4〉의 작업공정도 점검표와 함께 사용하면 유용한 점검표의 예이다.

3.6 흐름선도

흐름선도(flow diagram) 또는 유통선도는 작업장의 배치를 묘사한 2차원 또는 3차원 그림 위에 흐름공정도의 기호를 사용하여 공정의 요소들이 발생하는 지점과 순서를 표시한 도표이다. 물자나 작업자의 이동방향을 나타내기 위하

요약	현재 방법		개선안		차이	
	횟수	시간	횟수	시간	횟수	시간
○ 작업	6	4.3				
⇨ 운반	3	3.3				
□ 검사	2	3.8				
D 정체	4	2				
▽ 저장	2					
거리(단위: m)	33					

작업명칭: 부품입고

( ) 사람 (✔) 물자

작업부서: ______

도표번호: ______

작성자: ______ 일시: ______

설명 (✔) 현재방법 ( ) 개선안	기호	거리(m)	시간(분)	양	비고
1. 운반차가 주차장에 놓여 있다.	○ ⇨ □ D ▼				
2. 차에서 부품을 내린다.	● ⇨ □ D ▽		1		
3. 주차장에서 대기한다.	○ ⇨ □ ◗ ▽		0.5		
4. 부품을 검사한다.	○ ⇨ ■ D ▽		1.8		
5. 부품을 운반차에 싣는다.	● ⇨ □ D ▽		1		
6. 도로로 나가기 전에 대기한다.	○ ⇨ □ ◗ ▽		0.5		
7. 도로로 운반한다.	○ ➡ □ D ▽	10	1		
8. 코너를 돌기 전에 대기한다.	○ ⇨ □ ◗ ▽		0.5		
9. 출입구로 운반한다.	○ ➡ □ D ▽	15	1.5		
10. 들어가기 전에 대기한다.	○ ⇨ □ ◗ ▽		0.5		
11. 출입구를 연다.	● ⇨ □ D ▽		0.1		
12. 창고로 운반한다.	○ ➡ □ D ▽	8	0.8		
13. 창고문을 연다.	● ⇨ □ D ▽		0.1		
14. 부품을 검사하면서 옮긴다.	● ⇨ ■ D ▽		2		
15. 창고문을 닫는다.	● ⇨ □ D ▽		0.1		
16. 운반차를 갖다 놓는다.	○ ⇨ □ D ▼				

〈그림 3-6〉 흐름공정도의 예

〈표 3-5〉 흐름공정도 분석에 사용할 수 있는 점검표

운반 관련	• 작업의 ECRS를 통해 운반을 제거하거나 운반거리를 줄일 수 있는가? • 물자취급의 효율을 높이기 위하여 부품이나 재료를 큰 단위로 운반할 수 있는가? • 물자운반에 물자취급 장비가 사용되고 있는가? 기계화 수준을 높일 수 있는가? (예: 인력으로 미는 수레 대신 지게차를 사용함)
정체 관련	• 정체를 유발하는 이유가 무엇인가? 그 원인을 제거할 수 있는가? • 다음 공정에서 왜 재료가 바로 사용될 수 없는가?
저장 관련	• 저장이 필요한가? • 왜 재료가 다음 공정으로 바로 이동될 수 없는가? • Just-In-Time(JIT) 방식을 도입하여 저장을 제거할 수 있는가? (예: 공급자로부터 인수한 재료를 저장하지 않고 첫 공정으로 바로 이동시킬 수 있는가?)

여 화살표가 사용된다. 흐름선도는 물자나 작업자의 이동이 중요하게 여겨지는 문제의 분석에 적용된다. 이동거리만 숫자로 표시되는 흐름공정도와 달리 실제 이동경로가 화살표로 표시되는 흐름선도는 물자의 흐름이 교차하는 상황(cross traffic), 물자가 정상적인 방향으로 전진하지 못하고 후진하는 역류현상(backtracking)과 같은 작업장 배치의 비효율성을 찾아 개선하는 데 도움이 된다. 모 편의점의 제품입고과정에 대한 흐름선도의 예가 〈그림 3-7〉에 나와 있다.

3.7 사례연구

A전자(주)에서는 제품의 표면에 도금이나 도장을 하기 전에 표면을 〈그림 3-8〉과 같은 버핑휠(buffing wheel)로 연마하여 깨끗하게 닦는 공정을 거친다. 버핑휠의 표면은 천으로 되어 있어 연마작업을 하면 표면이 닳게 되고,

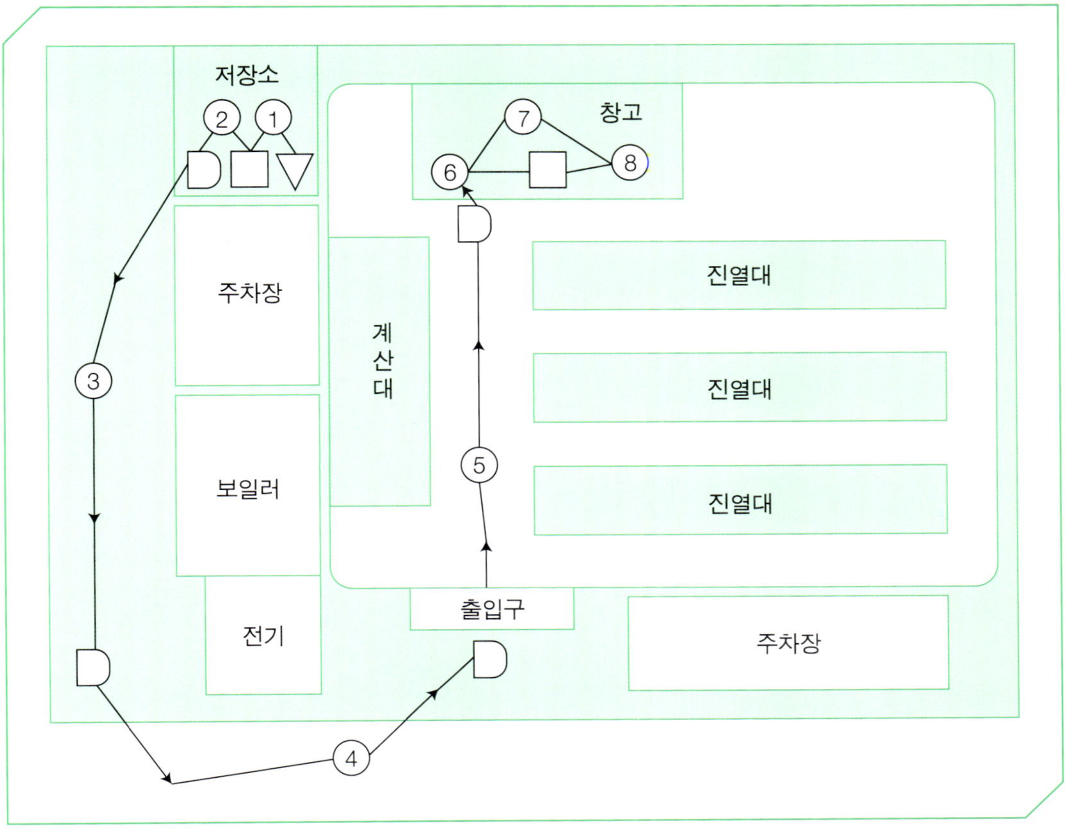

〈그림 3-7〉 흐름선도의 예

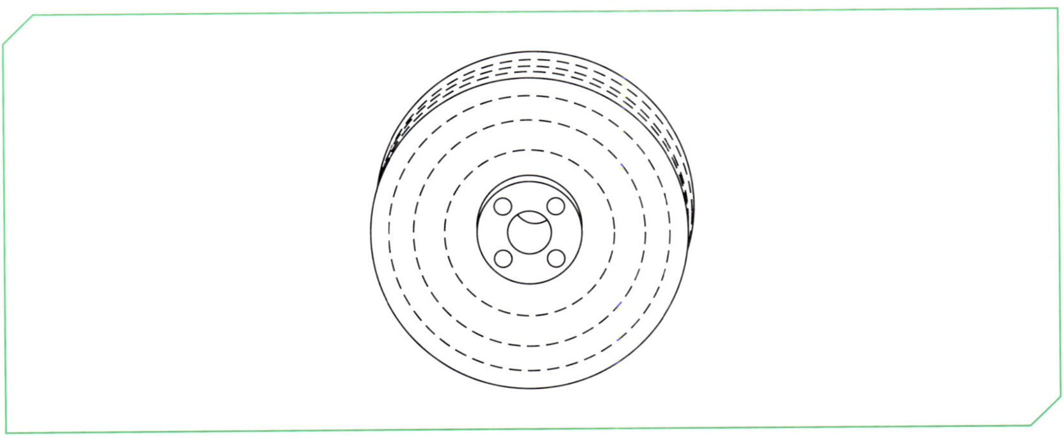

〈그림 3-8〉 버핑휠

마모된 버핑휠은 접착제와 금강사로 코팅하여 재사용한다.

코팅작업은 두 차례 이루어지며, 2차 코팅작업은 접착제가 충분히 건조될 수 있도록 1차 코팅작업 30분 후에 해야 한다. 코팅작업의 순서는 다음과 같다.

1. 바닥에 놓여 있는 마모된 버핑휠을 운반차에 실어 엘리베이터를 이용하여 2층에 있는 코팅작업장으로 운반한다.
2. 버핑휠을 운반차에서 내려 〈그림 3-9〉와 같은 작업대에 걸어 놓은 채 손으로 버핑휠을 회전시키면서 표면에 접착제를 입힌다.
3. 접착제가 충분히 입혀진 버핑휠을 들어서 〈그림 3-10〉과 같은 금강사 작업대에 올려놓고 손으로 버핑휠을 굴리면서 금강사로 코팅한다.
4. 버핑휠을 30분 이상 바닥에서 건조시킨다.
5. 접착제가 건조되면 버핑휠에 단계 2, 3과 같이 2차로 접착제와 금강사를 입힌다.

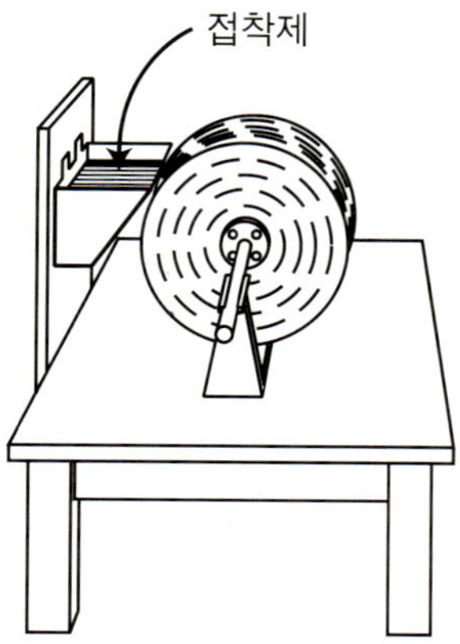

〈그림 3-9〉 접착제 작업대

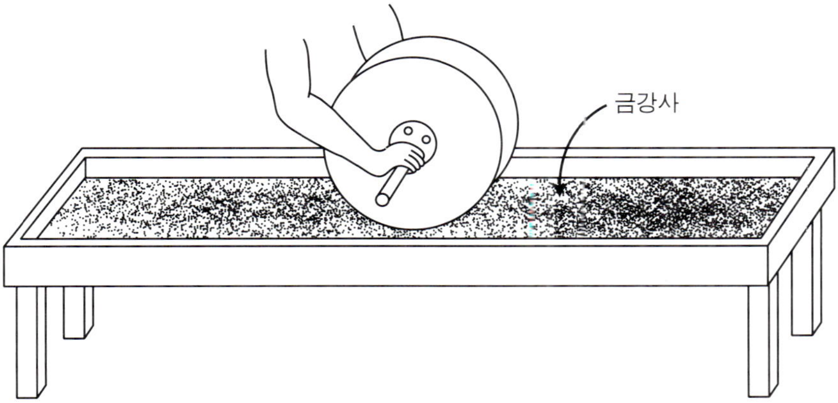

〈그림 3-10〉 금강사 작업대

6. 2차 코팅된 버핑휠을 운반차에 실어 엘리베이터로 1층에 있는 건조기로 옮긴다.
7. 버핑휠을 건조기 랙에 걸어 건조기에서 완전히 건조시킨다.
8. 완전히 건조된 버핑휠을 랙에서 내려 운반차에 싣고 창고로 운반한다.
9. 버핑휠을 운반차에서 내려 창고에 보관한다.

현재의 재코팅 작업에 대한 흐름공정도와 흐름선도는 〈그림 3-11〉, 〈그림 3-12〉와 같다. 흐름공정도와 흐름선도를 살펴보면 다음과 같은 문제점을 발견할 수 있다.

1. 왜 버핑휠 코팅작업을 수작업으로 하는가?
2. 왜 버핑휠을 접착제 작업대에서 금강사 작업대로, 그리고 바닥으로 자주 옮겨야 하는가?
3. 코팅작업을 2층이 아닌 1층에서 할 수는 없는가?

요약	현재 방법		개선안		차이	
	횟수	시간	횟수	시간	횟수	시간
○ 작업	11	58				
⇨ 운반	7	8.1				
□ 검사	1	0.5				
D 정체	4	2				
▽ 저장	2	—				
거리(단위: m)	81					

작업명칭: 마모된 버핑휠의 재생작업

(　) 사람　　(✔) 물자

작업부서: ______________________

도표번호: ______________________

작성자: __________　일시: __________

설명　(✔) 현재방법　(　) 개선안	기호	거리(m)	시간(분)	양	비고
1. 마모된 버핑휠이 바닥에 놓여져 있다.	○ ⇨ □ D ▼				
2. 운반차에 싣는다.	● ⇨ □ D ▽		1		
3. 엘리베이터로 운반한다.	○ ➡ □ D ▽	13	1.3		
4. 엘리베이터에서 대기한다.	○ ⇨ □ ◗ ▽		0.5		
5. 엘리베이터로 2층으로 이동한다.	○ ➡ □ D ▽	7	0.7		
6. 작업장으로 운반한다.	○ ➡ □ D ▽	12	1.2		
7. 작업장에서 대기한다.	○ ⇨ □ ◗ ▽		0.5		
8. 접착제를 바른다.	● ⇨ □ D ▽		2		
9. 금강사를 입힌다(1차).	● ⇨ □ D ▽		2		
10. 버핑휠을 바닥에 놓아 자연건조시킨다.	● ⇨ □ D ▽		30		
11. 접착제를 바른다.	● ⇨ □ D ▽		2		
12. 금강사를 입힌다(2차).	● ⇨ □ D ▽		2		
13. 작업대 바닥에 놓아둔다.	○ ⇨ □ ◗ ▽		0.5		
14. 운반차에 싣는다.	● ⇨ □ D ▽		1		
15. 엘리베이터로 운반한다.	○ ➡ □ D ▽	5	0.5		
16. 엘리베이터에서 대기한다.	○ ⇨ □ ◗ ▽		0.5		
17. 엘리베이터로 1층으로 이동한다.	○ ➡ □ D ▽	7	0.7		
18. 건조기 쪽으로 운반한다.	○ ➡ □ D ▽	25	2.5		
19. 건조기의 걸이에 휠을 건다.	● ⇨ □ D ▽		1		
20. 건조기에서 말린다.	● ⇨ □ D ▽		15		
21. 운반차에 싣는다.	● ⇨ □ D ▽		1		
22. 창고로 운반한다.	○ ➡ □ D ▽	12	1.2		
23. 검사하면서 바닥에 내려놓는다.	● ⇨ ■ D ▽		1.5		1＋0.5
24. 보관한다.	○ ⇨ □ D ▼				
25.	○ ⇨ □ D ▽				

〈그림 3-11〉 흐름공정도(현재 방법)

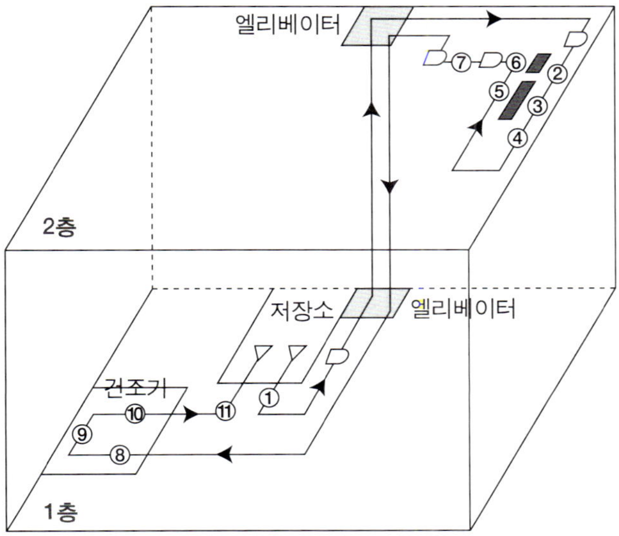

〈그림 3-12〉 흐름선도(현재 방법)

이러한 문제점을 개선하기 위하여 다음과 같이 개선책을 고안하였다. 〈그림 3-13〉과 같이 버핑휠을 옮겨 다니지 않고 한 곳에서 코팅작업을 할 수 있는 작업대를 고안하였고, 코팅작업장을 2층에서 1층으로 옮겼다. 새롭게 고안된 작업대에서 버핑휠에 부착되어 있는 레버 C를 오른쪽으로 젖히면 버핑휠이 접착제 롤과 닿게 되고, 그 상태에서 접착제 롤을 회전시키면 두 롤이 서로 반대 방향으로 돌아가면서 접착제가 버핑휠에 입혀지게 된다. 접착제를 입힌 후 레버를 중립으로 옮기면 버핑휠이 원래의 상태로 돌아온다. 이 상태에서 30분 이상 접착제를 건조시킨 후 레버를 왼쪽으로 젖혀 접착제와 같은 방식으로 금강사를 입힌다.

이러한 코팅작업을 두 차례 반복한 후 〈그림 3-14〉와 같이 새롭게 고안된 이동이 가능한 랙에 버핑휠을 걸어 둔다. 모든 버핑휠에 대한 코팅작업이

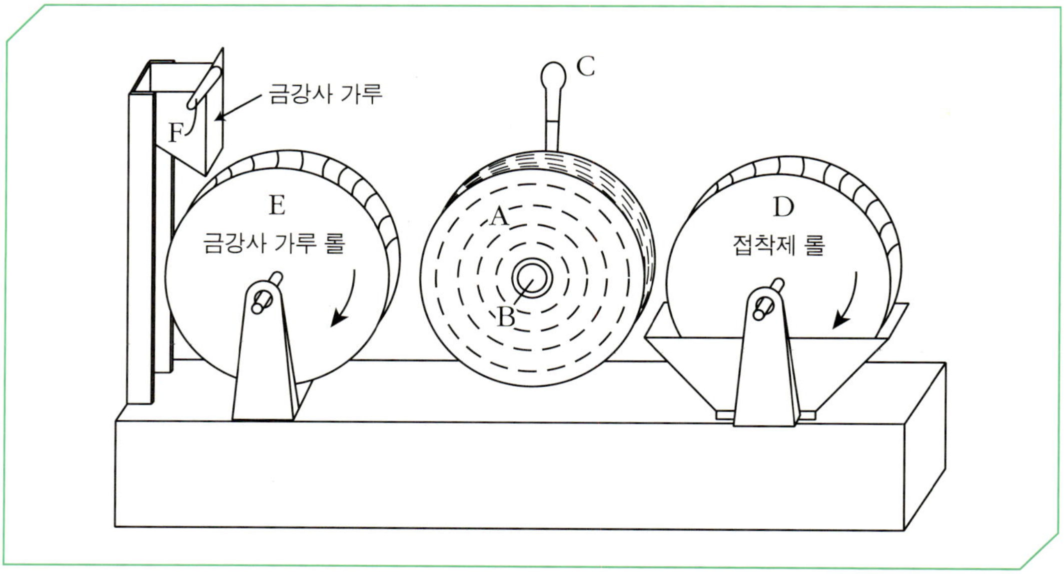

〈그림 3-13〉 고안된 코팅작업대

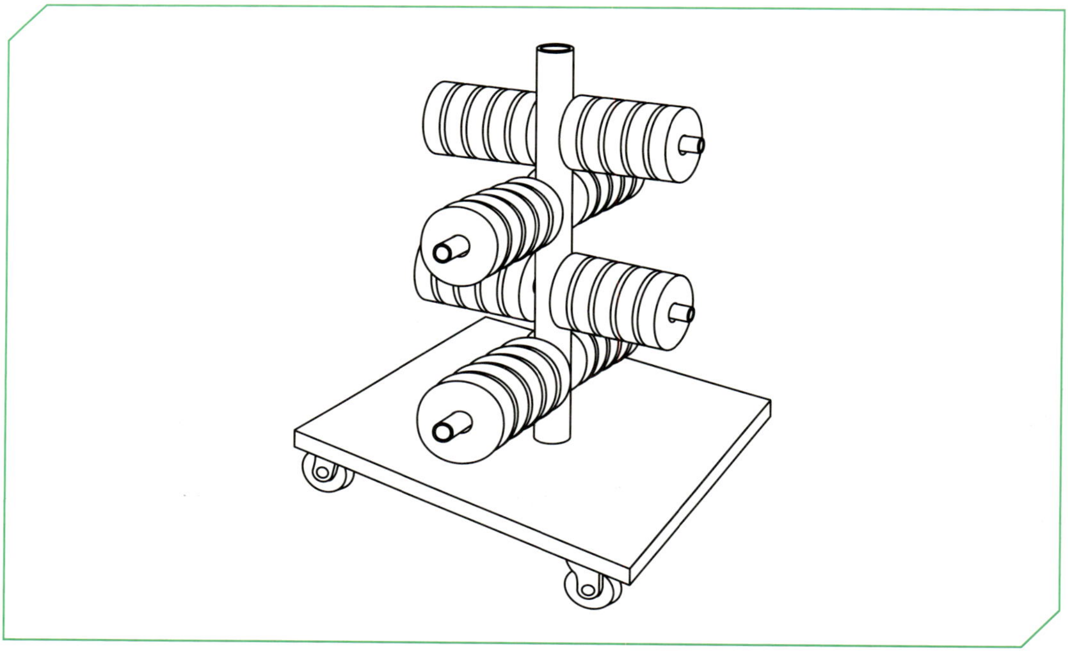

〈그림 3-14〉 버핑휠 걸이용 랙

끝나면 랙을 건조기로 옮겨 그 상태로 건조시킨다. 건조된 버핑휠은 랙 단위로 창고로 옮겨져 보관되기 때문에 건조 및 저장 작업에서 버핑휠을 랙에 걸거나 바닥에 내려놓는 작업이 없어지게 되었다.

개선된 작업에 대한 흐름공정도와 흐름선도는 〈그림 3-15〉, 〈그림 3-16〉과 같다. 이와 같이 코팅작업을 개선함으로써 〈표 3-6〉에서 보듯이 작업은 11회에서 4회로 줄었고, 저장 및 정체는 6회에서 3회로 감소하였다. 운반차로 버핑휠을 운반한 거리는 67m에서 24m로 감소하였고, 엘리베이터 이동거리는 14m에서 0m로 줄어드는 등 총 57m의 이동거리가 감소하는 효과를 얻었다.

요약	현재 방법		개선안		차이	
	횟수	시간	횟수	시간	횟수	시간
○ 작업	11	58	4	51	7	7
⇨ 운반	7	8.1	3	2.4	4	5.7
□ 검사	1	0.5	1	0.5	—	—
D 정체	4	2	1	0.5	3	1.5
▽ 저장	2	—	2	—	—	—
거리(단위: m)	81		24		57	

작업명칭: 마모된 버핑휠의 재생작업

( ) 사람　　(✔) 물자

작업부서: ______

도표번호: ______

작성자: ______　일시: ______

설명　( ) 현재방법　(✔) 개선안	기호	거리(m)	시간(분)	양	비고
1. 마모된 휠을 금강사 입자 크기별로 운반차에 건다.	○⇨□D▼				
2. 코팅작업대로 운반한다.	○➡□D▽	4	0.4		
3. 접착제와 금강사를 바른다(1차).	●⇨□D▽		3		
4. 운반차에 걸어 놓은 채 건조시킨다.	●⇨□D▽		30		
5. 접착제와 금강사를 바르면서 검사한다(2차).	●⇨■D▽		3.5		3+0.5
6. 코팅이 끝난 후 운반차에 걸린 채 대기한다.	○⇨□◗▽		0.5		
7. 운반차를 건조기에 집어 넣는다.	○➡□D▽	8	0.8		
8. 건조기에서 말린다.	●⇨□D▽		15		
9. 운반차로 창고에 운반한다.	○➡□D▽	12	1.2		
10. 운반차에 실은 채로 보관한다.	○⇨□D▼				
11.	○⇨□D▽				
12.	○⇨□D▽				
13.	○⇨□D▽				
14.	○⇨□D▽				
15.	○⇨□D▽				
16.	○⇨□D▽				
17.	○⇨□D▽				
18.	○⇨□D▽				
19.	○⇨□D▽				
20.	○⇨□D▽				
21.	○⇨□D▽				
22.	○⇨□D▽				
23.	○⇨□D▽				
24.	○⇨□D▽				
25.	○⇨□D▽				

〈그림 3-15〉 개선된 작업의 흐름공정도

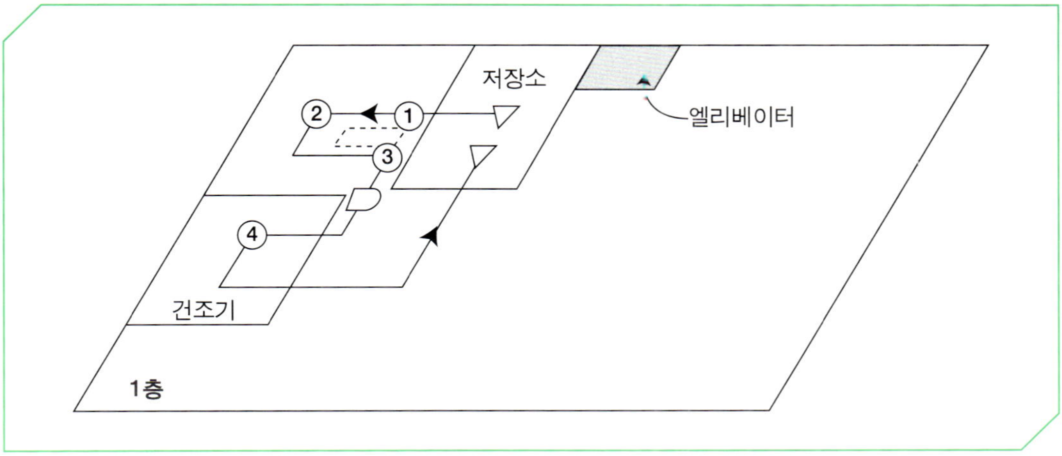

〈그림 3-16〉 개선된 작업의 흐름선도

〈표 3-6〉 개선 효과

비교항목	개선 전		개선 후		차이	
작업 횟수	11		4		7	
운반 횟수	7		3		4	
저장 횟수	2		2		0	
정체 횟수	4		1		3	
검사 횟수	1		1		0	
운반	횟수	거리(m)	횟수	거리(m)	횟수	거리(m)
운반차	5	67	3	24	2	43
엘리베이터	2	14	0	0	2	14
합계	7	81	3	24	4	57
비교항목	개선 전		개선 후		차이	
작업시간(분)	58		51		7	
운반시간	8.1		2.4		5.7	
검사시간	0.5		0.5		0	
정체시간	2		0.5		1.5	
저장시간	0		0		0	

요약

공정도는 공정 내에서 발생하는 작업내용, 작업순서, 물자흐름 등의 여러 상황을 표준화된 기호로 기록하는 방법으로, 작업의 이해를 돕고 작업개선 활동에 사용된다. 공정도에는 작업(○), 운반(⇨), 검사(□), 정체(D), 저장(▽)의 5개의 기호가 사용된다.

작업공정도는 작업과 검사를 시간 순서에 따라 도식적으로 표현한 것이다.

조립공정도는 부품이 조립되어 완성품이 만들어져 가는 과정을 나타낸다.

흐름공정도는 작업 중에 발생하는 작업, 운반, 검사, 저장, 정체를 도표로 나타낸 차트이다. 흐름공정도에는 각 활동의 운반거리, 시간을 기록할 수 있어 운반, 정체, 일시 저장과 같은 잠복비용을 찾아 개선하는 데 유용하다.

흐름선도는 작업장의 구조를 묘사한 2차원 또는 3차원 그림 위에 흐름공정도의 기호를 사용하여 공정의 요소들이 발생하는 지점과 순서를 표시한 도표로서, 물자나 작업자의 이동이 중요하게 여겨지는 문제의 분석에 적용된다.

연습문제

1. 공정도의 사용목적으로 적절하지 않은 것은?

   ① 작업에 대한 의사소통 수단　② 작업분석

   ③ 특정 알고리즘의 사용　④ 개선안 모색

2. 공정도에 대한 설명으로 옳은 것은?

   ① 길브레스 부부가 창안한 50개의 기호가 사용된다.

   ② 현재는 한국표준협회에서 개정한 5개의 기호가 사용되고 있다.

   ③ 소요시간은 기호의 우측 및 좌측에 기입할 수 있다.

   ④ 주된 공정을 공정도의 좌측에 나타낸다.

3. 현재 사용되고 있는 공정도 기호로 적절하지 않은 것은?

   ① ○　② ⇨

   ③ □　④ △

4. 공정도상의 작업(operation)과 가장 거리가 먼 것은?

   ① 원료 혼합작업　② 부품조립

   ③ 계기판의 숫자 확인　④ 계산하기

5. 공정을 잘 모르는 사람이 공정도를 작성할 때, 공정을 이해하는 방법으로 적절하지 않은 것은?

   ① 분석자의 지식 활용　② 관찰

   ③ 일대일 면담　④ 집단 면담

6. 작업공정도에 대한 설명으로 옳지 않은 것은?
   ① 제조공정에서 일어나는 모든 활동을 도식적으로 나타낸다.
   ② 작업과 검사만을 다룬다.
   ③ 수직선은 제조과정의 순서를 나타낸다.
   ④ 투입되는 자재 정보는 수평선 위에 명시할 수 있다.

7. 작업공정도 분석에 사용할 수 있는 점검항목으로 적절하지 않는 것은?
   ① 이 부품을 우리 공장에서 제조할 것인가 또는 외부로부터 구매할 것인가?
   ② 효율적인 다른 조립방법이 있는가?
   ③ 작업순서의 변경을 통하여 운반거리를 줄일 수 있는가?
   ④ 검사 작업을 자동화할 수 있는가?

8. 흐름공정도에 대한 설명으로 옳은 것은?
   ① 작업 중에 발생하는 작업, 운반, 저장, 정체만을 나타낸다.
   ② 조립과정에서 일어나는 활동들을 분석대상으로 한다.
   ③ 기호를 사용할 수 있다.
   ④ 작업공정도에 비하여 단순하다.

9. 물자의 역류현상과 같은 작업장 배치의 비효율성을 찾는 데 유용한 차트는?
   ① 작업공정도 ② 조립공정도
   ③ 흐름공정도 ④ 흐름선도

10. 흐름공정도의 두 가지 형태에 대하여 설명하라.

11. 단위작업, 요소작업 및 동작요소를 구분하고, 각각의 분석에 적절한 방법연구에 대하여 설명하라.

12. 공정도에서 의 의미는?

13. 공정도 작성 후 공정도 분석을 위한 방법의 예를 들고 간단히 설명하라.

14. 자신의 휴대전화로 전화번호를 검색하여 친구에게 전화를 거는 과정을 작업공정도로 나타내보라.

15. 흐름공정도와 흐름선도가 무엇인지를 설명하고 그 용도를 비교하라.

4장 다중활동분석표와 작업분석

4장
다중활동분석표와 작업분석

작업공정도, 조립공정도, 흐름공정도, 흐름선도 등은 하나의 공정을 다룬다. 반면 다중활동분석표(multiple activity chart)는 여러 작업자가 같이 작업을 하거나, 1명의 작업자가 여러 대의 기계를 운용하는 작업장 또는 부서에서 일어나는 작업을 분석하는 데 사용된다. 다중활동분석표는 작업자나 기계의 활동을 별개의 열(column)에 각 활동에 소요되는 시간과 함께 나타내어 작업자 상호 간 또는 작업자와 기계 간의 관계를 표현한 도표이다. 여러 명의 작업자가 공동으로 일하는 경우에 작업이 균형을 이루지 못하여 유휴시간(idle time)이 발생하는 작업의 분석에 유용하다. 유휴시간은 작업자, 기계 또는 작업자 및 기계에 동시에 발생할 수 있다. 다중활동분석표를 이용하면 작업자 또는 기계의 유휴시간이 어디에서 어느 정도 발생하는지를 쉽게 찾을 수 있으며, 유휴시간을 단축시켜 작업자의 활용도나 기계의 효율을 높일 수 있는 개선안을 찾는 데 도움이 된다.

다중활동분석표의 용도는 다음과 같다.

1. 1명의 작업자가 운용 가능한 기계 대수 산정
2. 기계 또는 작업자의 유휴시간 파악 및 단축
3. 공동작업의 작업현황을 파악하여 작업조 재편성

다중활동분석표는 포함된 기계 대수나 작업자 수에 따라 다음과 같이 구분된다.

1. 작업자-기계 작업 분석표(man-machine chart)
2. 작업자-복수기계 작업 분석표(man-multi machine chart)
3. 복수작업자 분석표(multi man chart, gang process chart)
4. 복수작업자-기계 작업 분석표(multi man-machine chart)
5. 복수작업자-복수기계 작업 분석표(multi man-multi machine chart)

4.1 최적 기계 대수

기술의 발달로 기계가 자동화 또는 반자동화되어 1명의 작업자가 여러 대의 기계를 운용하는 경우가 늘어나고 있다. 작업자 1명이 여러 대의 기계를 운용하는 것을 'machine coupling'이라 한다. 'machine coupling' 상황에서 운용 가능한 대수보다 적은 수의 기계를 작업자에게 배정하면 작업자 쪽에 유휴시간이 발생한다. 반대로 운용 가능한 대수보다 많은 기계를 작업자에게 배정하면 기계 쪽에 유휴시간이 발생하게 된다. 따라서 유휴시간을 최소화하고 작업자와 기계의 효율을 높이기 위해서는 적절한 기계 대수를 작업자에게 배정하는 것이 중요하다.

작업자 1명이 몇 대의 기계를 운용하는 것이 경제적인가는 다중활동분석표를 그려 정성적으로 파악할 수도 있으나, 다음과 같이 정량적으로 분석할 수 있다. 이론적으로 작업자와 기계 양측에 유휴시간이 전혀 발생하지 않는 동시성(synchronization)을 이루는 최적의 이론적 기계 대수(n')는 a를 기계 한 대당 재료투입(loading) 및 가공품 꺼내기(unloading) 시간(작업자와 기계의 동시작업), b를 기계와는 독립적인 작업자의 활동 시간(검사, 포장, 이동 등), t를 작업자와는 독립적으로 기계의 고유기능을 수행하는 시간(기계 가동시간)이라고 할 때, 식 (4.1)과 같이 계산할 수 있다.

$$n' = \frac{a+t}{a+b} \tag{4.1}$$

예제 4-1

기계가 한 단위 제품을 생산하는 데 소요되는 시간인 사이클타임(cycle time)이 5분이고 작업자가 기계에 부품을 loading/unloading하는 데 1분이 소요되고, 검사와 포장에 2분이 소요된다. 이때 $n'=(1+5)/(1+2)=2$대를 한 작업자에게 할당하면 작업자와 기계 양측에 유휴시간이 발생하지 않는다.

만약 〈예제 4-1〉과 달리 동시성을 이루는 최적의 이론적 기계 대수가 정수가 되지 않을 경우는 작업자 임금과 기계 운용비용을 고려한 경제성 분석을 통하여 최적 기계 대수를 산정한다. 예를 들어, 이론적 기계 대수가 2.8로 나올 경우, 작업자 임금과 기계 운용비용에 따라 최적 기계 대수는 2대 또는 3대가 된다. 일반적 상황에서 최적 기계 대수는 다음과 같이 계산된다.

1. T_c: 사이클타임
2. I_o: 한 사이클 동안 발생하는 작업자의 유휴시간
3. I_m: 한 사이클 동안 발생하는 기계 한 대당 유휴시간
4. C(k): 작업자에게 k대의 기계를 배정한 경우의 단위제품당 비용 (인건비와 간접비용의 합계)

5. C_o: 작업자의 시간당 임금

6. C_m: 기계의 시간당 운용비용

이론적 기계 대수(n′)는 식 (4.1)에 의하여 계산되며, 실제 배정되는 기계 대수(k)가 이론적 기계 대수보다 적을 경우는 유휴시간이 작업자 쪽에 발생하고, 사이클타임은 기계에 따른 시간에 의해 결정된다. 반대의 경우는 유휴시간이 기계 쪽에 발생하고, 사이클타임은 작업자 상황에 따라 결정된다. 이 과정이 〈표 4-1〉에 정리되어 있다.

최적 기계 대수는 $n < n' < n+1$을 만족하는 최대 정수 n을 찾아 C(n)과 C(n+1)을 계산하여 비용이 적은 쪽을 선택하면 된다.

〈표 4-1〉 **기계 대수 산정과정**

	$k \leq n'$	$k > n'$
T_c	$a+t$	$k(a+b)$
I_o	$(a+t)-k(a+b)$	0
I_m	0	$k(a+b)-(a+t)$
$C(k)$	$\frac{(C_o+kC_m)(a+t)}{k}$	$(C_o+kC_m)(a+b)$

예제 4-2

어느 기계 가공작업의 작업내용과 소요시간, 비용 등은 다음과 같다.

작업자가 가공할 부품을 loading 및 unloading(a) 1.5분

가공품 검사 0.1분

가공품 포장 0.2분

다른 기계 쪽으로 걸어감	0.1분
따라서 b = 0.1 + 0.2 + 0.1 =	0.4
기계 가공시간(t)	2.5분
인건비(I_o)	5,000원/시간
기계 운용비(I_m)	8,000원/시간

이론적 기계 대수 n′=(1.5+2.5)/(1.5+0.4)=2.1대가 되고, 최적 기계 대수는 2대 또는 3대가 된다. 사이클타임, 유휴시간 및 단위 제품당 비용은 〈표 4-2〉에 정리되어 있다. 작업자가 다루는 기계가 2대일 경우가 3대일 때보다 비용이 적으므로 2대를 할당하는 것이 더 경제적이다.

〈표 4-2〉 기계 대수 산정과정

	2대	3대
T_c(분)	1.5 + 2.5 = 4	3(1.5 + 0.4)=5.7
I_o(분)	(1.5 + 2.5) − 2(1.5 + 0.4) = 0.2	0
I_m(분)	0	3(1.5 + 0.4) − (1.5 + 2.5) = 1.7
C(k): 원/시간	$(C_o + kC_m)(a + t)/k$ (5000 + 2 × 8000)(1.5 + 2.5)/(2 × 60*) = 700	$(C_o + kC_m)(a + b)$ (5000 + 3 × 8000)(1.5 + 0.4)/60* = 918.3

★ 60은 시간과 분의 환산을 위함

4.2 작업자-기계 작업분석표

다중활동분석표에서 사용하는 기호는 작업자와 기계에 따라 다르며, 그 내용은 〈표 4-3〉과 같다.

예로서, 작업자 2명이 〈그림 4-1〉과 같은 천 자르는 기계를 사용하여 코팅된 천을 좁은 폭으로 잘라 롤에 감는 작업에 대하여 복수작업자-기계 작업분석표를 작성해본다. 작업내용은 다음과 같다.

1. 창고에 저장되어 있는 롤을 운반하여 천을 자르는 기계의 뒤쪽에 있는 샤프트 A에 건다.
2. 롤에 감겨져 있는 천을 회전하는 커터(cutter) B 아래로 지나게 하면 실린더 C에 의해 눌려져 천이 원하는 폭으로 잘리게 된다.
3. 잘린 천은 샤프트 D에 걸려있는 판지로 된 심봉에 감겨지고, 원하는 길

〈표 4-3〉 **다중활동분석표에 사용되는 기호**

	기호	설명
기계	■	기계 가동
	◨	기계와 작업자 동시작업
	□	유휴
작업자	■	기계와 작업자 동시작업
	▩	기계와 관계없는 작업자의 독립적 활동
	□	유휴

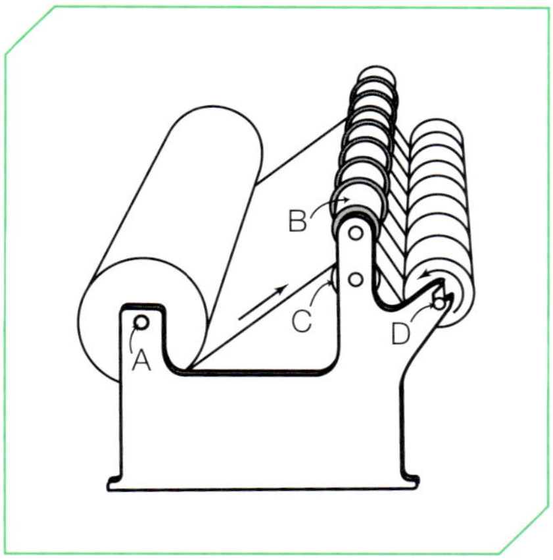

〈그림 4-1〉 천 자르는 기계

이만큼의 천이 감기면 기계를 멈추고 샤프트 D에 평행하게 천을 자른다.

4. 보조작업자의 도움을 받아 작업자는 감겨진 롤을 종이로 싸고, 등급, 롤 길이와 기타 제품 정보가 쓰여 있는 레이블을 롤에 부착한다.
5. 롤을 샤프트 D에서 들어내 운반차에 적재한다. 이 작업을 수행하는 동안 기계는 쉬고 있다.

현재의 작업방법에서는 천이 다 감겨진 심봉을 작업자와 보조자가 들어내고 작업자가 레이블을 부착하는 작업을 하고 있다. 이때 기계는 멈추게 되어 기계의 유휴시간이 매 사이클마다 3.0분이 발생한다.

기계의 유휴시간을 줄이기 위하여 두 가지를 개선하였다. 첫 번째로 〈그림 4-2〉와 같은 롤 받침대를 제작하였다. 천이 다 감기면 심봉을 롤 받침대의 샤프트에 밀어 넣고 롤 받침대를 저장공간으로 이동하면 된다. 이 작업은 간단하여 소요시간이 짧아져서 기계의 유휴시간을 크게 줄일 수 있다. 두 번째로 롤 받침대를 이동한 후 작업자는 바로 기계를 가동하고, 작업자가 하던 레이블 부착 작업을 보조자가 하도록 하였다. 개선 전후의 복수작업자-기계 작업분석표가 〈그림 4-3〉, 〈그림 4-4〉에 나타나 있다.

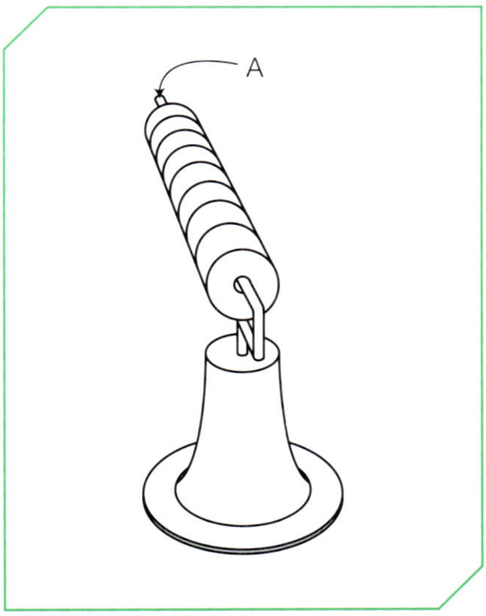

〈그림 4-2〉 롤 받침대

위와 같이 복수작업자-기계 작업분석표를 이용한 개선 결과는 다음과 같다.

작업: 코팅된 천 자르기	작업번호:
부품명: 코팅된 천	부품번호:
기계명: 천 자르는 기계	기계번호:
작업자명: (보조자)	날짜:
현 방법: ☑ 개선된 방법: ☐	작성자:

작업자	시간(분)	보조자	시간(분)	기계	시간(분)
기계 작동	2.2	포장지와 레이블 준비	0.9	자르기 작업 수행	2.2
		기계 기다림	1.3		
보조자 기다림	0.7	롤 포장	0.9	유휴	3.0
롤에 레이블 붙이기	0.6	작업자 기다림	0.7		
와인더 열기	0.3				
보조자 기다림	0.8	롤 제거	0.8		
기계 작동준비	0.6	롤을 운반차에 적재	0.6		

시간(분): 1.0, 2.0, 3.0, 4.0, 5.0

요약			
	작업자	보조자	기계
유휴시간(분)	1.5	2.0	3.0
순작업시간(분)	3.7	3.2	2.2
사이클타임(분)	5.2	5.2	5.2
효율(%)	$\frac{3.7}{5.2}=71\%$	$\frac{3.2}{5.2}=62\%$	$\frac{2.2}{5.2}=42\%$

〈그림 4-3〉 복수작업자-기계 작업분석표 예(개선 전)

작업: 코팅된 천 자르기	작업번호:
부품명: 코팅된 천	부품번호:
기계명: 천 자르는 기계	기계번호:
작업자명: (보조자)	날짜:
현 방법: ☐ 개선된 방법: ☑	작성자:

작업자	시간(분)	보조자	시간(분)	기계	시간(분)
기계 작동	2.2	포장 계속	0.3	자르기 작업 수행	2.2
		롤에 레이블 붙이기	0.6		
		롤을 운반차에 적재	0.5		
		포장지와 레이블 준비	0.9		
와인더 열기	0.3	작업자 기다림	0.2	유휴	1.4
롤 제거	0.5	작업자 보조	0.5		
기계 작동준비	0.6	롤 포장	0.6		

시간(분): 1.0, 2.0, 3.0

요약			
	작업자	보조자	기계
유휴시간(분)	0.0	0.2	1.4
순작업시간(분)	3.6	3.4	2.2
사이클타임(분)	3.6	3.6	3.6
효율(%)	$\frac{3.6}{3.6}=100\%$	$\frac{3.4}{3.6}=95\%$	$\frac{2.2}{3.6}=61\%$

〈그림 4-4〉 복수작업자-기계 작업분석표 예(개선 후)

1. 사이클타임이 5.2분에서 3.6분으로 줄어들어 시간당 심봉을 11.5개 감던 것에서 시간당 심봉을 16.6개 감을 수 있게 되어 생산성이 44% 증가하였다.

2. 기계 가동률은 42%에서 61%로, 작업자 작업률은 71%에서 100%로, 보조자 작업률은 62%에서 95%로 증가하였다.

작업자-기계 작업분석표를 작성한 후 작업분석과 그에 따른 개선안을 마련할 때 사용할 수 있는 체크리스트는 다음과 같다.

1. 제거 가능한 작업 단계가 있는가?
2. 여러 작업 단계를 결합하여 수행할 수 있는가?
3. 작업을 좋은 방법으로 재배열할 수 있는가?
4. 각 작업 단계를 좀 더 쉽게 할 수 있는 방법이 있는가?
5. 기계 가동률을 높일 수 있는 방법이 있는가?
6. 기계에 loading 및 unloading하는 작업을 최소화할 수 있는 방법이 있는가?
7. 기계의 가동 속도를 경제적 한계까지 높일 수 있는 방법이 있는가?
8. 작업 중 실수를 최소화할 수 있도록 지그(jig)나 고정구(fixture) 등의 도구를 고안할 수 있는가? 지그는 가공부분의 위치를 정하고 가공을 안내하는 공구를 말한다(그림 4-5). 고정구는 부품을 가공할 때 부품이 움직이지 않도록 고정하는 장치를 의미한다(그림 4-6).

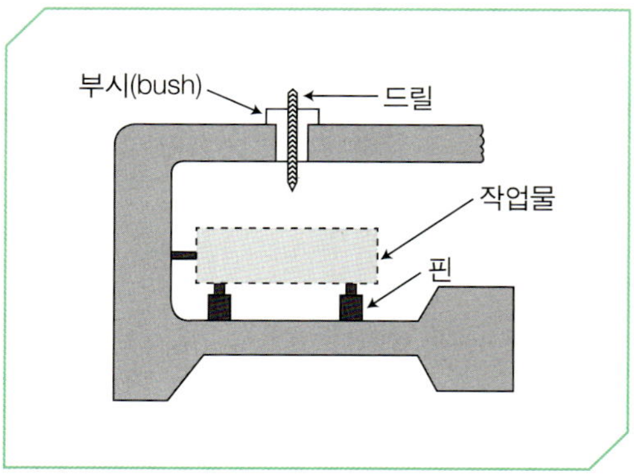

〈그림 4-5〉 지그

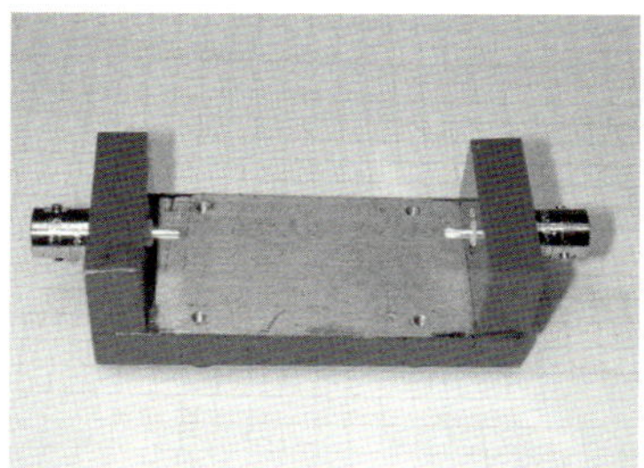

〈그림 4-6〉 고정구

4.3 복수작업자 분석표

복수작업자 분석표는 한 대의 기계를 여러 작업자가 운용하거나 기계 없이 여러 작업자가 협업하는 상황을 분석할 때 사용되며, gang process chart라고도 한다. 산업현장에서 1명의 작업자가 몇 대의 기계를 운용하는 것이 일반적이나, 제철공장의 용광로 작업과 같이 한 대의 기계를 여러 작업자가 운용하는 경우도 있다. 복수작업자 분석표는 기계와 이를 운용하는 작업자의 유휴 및 운용 시간의 관계를 나타낸다. 따라서 복수작업자 분석표를 이용하면 작업자와 기계의 유휴시간을 줄일 수 있는 개선방안을 찾을 수 있다.

복수작업자 분석표의 예가 〈그림 4-7〉에 나와 있으며, 그림에서 5명의 작업자 중 3명(작업자 1, 2, 3)의 유휴시간이 많아 작업자 수를 줄일 수 있음을 알 수 있다. 작업자 2명을 줄인 개선된 작업의 복수작업자 분석표는 〈그림 4-8〉에 나와 있으며, 작업자가 줄어든 대신 사이클타임이 15분에서 19분으로 4분 증가하였다.

복수작업자 분석표를 분석할 때 다음과 같은 항목들을 점검해본다.

1. 작업 구성원 간에 일의 양이 균형을 이루고 있는가?
2. 작업부하가 가장 큰 작업자의 일을 줄여줄 수 있는가?
3. 제거가 가능한 작업 단계가 있는가?
4. 여러 작업 단계를 결합하여 수행할 수 있는가?
5. 각 작업 단계를 좀 더 쉽게 할 수 있는 방법이 있는가?

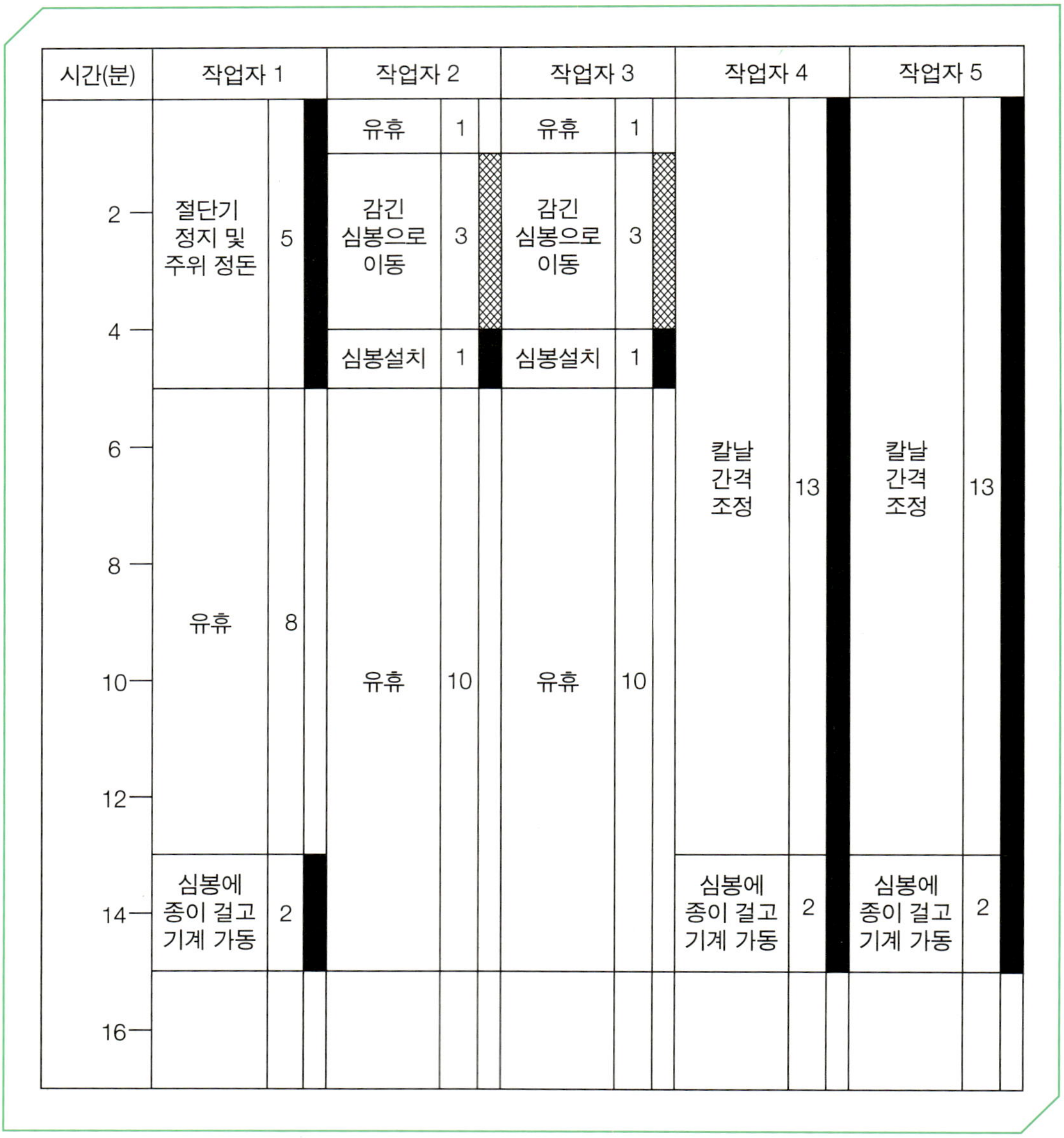

〈그림 4-7〉 복수작업자 분석표 예(개선 전)

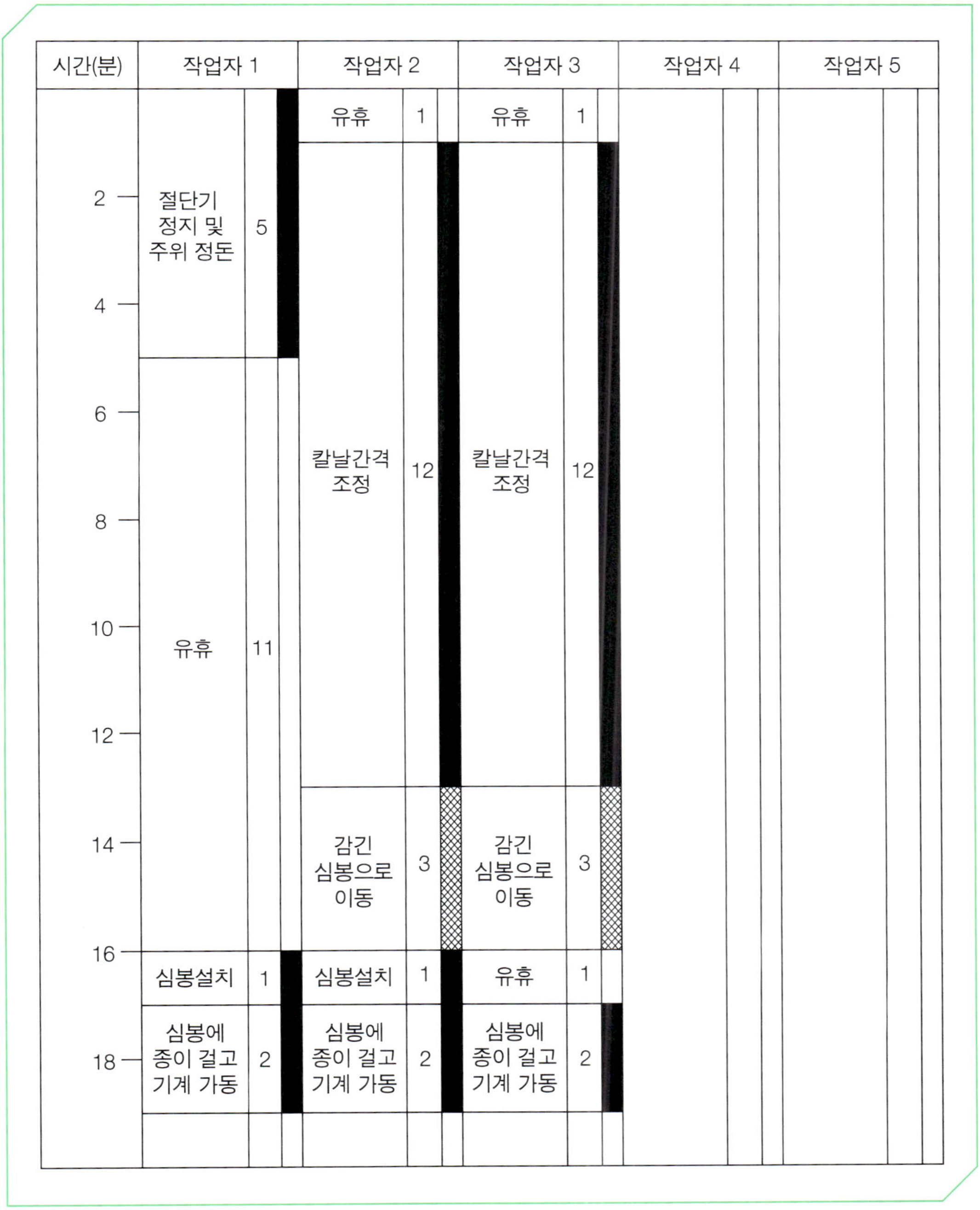

〈그림 4-8〉 복수작업자 분석표 예(개선 후)

4.4 작업분석

공정도를 이용한 분석이 끝나면 공정도상에 나타난 작업의 효율적 요소와 비효율적 요소를 분석하기 위하여 작업분석(operation analysis)을 하게 된다. 먼저 공정도상의 모든 작업과 검사 등의 요소에 대하여 다음의 '왜'라는 질문을 가지고 검토한다.

1. 왜 이 작업이 필요한가?
2. 왜 이 작업이 이 방법으로 행해지는가?
3. 왜 이 공차(tolerance: 규격 또는 표준과 실제와의 차이)는 이렇게 작은가?
4. 왜 이 재료가 사용되어야 하는가?
5. 왜 이 숙련도의 작업자가 할당되었는가?

'왜'라는 질문은 '어떻게', '누가', '어디에서', '언제' 등의 질문으로 이어져 공정도상의 비효율적 요소를 찾는 데 도움이 된다. 작업분석은 기존 작업의 개선뿐만 아니라 새로운 작업장의 설계에도 유용하다.

작업분석에는 9개의 검토항목이 있으며, 개선이 상대적으로 용이한 특정 항목을 집중적으로 분석하여 개선활동을 하는 전략을 채택하는 것이 좋다. 9개 검토항목은 다음과 같다.

1. 작업의 목적

작업분석에서 검토하는 항목 중 가장 중요하다. 작업의 목적을 분석함으로써 현재 행해지고 있는 작업의 25% 정도는 제거될 수 있다고 한다. 즉, 작업을 단순화하거나 개선하는 것보다는 불필요한 작업을 제거하도록 적극적으로 생각하는 것이 필요하다. 불필요한 작업을 제거하면 개선된 방법의 시행에 소요되는 비용을 줄일 수 있고, 개선안을 개발하고, 시험하고, 시행할 필요가 없다. 또한 불필요한 작업을 제거하면 작업자를 교육하지 않아도 되고, 작업자의 변화에 대한 저항도 최소화된다.

2. 부품의 설계

엔지니어는 일단 설계가 끝나면 그들이 할 수 있는 유일한 일은 경제적으로 생산하는 방법을 찾는 것이라 생각하는 경향이 있다. 물론 사소한 설계 변경도 하기 어려운 것이 현실이지만 방법연구자는 개선을 하기 위해 모든 설계를 다시 검토할 필요가 있다.

부품이나 완성품을 저렴한 비용으로 설계하고 생산하고자 할 때 다음을 명심하여야 한다.

1. 설계를 단순화하여 부품 수를 줄인다.
2. 부품끼리 잘 결합되도록 하고 기계의 가공과 조립이 쉽도록 설계하여 작업의 수와 운반거리를 줄인다.
3. 좋은 재료를 사용한다.

3. 공차와 규격

설계자들은 제품을 개발할 때 필요 이상으로 엄격한 규격을 적용하는 경향이 있다. 이는 설계자들이 원가에 대한 지식이 부족하거나, 생산된 제품이 공차 범위 내에 들도록 하기 위해서는 공차를 실제 요구되는 수준보다 작게 하여야 한다는 제조부서의 생각 때문이다. 그러나 공차와 규격이 엄격해질수록 제조원가가 급격히 증가한다는 사실을 명심하여야 한다. 〈그림 4-9〉는 제조원가와 공차의 관계를 묘사하고 있다. 그림에서 표준공차(예: ±0.005mm)보다 엄격한 공차(예: ±0.001mm)을 적용하면 제조원가가 크게 증가함을 볼 수 있다. 반면에 ±0.03mm로 공차를 완화하면 제조원가가 감소한다.

4. 재료

새로운 제품을 설계할 때 엔지니어가 접하는 첫 번째 질문 중의 하나가 '어떤 재료를 사용하여야 하는가?'이다. 제품을 설계할 때 좀 더 질이 좋고

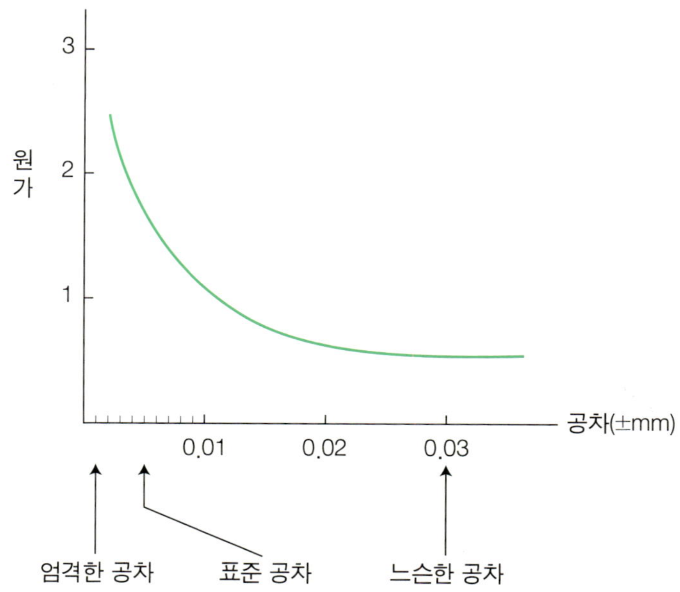

〈그림 4-9〉 제조원가와 공차의 관계

값싼 재료를 사용하도록 노력하는 것이 바람직하다. 공정에 사용되는 직접 또는 간접 재료의 선정 시에 다음 사항을 유의하도록 한다.

1. 더 값싼 재료를 찾는다.
2. 가공하기 쉬운 재료를 찾는다.
3. 재료를 더 경제적으로 사용한다.
4. 비품과 도구를 더 경제적으로 사용한다.
5. 재료를 표준화한다.
6. 가격과 재고 관점에서 최고의 재료 공급자를 찾는다.

5. 제조공정

제조공정을 개선하기 위해서 다음 사항에 유의한다.

1. 작업을 효율적으로 재배열한다.
2. 수작업을 기계화한다.
3. 더 효율적인 설비를 사용한다.
4. 기계 설비를 더 효율적으로 운용한다.
5. 최종 완성품에 가까운 제품을 제조하도록 설계한다. 최종 완성품에 가까운 제품을 생산하면 재료의 사용 효율을 높이고 스크랩을 줄이며, 마무리 작업과 같은 후처리가 최소화되고 친환경적 재료로 제조가 가능한 장점이 있다.
6. 로봇 사용을 고려한다. 조립공정에 로봇을 도입하는 주요 이유는 하나의 시스템으로 여러 제품의 조립이 가능하고, 다양한 작업을 할 수 있도록 프로그래밍할 수 있는 융통성 때문이다. 더불어 일관된 품질이 보장되고 제품 생산량의 예측이 가능해진다.

6. 셋업과 도구

도구를 얼마나 다양하게 준비할 것인가는 생산량, 작업의 반복 정도, 인건비, 제품 인도 조건과 비용 등에 의해 결정된다. 거의 사용되지 않는 도구에 과다하게 투자하는 경우가 발생하지 않도록 유의한다. 도구를 얼마나 다양하게 준비할 것인가의 문제는 인건비 절약 정도가 가장 중요한 요소가 된다.

작업시작 전의 제반 준비과정인 셋업(set-up)을 효율적으로 하기 위해서는 계획, 방법, 생산 통제를 잘 하여 셋업시간을 줄이고, 기계 성능을 최대한 활용하도록 하며, 좀 더 효율적인 도구를 도입하여야 한다.

7. 물자 운반

미국 물자운반협회(Material Handling Institute)의 조사에 의하면, 제품을 시장까지 가져오는 비용의 30~85%가 물자 운반과 관련이 있을 정도로 물자 운반이 원가에 큰 영향을 미치는 것으로 알려져 있다. 인력으로 물자를 운반하는 것을 최소화하는 것이 가장 좋은 방법이며, 운반거리가 길고 짧은 것에 관계없이 모든 운반작업을 검토할 필요가 있다. 물자 운반에서는 부품, 원자재, 생산과정 중에 있는 물품인 재공품(work in process), 완성품 등을 적절한 시기에 적절한 장소에 필요한 수량만큼 배달하는 것이 중요하다. 물자 운반에 소요되는 시간을 줄이기 위한 유의사항은 다음과 같다.

1. 기계화 또는 자동화된 장비를 사용한다.
2. 공장에서 일어나는 사고의 약 40%가 물자 운반 도중 일어나고, 이 중 25%가 물자 들기와 운반작업에서 발생하므로 사고가 나지 않도록 조심스럽게 물자 운반작업을 한다.

3. 효율적 재고관리를 위하여 바코드 시스템을 도입한다.

8. 공장배치

효율적 공장배치의 주요 목적은 최소 비용으로 원하는 수준의 품질을 갖춘 제품을 원하는 양만큼 제조할 수 있는 생산시스템을 구축하는 것이다. 공장배치를 잘못하면 긴 운반거리, 역류, 정체, 애로공정으로 인한 작업 중단과 같은 비효율이 발생한다. 이러한 비용은 대부분 잠복되어 있어 쉽게 노출되지 않는다. 그러나 체계적인 분석방법을 사용하면 숨겨진 비효율성을 효과적으로 찾아 개선할 수 있다. 이는 5장에서 다룬다.

9. 작업설계

과도한 작업부하로 인한 산업재해와 직업병 발생이 증가하고 작업자 건강 증진 및 안전 확보를 위한 규제가 강화되고 있어, 작업자 능력과 한계에 맞게 작업을 설계하는 인간공학적 개념과 기법을 도입해야 한다. 이는 8장에서 다룬다.

요약

다중활동분석표는 여러 작업자가 같이 작업을 하거나 1명의 작업자가 여러 대의 기계를 운용하는 작업을 분석하는 데 사용된다. 다중활동분석표를 이용하면 작업자 또는 기계의 유휴시간이 어디에서 어느 정도 발생하는지를 쉽게 찾을 수 있으며, 유휴시간을 단축시켜 작업자의 활용도나 기계의 효율을 높일 수 있는 개선안을 찾는 데 도움이 된다.

1명의 작업자가 복수의 기계를 운용하는 machine coupling 상황에서 유휴시간을 최소화하고 작업자와 기계의 효율을 높이기 위해서는 적절한 대수의 기계를 작업자에게 배정하는 것이 중요하다. 작업자와 기계 양측에 유휴시간이 전혀 발생하지 않는 동시성을 이루는 최적의 이론적 기계 대수를 구하는 식의 의미를 이해해야 한다. 실제 배정되는 기계 대수와 이론적 기계 대수를 비교하는 과정을 정리한 〈표 4-1〉을 기억할 필요가 있다.

복수작업자 분석표는 한 대의 기계를 여러 작업자가 운용하거나 기계 없이 여러 작업자가 협업하는 상황을 분석할 때 사용된다.

공정도를 이용한 분석이 끝나면 공정도 상에 나타난 작업의 효율적 요소와 비효율적 요소를 분석하기 위하여 작업분석을 한다. 이때 공정도상의 모든 작업과 검사 등의 요소에 대하여 '왜 이 작업이 필요한가? 왜 이 작업이 이 방법으로 행해지는가? 왜 이 공차는 이렇게 작은가? 왜 이 재료가 사용되어야 하는가? 왜 이 숙련도의 작업자가 할당되었는가?' 등의 질문을 하며 검토한다.

연습문제

1. 다중활동분석표에 대한 설명으로 옳지 않은 것은?

① 기계 및 작업자의 효율 향상 방안의 마련에 이용된다.

② 가능하면 작업자의 수를 줄이는 데 초점이 맞추어져 있다.

③ 여러 작업자가 조를 이루어 수행하는 작업의 분석에 활용된다.

④ 작업자나 기계의 활동을 별개의 열에 나타낸다.

2. 다중활동분석표의 사용 목적으로 적절하지 않은 것은?

① 작업자가 운용 가능한 기계 대수 산정

② 작업자 및 기계의 유휴시간 파악

③ 작업조의 재편성

④ 작업자의 여유율 산정

3. 기계의 사이클타임이 3분이고 작업자가 기계에 부품을 loading/unloading 하는 데 1분이 소요되고, 검사와 포장에 1분이 소요된다. 이 경우에 작업자에게 할당할 수 있는 최적 기계 대수는?

① 2대　　② 3대　　③ 4대　　④ 5대

4. 1명의 작업자에게 몇 대의 기계를 배정할 것인가의 문제를 다룰 때 고려하여야 하는 요소로 가장 거리가 먼 것은?

① 작업자의 유휴시간　　② 기계의 유휴시간

③ 작업자 부하　　④ 품질보증 방침

5. 다중활동분석표에 사용되는 기호 중 ▩는 무엇을 뜻하는가?

① 기계 가동 ② 기계의 유휴시간

③ 작업자 독립 활동 ④ 기계와 작업자 동시작업

6. 복수작업자 분석표에 대한 설명으로 옳은 것은?

① 여러 작업자가 한 대의 기계를 운용하는 작업상황을 분석하는 차트이다.

② 작업자와 기계가 복수인 작업상황을 분석하는 차트이다.

③ 1명의 작업자가 여러 대의 기계를 운용하는 작업상황을 분석하는 차트이다.

④ 1명의 작업자가 한 대의 기계를 운용하는 작업상황을 분석하는 차트이다.

7. 작업분석은 언제 시행하는 것이 적절한가?

① 공정도 작성 전 ② 공정도 작성 중

③ 공정도 작성 직후 ④ 항상

8. 작업분석에서 가장 중요한 항목은?

① 작업 목적 ② 부품설계

③ 공차 ④ 작업설계

9. 다음 설명 중 옳지 않은 것은?

① 설계를 단순화하여 부품 수를 줄이는 것이 좋다.

② 공차와 규격은 가능하면 엄격하여야 한다.

③ 가능하다면 값싼 재료를 사용하여야 한다.

④ 가능하면 가공하기 쉬운 재료를 사용한다.

10. 제조공정을 개선하기 위한 방법으로 옳지 않은 것은?

① 작업을 효율적으로 재배열한다.

② 수작업을 기계화한다.

③ 기계 설비를 더 효율적으로 운용한다.

④ 로봇 사용은 인력이 부족할 때 도입한다.

11. machine coupling을 설명하라.

12. 다중활동분석표의 적용 대상을 설명하라.

13. 제품을 가능하면 최종 완성품에 가깝게 제조할 때 얻을 수 있는 이점을 설명하라.

14. 다음과 같이 작업에 소요되는 시간이 주어질 때 다음 문제에 답하라.

- loading 및 unloading: 1.41분
- 다음 기계로 걸어가는 데 소요되는 시간: 0.08분
- 기계 가공 시간: 4.34분
- 작업자 임금: 8,000원/시간
- 기계 운용비: 15,000원/시간

1) 1명의 작업자에게 몇 대의 기계를 할당하는 것이 가장 경제적인가?

2) 위 상황에 대하여 작업자-기계 작업 분석표를 그려보라.

5장 시설배치 계획

5장 시설배치 계획

시설배치(facility layout) 계획이란 공간을 차지하는 모든 요소(예: 부서, 작업장, 기계 및 장비, 작업자, 창고, 통로, 화장실, 구내식당 등)의 크기와 형태, 상대적 위치를 결정하는 것을 의미한다. 시설배치는 업무의 흐름과 인력 및 장비의 효율을 결정하는 중요한 요소로서, 불합리한 시설배치로 인하여 다음과 같은 현상이 발생할 수 있다.

1. 불필요한 운반이나 이동이 발생한다.
2. 작업현장, 통로, 창고가 혼잡해진다.
3. 이동거리가 멀어진다.
4. 운반비용이 많이 든다.
5. 생산 지연이 발생하고, 원재료나 부품 또는 고객의 대기시간이 길어진다.
6. 생산성이 저조해진다.

또한 합리적인 시설배치는 다음과 같은 조건을 만족시켜야 한다.

1. 작업자와 물자의 효율적인 이동
2. 효율적인 공간 활용
3. 작업자의 안전과 만족

4. 변화하는 미래의 요구에 대한 유연성

본 장에서는 시설배치 계획의 다양한 대상 중 제조공장을 예를 들어 설명한다. 하지만 본 장에서 설명하는 시설배치 계획의 개념과 기법은 사무환경과 서비스업 등에도 적용될 수 있다.

5.1 공장배치의 유형

제조공장의 배치에는 (1) 공정별 배치, (2) 제품별 배치, (3) 고정위치 배치의 세 가지 기본 유형과 세 가지 기본 유형을 혼합한 혼합 배치가 있다.

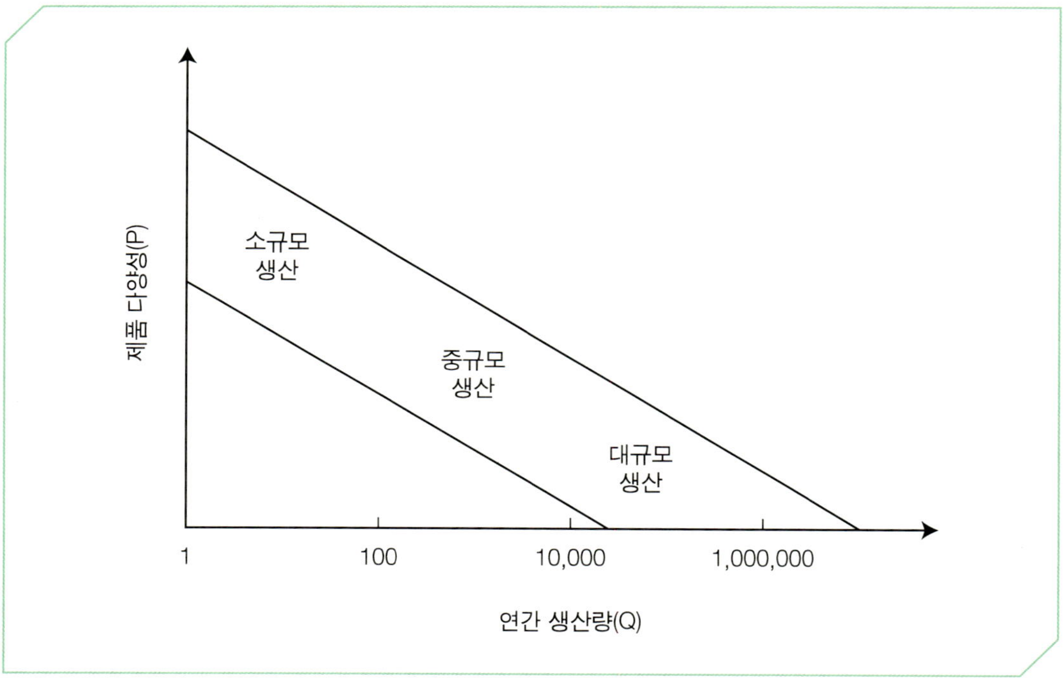

〈그림 5-1〉 생산량(Q)과 제품 다양성(P)의 관계의 예

공장배치의 유형은 생산량(Q)과 제품 다양성(P)에 의하여 결정된다. 생산량은 공장에서 연간 생산되는 제품의 수량으로서, 소규모 생산(예: 연간 생산량 1~100단위), 중규모 생산(예: 연간 생산량 100~1,000단위), 대규모 생산(예: 연간 생산량 10,000~1,000,000단위)으로 구분할 수 있다. 제품의 다양성은 공장에서 생산되는 제품의 종류를 말한다. 일반적으로 생산량과 제품다양성은 〈그림 5-1〉과 같이 음의 상관관계가 있다. 즉, 제품 다양성이 높으면 생산량은 낮고, 제품 다양성이 낮으면 생산량은 높은 경향이 있다.

5.2 공정별 배치

공정별 배치(process layout)는 기능별 배치(functional layout)라고도 하며, 같거나 유사한 기능을 수행하는 기계와 작업자를 그룹별로 일정한 장소에 배치하는 형태이다(그림 5-2). 예를 들어, 여러 종류의 제품을 한 작업장에서 생산할 때 드릴링, 그라인딩, 페인팅, 검사 등과 같은 작업별로 기계와 작업자를 배치해 놓은 것이다. 공정별 배치는 제품 다양성이 중간 정도에서 높은 정도까지의 소규모 생산과 중규모 생산의 공정에서 흔히 발견된다. 이런 유형의 생산에서는 여러 부품 또는 제품들이 다양한 작업순서에 의하여 가공되며, 공정별 배치는 이러한 다양성을 수용할 수 있다. 즉, 어떤 주문은 밀링 부서에서 공정을 시작하고, 다른 주문은 선반 부서나 드릴 부서에서 공정을 시작한다.

공정별 배치의 장점은 ① 변화(수요 변동, 제품 변경, 작업순서 변경 등)에 대한 유연성이 크고, ② 범용 기계를 이용하므로 설비 투자액이 적으며, ③ 작업자별로 성과급을 책정할 수 있다.

단점으로는 ① 대규모 생산의 경우, 다음 절에서 설명할 제품별 배치보다

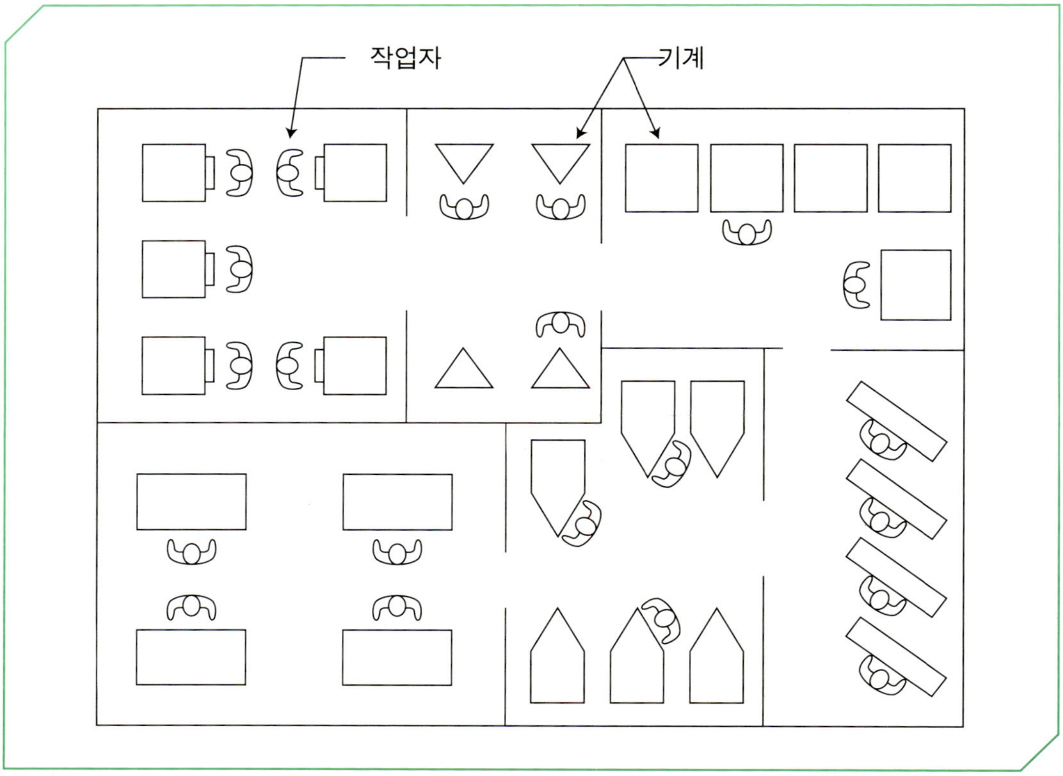

〈그림 5-2〉 공정별 배치의 예

단위당 생산비용이 높을 수 있고, ② 운반거리가 길며, ③ 주문별로 일정계획 등이 다르므로 공정관리가 복잡하다.

5.3 제품별 배치

제품별 배치(product layout)는 라인 배치(line layout)라고도 하며, 기계와 작업자가 생산라인의 특정 장소에 위치하여 부여된 작업을 수행하고, 작업물을 다음 단계로 보내는 형태이다. 생산량이 많고 작업이 단순한 소품종 대량 생

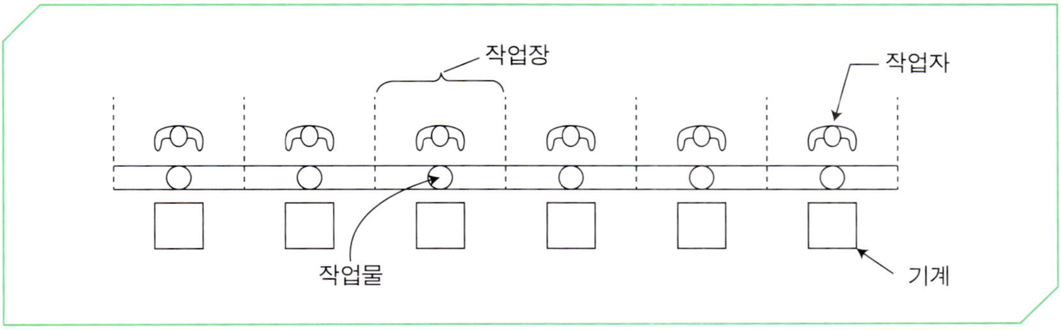

〈그림 5-3〉 라인 배치의 예

산(예: 자동차 조립라인, 전자제품 생산라인, 식료품 공장 등)에 많이 적용되고 있다. 제품별 배치는 주로 컨베이어나 자동화된 기계를 사용하는 공장에서 채택하는 형태로서, 이러한 배치방식이 성과를 얻으려면 설비를 경제적으로 이용할 수 있는 대량의 생산량, 제품수요의 안정성, 제품의 표준화 등이 전제조건으로 충족되어야 한다.

제품별 배치의 장점으로는 ① 표준품을 대량 생산할 경우 단위당 생산비용이 적고, ② 운반거리가 단축되며, ③ 재고와 재공품 수량이 적다. 그리고 ④ 재고와 재공품이 차지하는 면적이 적고, ⑤ 일정계획이 단순하므로 공정관리가 용이하며, ⑥ 작업내용이 단순 반복되므로 작업자의 훈련이 용이하며, ⑦ 작업자에 대한 감독이 용이하다.

단점으로는 ① 변화(수요 변동, 제품 변경, 생산방법의 변경 등)에 대한 유연성이 떨어지고, ② 많은 설비 투자비가 소요되며, ③ 기계 고장이나 재료 부족, 작업자 결근 등이 전체 공정에 영향을 줄 수 있다. 그리고 ④ 적은 수량을 제조할 때는 공정별 배치에 비하여 단위당 생산비용이 높고, ⑤ 개인별로 성과급을 적용하기가 힘들다.

5.4 고정위치형 배치

고정위치형 배치(fixed-position layout) 또는 프로젝트형 배치(project layout)는 생산하는 장소를 정해 놓고, 이곳에 원자재, 부품, 기계 및 작업자를 투입하여 작업을 수행하도록 배치한 형태이다. 일반적으로 제품이 매우 크고 중량이 무거운 것을 생산할 때 적용되는 방식으로서, 제품을 장비 쪽으로 이동하는 것보다 장비를 제품 쪽으로 이동하는 것이 더 쉽기 때문이다. 항공기, 선박 생산 공정 등이 이에 해당되며, 생산하는 제품의 수량은 소량이다. 대개의 경우, 많은 조립과정과 적은 생산량 때문에 많은 수작업이 수반되며, 사용되는 장비는 이동식 또는 휴대용인 경우가 많다.

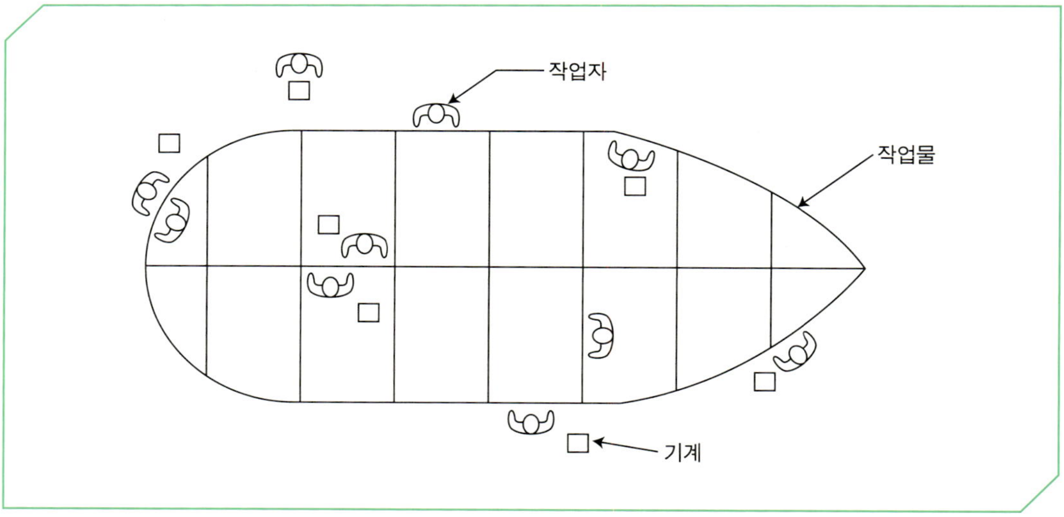

〈그림 5-4〉 고정위치형 배치의 예

5.5 혼합 배치

일부는 공정별로 배치하고 일부는 제품별로 배치하는 절충식 배치이다. 그중 그룹 테크놀러지(group technology: GT) 방식의 배치는 다양한 부품들을 몇 개의 부품군으로 분류한 다음, 각 부품군의 생산에 필요한 서로 다른 기계장비들을 모아 셀(cell)로 구성하는 배치 형태로서, 공정별 배치와 제품별 배치의 혼합 형태라 할 수 있다(그림 5-5).

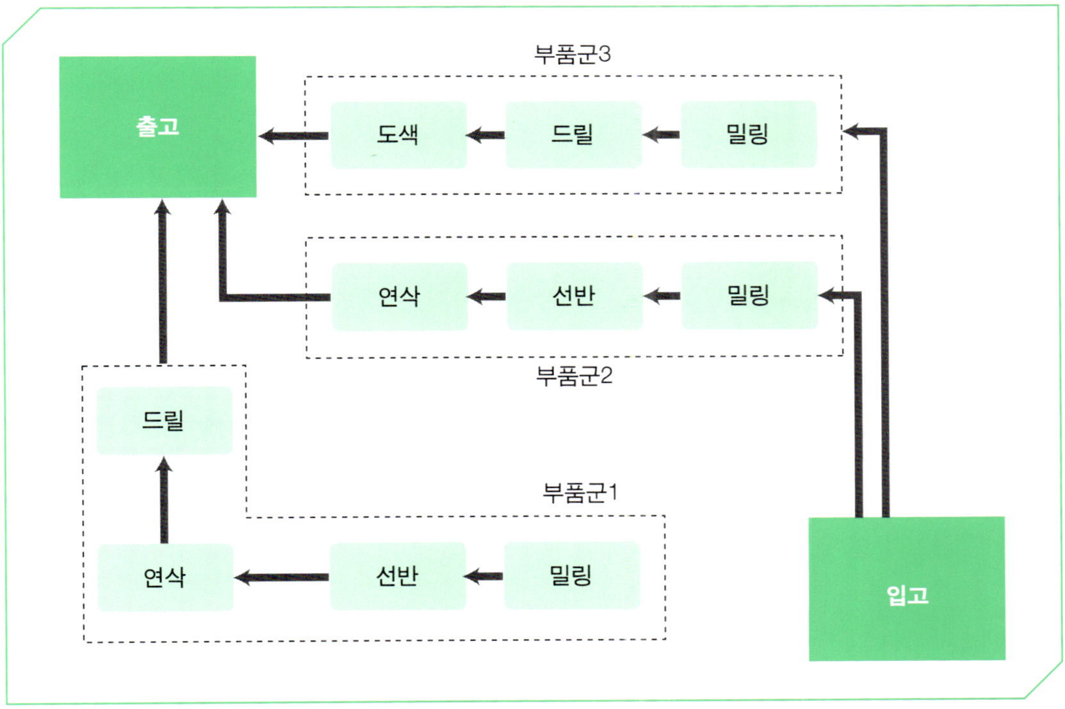

〈그림 5-5〉 GT방식의 배치의 예

5.6 체계적 배치계획

체계적 배치계획(systemic layout planning: SLP)은 1961년 리처드 머더(Richard Muther)가 제시한 시설배치 기법으로서, 여러 가지 배치문제에 실제로 적용되어 상당한 인정을 받아왔다. 체계적 배치계획은 시설배치에 관한 기초자료를 중심으로 자재의 이동량, 운반거리, 운반비용과 같은 정량적 요인뿐만 아니라, 부문 간 상호관계 분석을 통해 부서 간 근접정도를 정성적으로 분석할 수 있는 기법이다.

1. 적용 절차

체계적 배치계획은 시설배치 문제를 위치 선정, 전반적 배치, 상세 배치, 최종 배치의 4단계로 나누고, 전반적 배치 단계와 상세 배치 단계에서는 SLP 패턴(pattern)을 적용한다. 위치 선정 단계는 시설의 위치를 결정하는 단계로서, 시설이 놓이는 장소를 변경할 것인지, 아니면 장소는 그대로 사용하고 배치만 변경할 것인지를 결정한다. 전반적 배치 단계에서는 SLP 패턴에 따라 부서 간의 상대적 위치를 결정하고, 각 부서 간의 상호관련성과 필요 면적 및 소요 면적을 고려하여 블록평면도를 작성한다. 상세 배치 단계에서는 SLP 패턴을 반복 적용하여 해당 부서에 속한 모든 설비의 위치까지 구체적으로 확정짓는다. 마지막으로 최종 배치 단계에서는 위의 절차를 통해 파악된 설비들의 위치를 바탕으로 최종적으로 설비들을 배치한다.

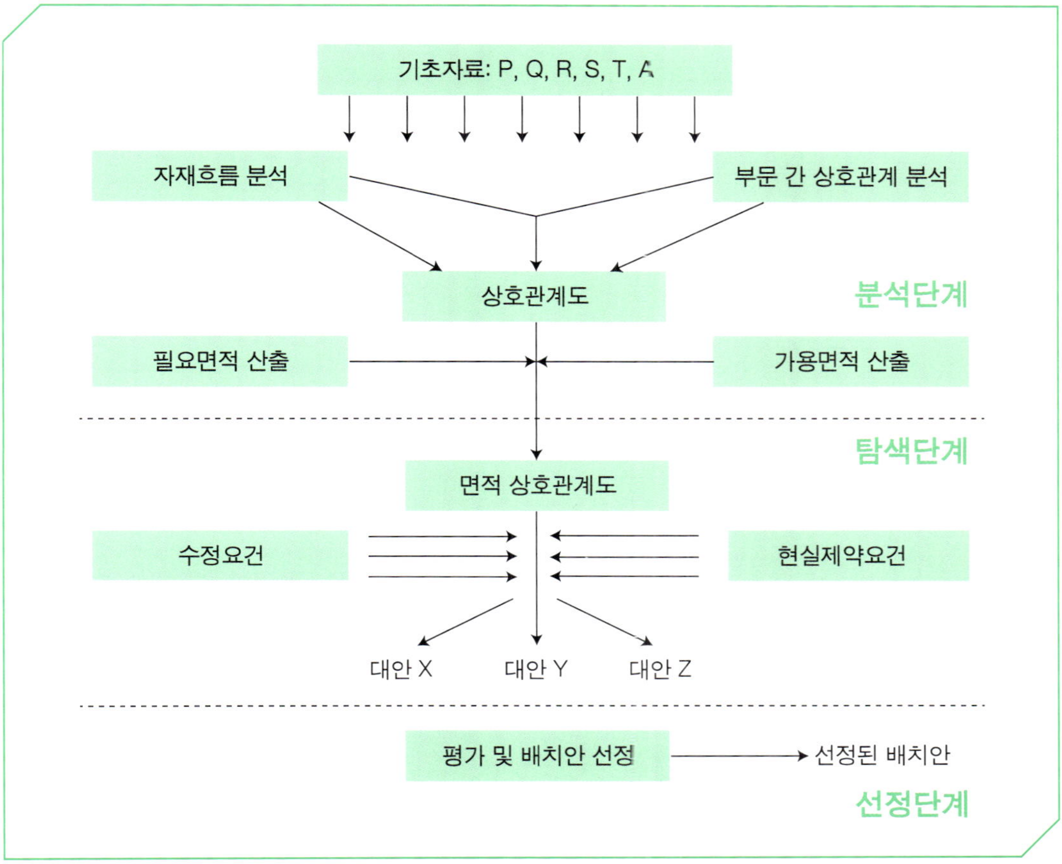

〈그림 5-6〉 SLP 패턴의 절차

2. SLP 패턴

SLP 패턴은 체계적 배치계획 기법의 핵심이 되는 부분으로 〈그림 5-6〉과 같이 구성되어 있다.

(1) 자료의 수집

공장의 시설배치를 위해 필요한 자료는 여러 가지가 있다. 그 중에서 SLP 패턴을 적용하기 위해서는 다음과 같은 기초자료들이 필요하다.

1. P(Product): 생산하는 제품, 원료, 부품 등
2. Q(Quantity): 수량
3. R(Routing): 공정, 설비, 작업순서, 경로
4. S(Supporting service): 창고, 식당, 화장실, 유지관리 시설 등의 지원 시설
5. T(Timing): 단위시간 당(예: 연간, 월간) 생산량과 작업시점 등
6. A(Activities): 부문별 활동내역

(2) 자재흐름 분석

하나의 제품이 완성되기까지 공장 내에서 자재가 흘러가는 경로와 물량을 분석하는 것으로, 공정 간 자재흐름의 수량, 이동거리, 운반비용 등을 기준으로 각 공정들 또는 설비들이 서로 근접해야 하는 필요성의 정도를 파악한다.

(3) 부문 간 상호관계 분석

이 단계에서는 각 부서 간의 물자 이동량 이외에 여러 정성적인 요인들을 고려하여 각 부서 간의 인접 정도를 평가한다. 인접 정도는 A(Absolutely necessary: 절대적으로 필요함), E(Especially important: 특별히 중요함), I(Important: 중요함), O(Ordinary: 보통 정도), U(Unimportant: 중요하지 않음), X(근접하는 것이 바람직하지 않음)로 표시한다. 또한 두 부서가 인접하는 것이 바람직한 이유를 숫자 기호로 쓴다. 예를 들어, 〈그림 5-7〉에서 사무실 행과 회의실 행이 만나는 지점을 읽으면, 사무실과 회의실이 서로 인접해야 하는 정도는 E(특별히 중요함), 그 이유는 5(편의를 위함)이다.

(4) 상호관계도 작성

자재흐름 분석과 부문 간 상호관계 분석이 끝난 후에는 두 결과를 절충하여 상호관계도를 작성한다(그림 5-8). 상호관계도는 각 부서를 같은 크기

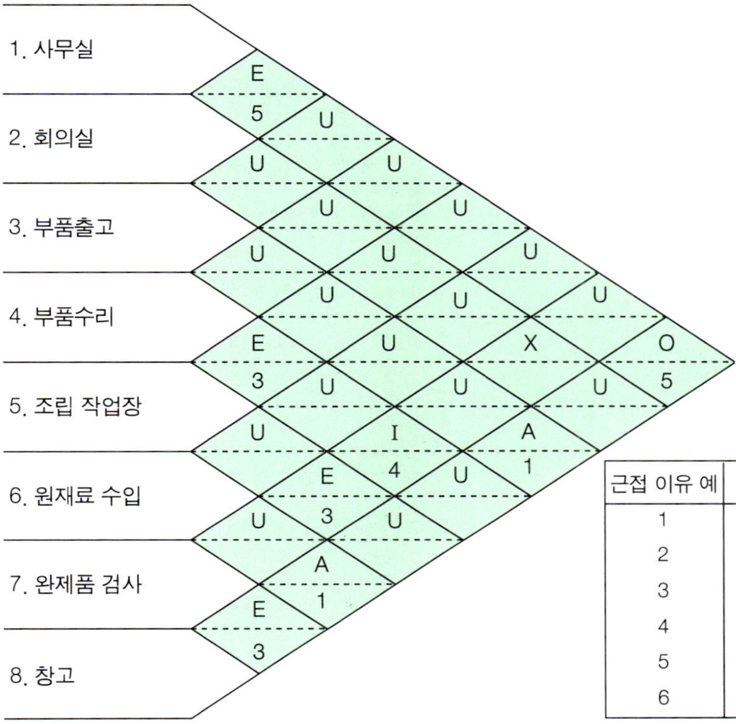

근접 이유 예	설명
1	자재의 흐름
2	감독의 용이
3	같은 작업자가 책임짐
4	의사소통이 용이
5	편의상
6	소음 방지

〈그림 5-7〉 부문 간 상호관계도

선의 형태	기호
≣	A
≡	E
=	I
–	O
없음	U
〰	X

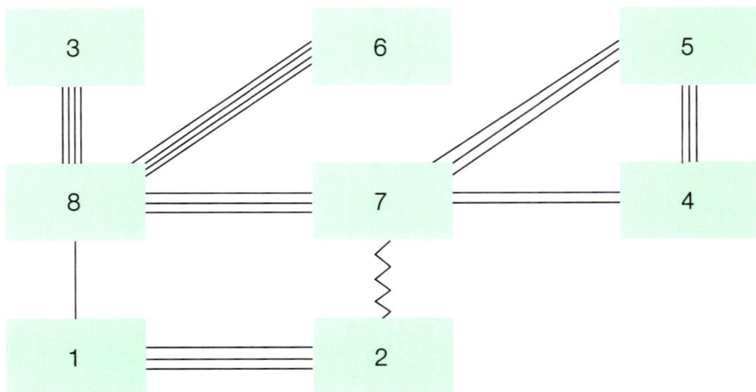

〈그림 5-8〉 상호관계도

의 정사각형으로 표시하고, 각 부서 간의 관계 정도에 따라 부서 간을 선 기호로 연결시킨 것이다. 즉, 가장 높은 연관성이 있는 'A'는 4개, 'E'는 3개, 'I'는 2개, 'O'는 1개의 직선으로 연결된다. 중요하지 않은 관계인 'U'는 선으로 표시하지 않으며, 밀접하지 않은 것이 바람직한 'X'는 지그재그 선으로 표시한다(그림 5-8). 본 단계의 목적은 높은 밀접도의 부서들을 가깝게 위치시키고, 낮은 밀접도의 부서들은 멀리 위치시키려는 데 있다.

(5) 필요 면적 및 가용 면적 파악

이 단계에서는 사용 가능한 면적을 고려하여 필요 면적에 대한 조정을 한다. 즉, 우선 필요 면적을 조사하고 여러 제약조건을 고려하여 필요 면적과 가용 면적의 균형이 이루어지도록 한다.

(6) 면적상호관계도 작성

면적상호관계도는 상호관계도와 필요 면적 및 가용 면적을 참고하여 작성한다(그림 5-9). 이때 현실적인 제약을 감안하여 전체적인 설비 배치를 블록의 형태로 계획하고, 몇 개의 블록 배치에 대해 각각 상세 배치를 한다(그림 5-10).

(7) 평가 및 배치안 선정

이상의 단계를 거쳐 몇 개의 대안이 설정되면 여러 요건(예: 건물의 형태와 구조, 주변 환경, 법적 규제, 회사 정책 등)을 고려하여 최적의 대안을 선정한다. 이 때 장래 확장의 용이성 등을 함께 고려하는 것이 좋다.

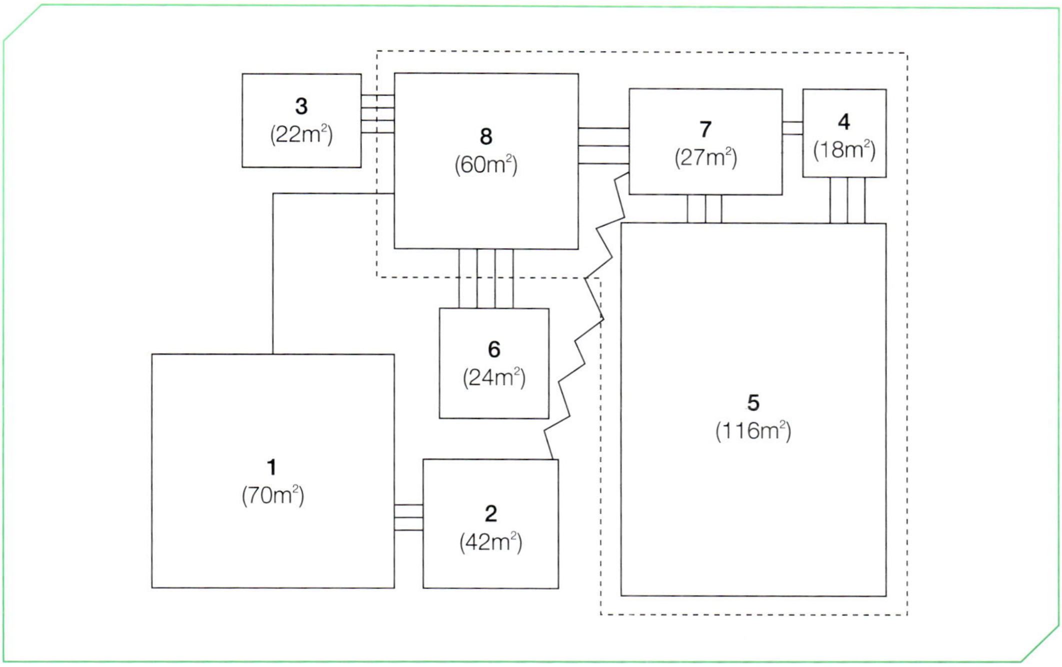

〈그림 5-9〉 면적상호관계도

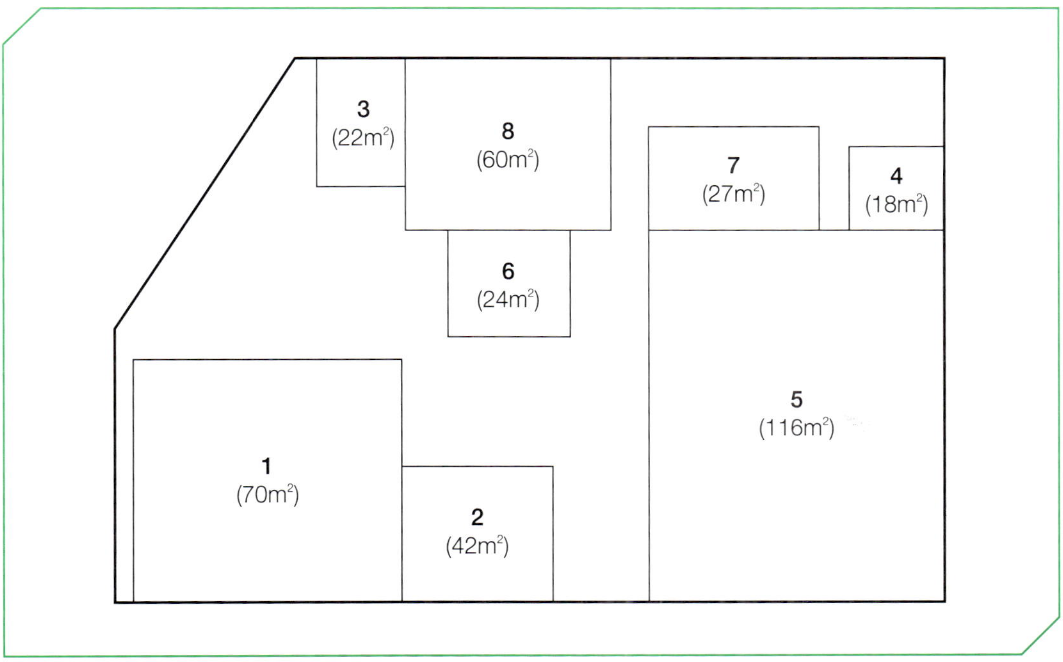

〈그림 5-10〉 상세 배치의 한 대안

요약

시설배치 계획이란 공간을 차지하는 모든 요소(예: 부서, 작업장, 기계 및 장비, 작업자, 창고, 통로, 화장실, 구내식당 등)의 크기와 형태, 상대적 위치를 결정하는 것을 의미한다. 제조공장의 배치에는 공정별 배치, 제품별 배치, 고정위치 배치의 세 가지 기본 유형과 세 가지 기본 유형을 혼합한 혼합 배치가 있다.

공정별 배치는 기능별 배치라고도 하며, 유사한 기능을 수행하는 기계와 작업자를 그룹별로 일정한 장소에 배치하는 형태이다. 변화에 대한 유연성이 크며, 범용 기계를 이용하므로 설비 투자액이 적고, 작업자별로 성과급을 책정할 수 있다. 반면, 대규모 생산의 경우 제품별 배치보다 단위당 생산비용이 높을 수 있고, 운반거리가 길고, 주문별로 일정계획 등이 다르므로 공정관리가 복잡하다.

제품별 배치는 라인 배치라고도 하며, 기계와 작업자가 생산라인의 특정 장소에 위치하여 부여된 작업을 수행하고, 작업물을 다음 단계로 보내는 형태이다. 생산량이 많고 작업이 단순한 소품종 대량 생산에 많이 적용되고 있다. 표준품을 대량 생산할 경우 단위당 생산비용이 적고, 운반거리가 단축되며, 재고와 재공품 수량이 적고 차지하는 면적이 적다. 반면, 변화에 대한 유연성이 떨어지고, 많은 설비 투자액이 소요되며, 기계 고장이나 재료 부족, 작업자 결근 등이 전체 공정에 영향을 줄 수 있다.

고정위치형 또는 프로젝트형 배치는 생산하는 장소를 정해 놓고 이곳에 원자재, 부품, 기계 및 작업자를 투입하여 작업을 수행하도록 배치한 형태이다. 일반적으로 제품이 매우 크고 중량이 무거운 것을 생산할 때 적용되는 방식으로서, 항공기, 선박 생산 공정 등이 이에 해당된다.

혼합 배치는 일부는 공정별로 배치하고 일부는 제품별로 배치하는 절충식 배치로서, 예를 들어 GT 방식의 배치는 다양한 부품들을 몇 개의 부품군으로 분류한 다음, 각 부품군의 생산에 필요한 서로 다른 기계장비들을 모아 셀로 구성하는 배치 형태이다.

체계적 배치계획(SLP)은 시설배치 문제를 위치 선정, 전반적 배치, 상세 배치, 최종 배치의 4단계로 나누고, 전반적 배치 단계와 상세 배치 단계에서는 SLP 패턴을 적용한다. 위치 선정 단계는 시설의 위치를 결정하는 단계로서, 시설이 놓이는 장소를 변경할 것인지, 아니면 장소는 그대로 사용하고 배치만 변경할 것인지를 결정한다. 전반적 배치 단계에서는 SLP 패턴에 따라 부서 간의 상대적 위치를 결정하고, 각 부서 간의 상호관련성과 필요 면적 및 소요 면적을 고려하여 블록평면도를 작성한다. 상세 배치 단계에서는 SLP 패턴을 반복 적용하여 해당 부서에 속한 모든 설비의 위치까지 구체적으로 확정짓는다. 마지막으로 최종 배치단계에서는 위의 절차를 통해 파악한 설비들의 위치를 바탕으로 최종적으로 설비들을 배치한다.

연습문제

1. 시설배치 계획의 목적으로 옳지 않은 것은?

   ① 작업자 부하의 평준화　　② 재공품의 증가
   ③ 작업방법의 표준화　　④ 이동거리의 감소

2. 시설배치의 효과에 해당되지 않는 것은?

   ① 공간의 효율적 이용　　② 설비 및 인력의 증대
   ③ 안전확보와 직무만족　　④ 생산흐름의 원활화

3. 다품종 소량생산의 시설배치 형태로 가장 적합한 것은?

   ① 공정별 배치　　② 제품별 배치
   ③ 고정위치형 배치　　④ 혼합형 배치

4. TV조립라인, 자동차 조립라인과 같이 소품종 대량생산의 시설배치 형태로 가장 적합한 것은?

   ① 공정별 배치　　② 제품별 배치
   ③ 고정위치형 배치　　④ 혼합형 배치

5. 공정별 배치의 장점으로 가장 거리가 먼 것은?

   ① 수요변화, 제품변경 등에 대한 유연성이 크다.
   ② 한 공정의 영향이 다른 공정에 적게 미친다.
   ③ 다양한 작업을 수행하므로 직무만족이 증대된다.
   ④ 제품별 배치에 비해 생산량이 많아질 때 단위당 생산시간이 짧아진다.

6. 제품별 배치에 관한 설명으로 옳지 않은 것은?

① 다양한 작업을 수행하므로 직무만족이 증대된다.

② 자재의 운반거리가 짧고, 공정흐름이 빠르다.

③ 생산계획 및 통제가 쉽다.

④ 작업자의 훈련 및 감독이 용이하다.

7. SLP 패턴에서 수집하는 기초자료들에 대한 기호와 설명이 옳지 않은 것은?

① P- Product ② Q- Quantity

③ R- Routing ④ S- Speed

8. 부문 간 상호관계 분석에서는 인접 정도 A의 의미는?

① 절대적으로 필요함 ② 특별히 중요함

③ 중요함 ④ 보통 정도로 근접

9. 각 부서를 같은 크기의 정사각형으로 표시하고, 각 부서 간의 관계 정도에 따라 부서 간을 선 기호로 연결시킨 도표를 무엇이라 하는가?

6장 라인 균형화

6장 라인 균형화

제품이나 부품이 표준화되고 제품을 대량으로 생산하는 경우에는 라인 형태의 작업이 효율적이다. 본 장에서는 라인작업의 특성에 대하여 공부한다. 특히 라인을 구성하고 있는 작업자(또는 작업장) 간에 작업부하가 같거나 비슷하도록 설계하는 라인 균형화 기법에 대하여 상세히 설명한다.

6.1 라인 균형화의 필요성

라인(line)이란 여러 명의 작업자가 하나 또는 여러 종류의 제품을 생산하는 형태로서, 설비와 작업자 등 생산의 구성요소를 공정순서에 따라 연속적으로 배치한 것이다. 자동차나 전자제품 등 소비자 제품의 조립공정에서 흔히 발견할 수 있으며, 표준화된 제품을 적은 비용으로 대량 생산할 수 있는 이점이 있다.

라인작업의 장점은 ① 작업이 분업화되어 작업자의 숙련도가 높고, ② 물품의 운반 등 이동거리가 단축되어, ③ 결과적으로 생산시간이 단축되며, ④ 생산능력의 파악 등 공정관리가 용이해진다는 점이다. 단점으로는 ① 여러 라인이 동시에 요구될 때에는 라인별로 기계가 필요하여 설비 투자비가 증가하고, ② 갑작스러운 기계 고장이나 작업자 결근에 대응하기 어려우며, ③ 업무가 단조로워 작업의욕이 저하될 가능성이 있다.

라인작업의 설계에서는 작업자 간 또는 작업장 간에 작업시간이 동일하거나 비슷한 수준이 되도록 작업을 그룹핑하는 것이 중요하며, 이를 라인 균형화(line balancing)라고 한다. 전후 작업장 간에 생산능력이 균형을 이루지 못하면 생산속도는 작업시간이 가장 많이 소요되는 작업장의 속도와 같아지게 된다. 그 결과 빨리 작업이 완료된 작업에서는 작업할 물량이 없는 유휴현상이 일어나며, 공정 중에 있는 부품이나 완제품의 재고를 저장할 공간이 많이 요구될 수 있다. 따라서 최소의 작업장 수로 바람직한 효율을 달성하기 위하여 요소작업을 작업장에 적절히 할당하는 균형화 과정이 필요하다.

한 예로 〈표 6-1〉에 4개 작업과 각 작업의 소요시간이 나와 있다. 4개의 작업은 순차적으로 이루어진다고 가정하자. 한 작업자가 하나의 작업을 수행하는 경우에(작업장 수 = 4), 작업시간이 가장 긴 3번 작업이 애로공정(bottleneck)이 되어 한 단위의 제품을 생산하는 데 필요한 사이클타임은 8분이 된다. 여기서 애로공정이란 공정 중에서 작업시간이 가장 긴 것을 말하며, 라인의 생산능력은 애로공정에 의해 결정된다. 그리고 사이클타임과 요소작업

〈표 6-1〉 요소작업별 소요시간(예)

요소작업	소요시간(분)
1	6
2	4
3	8
4	5

의 소요시간과의 차이만큼 유휴시간이 발생하게 되어, 요소작업 1에서는 2분, 요소작업 2에서는 4분, 요소작업 4에서는 3분의 유휴시간이 발생한다.

한 개 이상의 작업장에서 유휴시간이 발생하는 것은 흐름라인의 일반적인 현상이며, 이를 불균형 상태라고 한다. 반면, 모든 작업의 소요시간이 8분으로 동일하다면 모든 작업에서 유휴시간이 0이 되며, 이를 균형 상태라 한다. 라인작업의 설계에서는 유휴시간이 없는 공정의 설계가 목표가 되나 공정의 선후관계, 작업 간의 소요시간 차이 등의 여러 현실적 이유로 인하여 완벽한 균형 상태를 달성하기는 어렵다.

6.2 사이클타임

앞서 설명한 바와 같이 흐름라인의 설계 시에는 불균형 상태가 발생하여 작업시간의 손실이 발생한다. 현실에서는 라인의 구성이 〈표 6-1〉과 같이 단순하지 않고 여러 요소작업들이 복잡하게 포함되어 있어서 유휴시간을 최소화하는 균형 잡힌 라인을 설계하기가 쉽지 않다. 여기에서는 라인 균형화를 이루는 데 핵심적인 개념인 사이클타임을 구하는 절차를 설명한다.

우선 생산에 필요한 요소작업들과 각 요소작업의 소요시간을 파악하고, 이를 기초로 선후관계도(precedence diagram)를 작성한다. 선후관계도는 각 요소작업은 동그라미로, 작업의 수행순서는 인접한 동그라미를 연결하는 화살표로 표시하여 작업들의 순차적 관계를 나타내는 그림이다.

예시로서 어떤 조립작업의 요소작업, 소요시간 및 선행작업에 대한 정보가 〈표 6-2〉에 나와 있으며, 이에 대한 선후관계도는 〈그림 6-1〉과 같다.

그 다음은 수요량과 가동률을 파악한다. 〈표 6-2〉의 예에서 연간 수요는

〈표 6-2〉 요소작업별 소요시간과 선후관계

요소작업(i)	소요시간(T_i), 단위: 분	선행작업
1	0.2	—
2	0.4	—
3	0.7	1
4	0.1	1, 2
5	0.3	2
6	0.11	3
7	0.32	3
8	0.6	3, 4
9	0.27	6, 7, 8
10	0.38	5, 8
11	0.5	9, 10
12	0.12	11
합계	$\sum T_i = 4$	—

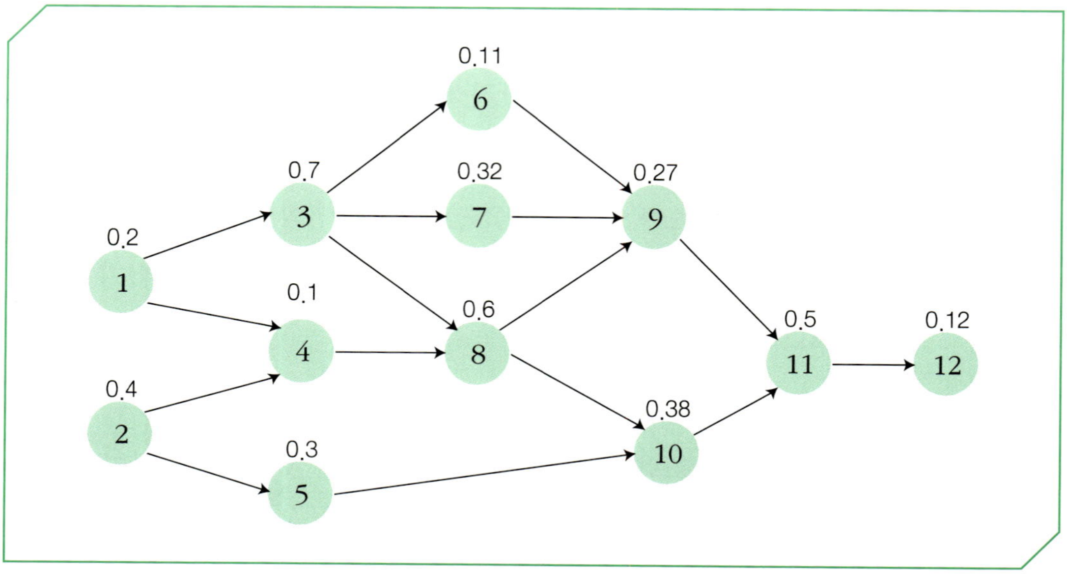

〈그림 6-1〉 선후관계도

100,000개이고 생산능력은 연간 50주, 주 5일, 하루 7.5시간 작업한다고 가정한다. 또한 각 요소작업이 한 작업자에 의하여 수행되는 경우를 생각하자. 그리고 과거 경험으로부터 라인의 가동률은 기계의 고장, 갑작스런 정전, 원활하지 않은 부품 조달 등으로 인하여 96%인 것으로 파악되었다.

마지막으로 제품 한 단위를 생산하는 데 필요한 사이클타임과 최소 작업장 수를 결정한다. 사이클타임은 단위시간당 생산량(R)의 역수이므로 단위시간당 생산량을 먼저 구한다.

$$R = \frac{\text{연간생산량}}{\text{생산시간}} = \frac{100{,}000\text{개}}{50\text{주} \times 5\text{일} \times 7.5\text{시간} \times 60\text{분}} \fallingdotseq 0.89(\text{개}/\text{분})$$

이는 라인이 100% 가동되는 경우의 값이며, 본 라인의 가동률이 96%이므로 제품 한 개를 만드는 데 허용되는 사이클타임(T_c)은 라인이 100% 가동되는 경우의 사이클타임보다 짧아야 연간생산량을 충족시킬 수 있다. 즉, 라인이 100% 가동될 경우에는 개당 1.12분(= 1/0.89)이 소요되나 가동률이 96%이므로 100% 가동률의 경우보다는 조금 더 빨리 일해야 하므로

$$T_c = \frac{\text{가동률}}{R} = \frac{0.96}{0.89} \fallingdotseq 1.08(\text{분})$$

이러한 상황에서 제품 1단위를 만드는 데 필요한 최소 작업자 수는

$$\frac{\text{요소작업시간의 합}(\sum T_i)}{\text{사이클타임}(T_c)} = \frac{4.0}{1.08} \fallingdotseq 3.7$$

이므로 4명이 된다. 즉, 요소작업 모두를 1명의 작업자가 수행한다면 4.0분이 소요되지만 이를 1.08분에 수행하려면 적어도 4명의 작업자가 필요하다는 의미이다. 일반적으로 최소 작업장의 수(N)는 $\frac{\sum T_i}{T_c}$를 구하여 정수값이 나

오면 그 값을 바로 쓰고, 정수가 아니면 소수점 이하를 절상하면 된다.

다음 단계는 구해진 사이클타임 내에서 요소작업들을 어떻게 배정하는가를 결정하는 과정이며, 여기에서는 탐색적인(heuristic) 기법인 킬브릿지(Kilbridge)와 웨스터(Wester) 방법과 순위가중배열법을 소개한다. 주의할 점은 탐색적인 기법으로 생성된 배정 안은 완벽한 최적해가 아닐 수 있으며, 복수의 가능한 배정 안이 존재할 수 있다는 것이다.

6.3 킬브릿지와 웨스터 방법

이 방법은 선후관계도에서의 위치에 따라 각 작업장에 배정할 요소작업을 선택하는 발견적 기법이다. 선행 요소작업의 수가 적은 요소작업부터 배정한 후, 선후관계가 위배되지 않는 범위 내에서 요소작업의 횡적 이동 가능성을 이용하여 사이클타임에 근접하는 라인작업을 설계한다.

이를 위하여 우선 선후관계도를 구성하고 요소작업들을 수직방향의 열(column)에 맞추어 〈그림 6-2〉와 같이 정렬한 뒤에, 〈표 6-3〉과 같이 각 열에 속하는 요소작업의 목록을 만든다. 이때 한 열에 속하는 요소작업이 여러 개 있을 때에는 소요시간의 크기순으로 기입하여(예: 열 I에 요소작업 1, 2가 포함되므로 작업시간이 큰 2번 요소작업부터 기입) 소요시간이 긴 작업이 우선적으로 배정되게 한다. 그리고 한 요소작업이 여러 열에 속할 수 있는 경우에는 그 열들을 함께 기입한다(예: 요소작업 5번).

다음 단계에서는 〈표 6-4〉와 같이 주어진 사이클타임(1.08분)을 초과하지 않도록 각 열에 속하는 요소작업들을 함께 묶어준다.

결과적으로 4개의 작업장(또는 작업자)이 필요하고 사이클타임은 1.02분

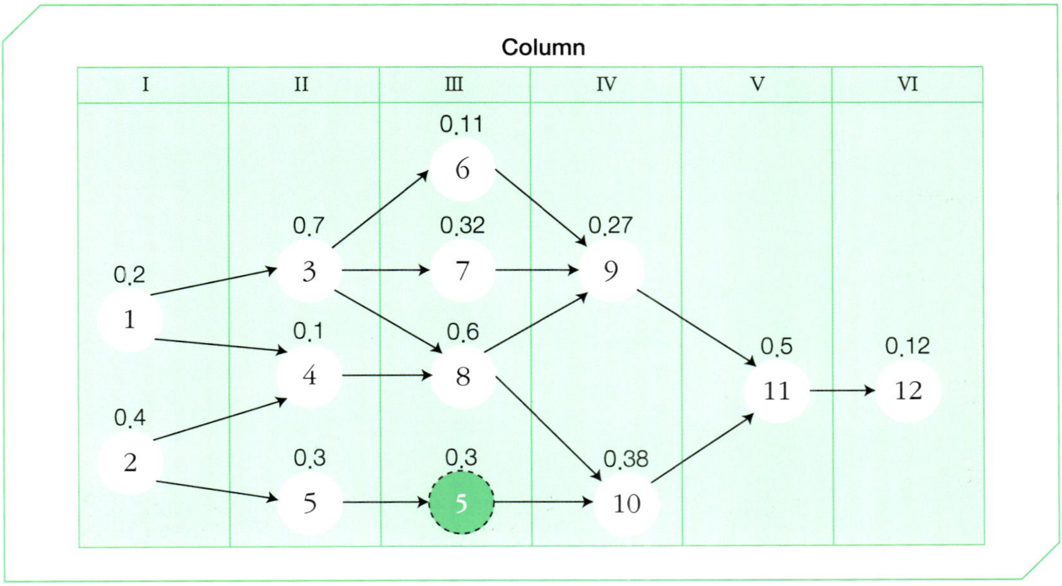

〈그림 6-2〉 킬브릿지와 웨스터 방법의 전개

〈표 6-3〉 요소작업의 열별 목록

열	요소작업	소요시간(분)	선행작업
I	2	0.4	—
I	1	0.2	—
II	3	0.7	1
II, III	5	0.3	2
II	4	0.1	1, 2
III	8	0.6	3, 4
III	7	0.32	3
III	6	0.11	3
IV	10	0.38	5, 8
IV	9	0.27	6, 7, 8
V	11	0.5	9, 10
VI	12	0.12	11

〈표 6-4〉 킬브릿지와 웨스터 방법에 의한 배정

작업장	요소작업	열	소요시간	작업장 소요시간
1	2	I	0.4	1.0
	1	I	0.2	
	5	II, III	0.3	
	4	II	0.1	
2	3	II	0.7	1.02
	7	III	0.32	
3	8	III	0.6	0.98
	6	III	0.11	
	9	IV	0.27	
4	10	IV	0.38	1.0
	11	V	0.5	
	12	VI	0.12	

이 되어 작업장 전체의 균형효율(balance efficiency: E)은

$$E = \frac{\Sigma T_i}{\text{작업장 수} \times \text{사이클타임}(T_c)} = \frac{4.0}{4 \times 1.02} \fallingdotseq 98\%\text{가 된다.}$$

6.4 순위가중배열법

이 방법에서는 우선 각 요소작업의 순위가중치를 해당 요소작업의 소요시간과 후속 요소작업들의 소요시간의 합으로 구하고, 그 값이 큰 순으로 정렬한다. 다음은 정렬된 순위가중치를 기준으로 각 작업장의 소요시간이 주어진 사이클타임 내가 되도록 묶어주는 방법이다.

예를 들어, 〈표 6-2〉의 문제에서 11번 요소작업의 순위가중치는 자신의 소요시간 0.5분과 후속작업인 12번 요소작업의 소요시간 0.12분의 합인 0.62분이 된다. 8번 요소작업의 순위가중치는 자신의 소요시간 0.6분과 후속작업인 9번, 10번, 11번, 12번 요소작업들의 소요시간의 합(0.27+0.38+0.5+0.12)인 1.87분이 된다.

〈표 6-2〉에 있는 요소작업들을 본 방법으로 배정하기 위해 〈표 6-5〉와 같이 각 요소작업에 대하여 순위가중치를 구하고 그 크기순으로 정렬한다.

다음 단계는 〈표 6-6〉과 같이 주어진 사이클타임을 초과하지 않는 범위 내에서 요소작업들을 묶어준다. 이 경우에 작업장의 수는 5개가 되었고, 전체 작업장의 균형효율은

$$E = \frac{\Sigma T_i}{\text{작업장 수} \times \text{사이클타임}(T_c)} = \frac{4.0}{5 \times 0.92} \fallingdotseq 87\%\text{가 된다.}$$

전술한 바와 같이 킬브릿지와 웨스터 방법과 순위가중배열법은 탐색적인 기법이므로 복수의 배정안이 존재할 수 있으며, 작업장 수에 따른 비용과 균형효율을 따져서 최적안을 선택하는 것이 합리적일 것이다.

〈표 6-5〉 요소작업별 순위가중치

요소작업	순위가중치	소요시간	선행작업
1	3.30	0.2	–
3	3.00	0.7	1
2	2.67	0.4	–
4	1.97	0.1	1,2
8	1.87	0.6	3,4
5	1.30	0.3	2
7	1.21	0.32	3
6	1.00	0.11	3
10	1.00	0.38	5, 8
9	0.89	0.27	6, 7, 8
11	0.62	0.5	9, 10
12	0.12	0.12	11

〈표 6-6〉 순위가중배열법에 의한 배정

작업장	요소작업	소요시간	작업장 소요시간
1	1	0.2	0.90
	3	0.7	
2	2	0.4	0.91
	4	0.1	
	5	0.3	
	6	0.11	
3	8	0.6	0.92
	7	0.32	
4	10	0.38	0.65
	9	0.27	
5	11	0.5	0.62
	12	0.12	

요약

라인이란 여러 명의 작업자가 하나 또는 여러 종류의 제품을 생산하는 형태로서, 설비와 작업자 등 생산의 구성요소를 공정순서에 따라 연속적으로 배치한 것이다. 라인작업의 장점은 작업이 분업화되어 작업자의 숙련도가 높고, 물품의 운반 등 이동거리가 단축되어 생산시간이 단축되며, 생산능력의 파악 등 공정관리가 용이해진다는 점이다. 단점으로는 여러 라인이 동시에 요구될 때에는 라인별로 기계가 필요하여 설비 투자비가 증가하고, 갑작스러운 기계 고장이나 작업자 결근에 대응하기 어려우며, 업무가 단조로워 작업의욕이 저하될 가능성이 있다.

라인작업의 설계에서는 최소의 작업장 수로 바람직한 효율을 달성하기 위하여 요소작업을 작업장에 적절히 할당하는 균형화 과정이 필요하다. 전후 작업장 간의 생산능력이 균형을 이루지 못하면 생산속도는 작업시간이 가장 많이 소요되는 애로공정의 속도와 같아지게 된다. 그 결과 빨리 작업이 완료된 작업에서는 작업할 물량이 없는 유휴현상이 일어나며, 공정 중에 있는 부품이나 완제품의 재고를 저장할 공간이 많이 요구될 수 있다.

라인 균형화를 위해서는 사이클타임을 구하는 절차와 선후관계도를 작성하는 방법을 이해해야 한다. 그리고 수요량과 가동률을 파악하고 제품 한 단위를 생산하는 데 필요한 사이클타임과 최소 작업장 수를 결정한다. 다음 단계는 구해진 사이클타임 내에서 요소작업들을 어떻게 배정하는가를 결정하는 과정이며, 킬브릿지와 웨스터 방법과 순위가중배열법을 소개하였다.

연습문제

1. 라인작업에 관한 설명으로 맞지 않는 것은?

   ① 작업이 분업화되어 숙련도가 높다.

   ② 설비 투자비가 절감된다.

   ③ 물품의 운반 등 이동거리가 단축된다.

   ④ 갑작스러운 기계 고장에 대응하기 어렵다.

2. 라인작업의 특성에 관한 설명으로 맞지 않는 것은?

   ① 라인의 생산속도는 작업시간이 가장 많이 소요되는 작업장의 속도와 같아지게 된다.

   ② 한 개 이상의 작업장에서 유휴시간이 발생하는 것은 흐름라인의 일반적인 현상이다.

   ③ 라인의 모든 작업에서 작업자의 수가 동일한 공정을 균형 상태라 한다.

   ④ 사이클타임과 요소작업의 소요시간과의 차이만큼 유휴시간이 발생한다.

3. 다음과 같이 4개 작업으로 구성되어 있고 순차적으로 작업이 이루어질 때 사이클타임은 얼마인가? 작업장 수는 4개로 가정한다.

작업번호	1	2	3	4
작업 소요시간(초)	28	35	40	30

   ① 28초 ② 35초 ③ 40초 ④ 45초

4. 3번 문제에서 균형효율은?

   ① 72% ② 77% ③ 83% ④ 87%

5. 공정 중에서 작업시간이 가장 긴 것으로서, 라인의 생산능력을 결정하는 공정을 무엇이라 하는가?

6. 어떤 공장의 연간 수요는 150,000개이고 생산능력은 연간 50주, 주 5일, 하루 8시간 작업한다고 가정한다. 또한 각 요소작업이 한 작업자에 의하여 수행되는 경우를 생각하자. 라인의 가동률은 95%인 것으로 파악되었다. 제품 한 단위를 생산하는 데 필요한 사이클타임을 구하라.

7. 어떤 컨베이어 라인의 5개 요소작업에 대한 작업시간이 다음과 같다.

요소작업	1	2	3	4	5
작업시간(초)	20	12	14	13	12

1) 이 라인의 사이클타임은 얼마인가?

2) 이 라인의 균형효율은 얼마인가?

8. 어떤 컨베이어 라인의 6개 요소작업에 대한 작업시간이 다음과 같다. 하루 생산량은 60개, 하루 작업시간은 480분이고 작업은 순차적으로 이루어진다.

요소작업	1	2	3	4	5	6
작업시간(분)	3	4	8	5	3	4

1) 이 라인의 사이클타임은 얼마인가?

2) 이 라인에서 필요한 최소 작업장 수는 얼마인가?

3) 이 라인을 균형화하라.

4) 균형효율은 얼마인가?

9. 아래의 표는 어떤 조립공정의 요소작업 간의 관계를 나타낸다.

요소작업	A	B	C	D	E	F	G	H	I	J
소요시간(분)	0.5	0.3	0.8	1.1	0.6	0.2	0.7	1.0	0.9	0.4
선행작업	—	A	A	A	B,C	D	E	F	F	G,H,I

1) 선후관계도를 그려라.
2) 사이클타임이 1.5분일 때 킬브릿지와 웨스터 방법을 사용하여 요소작업들을 작업장에 배분하라.
3) 같은 문제를 순위가중배열법을 사용하여 배분하라.

10. 아래의 표는 어떤 조립공정의 요소작업 간의 관계를 나타낸다.

요소작업	1	2	3	4	5	6	7	8	9	10
소요시간(분)	0.5	0.3	0.8	0.2	0.1	0.6	0.4	0.5	0.3	0.6
선행작업	—	1	1	2	2	3	4,5	3,5	7,8	6,9

1) 선후관계도를 그려라.
2) 사이클타임이 1.1분일 때 킬브릿지와 웨스터 방법을 사용하여 요소작업들을 작업장에 배분하라.
3) 같은 문제를 순위가중배열법을 사용하여 배분하라.

7장 동작연구와 서어블릭

7장 동작연구와 서어블릭

동작연구는 작업 수행에 관련된 동작과 작업방법에 관한 연구로서, 작업자의 작업 자세와 동작을 신체부위별로 또는 전신에 대해서 체계적으로 분석하는 것이다.

동작연구는 관찰자가 작업현장에서 직접 작업장면을 관찰 · 기록하여 분석하는 목시적 동작연구와 비디오로 작업장면을 촬영하여 작업동작과 시간을 동시에 분석하는 미세동작연구(micromotion study)로 구분할 수 있다. 동작연구에서는 작업자공정도를 이용하여 좌우 손동작을 작업순서에 따라 분석하며, 미세동작연구에서는 작업자공정도에 시간까지 기록하는 SIMO 차트(simultaneous-motion-cycle chart)를 이용하여 작업을 분석한다.

동작연구의 목적은 작업이 의도된 대로 완수될 수 있도록 하며, 동시에 작업을 좀 더 쉽고 빠르게 경제적으로 할 수 있도록 작업 수행의 효율(efficiency)을 높이는 것이다. 이러한 목적은 동작연구를 바탕으로 한 작업설계를 통해 구현될 수 있다. 작업설계는 작업장의 배치, 작업환경, 설비 · 기계 · 기구, 도구 등을 포함하는 작업시스템에 대한 설계를 통하여 기존 작업을 개선하거나 새로운 작업을 설계하는 것이다. 작업설계에 대해서는 8장에서 다루도록 한다.

7.1 기본동작과 서어블릭

공정은 여러 작업으로 이루어지고, 한 작업은 여러 동작에 의하여 수행된다. 따라서 한 작업을 구성하는 동작은 세분화된 기본동작의 조합으로 분석될 수 있다. 길브레스(Gilbreth) 부부는 인간이 행하는 손동작(manual operation)을 18개의 기본적인 동작으로 구분하고, 이 동작들을 그들의 성(family name)의 철자를 거꾸로 써서 Therblig(서어블릭, T와 H는 발음을 위해 순서를 바꾸지 않음)이라 명명하였다. 현재는 길브레스 부부가 제안한 18개의 서어블릭 중 찾아냄(find: F)을 제외한 17개가 사용되고 있다(표 7-1).

서어블릭은 주로 손동작으로 구성되어 있으며, 자세나 동작의 형태에 따라서 기본동작을 정의하지 않고 작업 수행 내용에 따라서 동작을 정의하고 있다. 즉, 서어블릭 중 하나인 '이동' 동작은 작업자가 어떤 자세를 취하는지와 상관없이 손으로 물체를 나르는 작업내용에 따라 정의된 기본동작이다. 세상의 모든 수작업을 17개의 기본동작만으로 완벽하게 나눌 수 있는 것은 아니지만 서어블릭의 기본동작들은 많은 작업에 존재하는 공통적인 요소를 포함하고 있어 그 효용성이 충분히 검증되었다.

세 가지 부품으로 구성된 로프클립을 조립하는 작업을 서어블릭을 이용하여 분석한 예를 〈그림 7-1〉, 〈그림 7-2〉와 〈표 7-2〉에 제시하였다.

서어블릭은 〈표 7-3〉과 같이 해당 동작의 수행이 전체 작업의 진행에 직접적으로 기여를 하는지 여부에 따라 효율적 서어블릭과 비효율적 서어블릭으로 구분된다. 효율적 서어블릭은 기본동작이나 특정 목적을 갖는 동작에 해당하는 것으로서, 일반적으로 작업을 수행하기 위해 꼭 필요한 동작들이다. 반면, 비효율적 서어블릭은 작업의 진행에 직접적으로 관련되지 않는 동작이다. 동작연구 및 작업설계 과정에서 효율적 서어블릭에 해당하는 동작은 기본적

〈표 7-1〉 서어블릭

서어블릭	영어 및 약자	심볼	설명
빈손 이동	Transport Empty (TE)		빈손으로 물체에 접근하거나 멀어짐
이동	Transport Loaded (TL)		손으로 물체를 움직임
쥐기, 잡기	Grasp (G)		손가락, 손으로 물체를 쥐거나 잡음
놓기	Release Load (RL)		쥐고 있던 물체를 손가락을 펴서 놓음
미리 놓기	Preposition (PP)		다음 작업을 위해서 근사적인 위치에 놓음. 대개 이동 다음에 발생함
사용	Use (U)		도구, 공구 등을 사용하여 작업함
조립	Assemble (A)		물체들을 결합함
분해	Disassemble (DA)		결합된 부분을 분리시킴
바로 놓기	Position (P)		물체를 의도된 위치에 놓음
찾기	Search (Sh)		눈, 손을 사용하여 원하는 물체를 찾음
고르기	Select (St)	→	여러 물체 중에서 원하는 것을 고름
계획	Plan (Pn)		동작을 계획함. 대개 동작을 잠깐 쉬거나 주저하게 됨
검사	Inspect (I)		물체가 질적, 양적으로 기준을 충족하는지 점검함
잡고 있기	Hold (H)		물체를 계속 잡고 있음
피할 수 없는 지연	Unavoidable Delay (UD)		작업자 의도대로 피할 수 없는 지연
피할 수 있는 지연	Avoidable Delay (AD)		작업자 의지에 따라 피할 수 있는 지연
휴식	Rest (R)		피로를 회복하기 위한 휴식

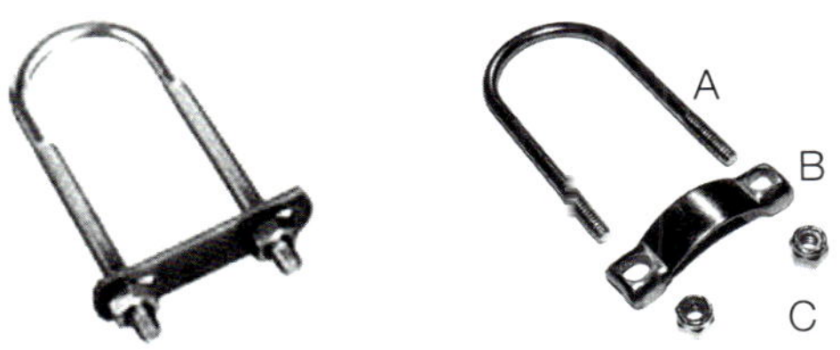

〈그림 7-1〉 로프클립 조립품 (A: U볼트, B: 캐스팅, C: 너트)

〈그림 7-2〉 로프클립 조립 작업대

〈표 7-2〉 로프클립 조립 작업의 작업자공정도

왼손		오른손	
동작	서어블릭	서어블릭	동작
U볼트를 가지러 상자1로 이동	TE	TL	완성된 조립품을 상자4로 이동
U볼트 쥐기	G	RL	완성된 조립품 내려놓기
U볼트를 작업지점으로 가져오기	TL	TE	캐스팅을 가지러 상자3으로 이동
U볼트의 방향 맞추어 쥐기	P	G	캐스팅 쥐기
U볼트 잡고 있기	H	TL, P	캐스팅을 가져오면서 방향 맞추기
		A	캐스팅을 U볼트에 끼우기
		TE	너트를 가지러 상자2로 이동
		G	너트 2개 쥐기
		TL	너트 2개 가져오기
		P	너트 1개 방향 맞추기
		A	너트 조립하기
		P	너트 1개 방향 맞추기
		A	너트 조립하기
조립된 로프클립 놓기	RL	G	조립된 로프클립 쥐기

〈표 7-3〉 효율적 서어블릭과 비효율적 서어블릭

효율적인 서어블릭	비효율적인 서어블릭
빈손 이동 (TE)	바로 놓기 (P)
이동 (TL)	찾기 (Sh)
쥐기 (G)	고르기 (St)
놓기 (RL)	계획 (Pn)
미리 놓기 (PP)	검사 (I)
사용 (U)	잡고 있기 (H)
조립 (A)	피할 수 없는 지연 (UD)
분해 (DA)	피할 수 있는 지연 (AD)
	휴식 (R)

인 동작으로서 제거하기가 어려우며, 시간 단축을 통하여 개선방안을 찾을 수 있다. 반면, 비효율적 서어블릭에 해당하는 동작은 적절한 동작경제의 원칙 및 인간공학적 작업설계 원칙을 적용하여 최대한 제거하는 것이 바람직하다.

7.2 효율적 서어블릭

1. 빈손 이동(TE)

대상물에 접근하거나 대상물로부터 멀어지는 빈손의 동작을 말하며, 뻗기(reach: R, RE)로 표기하기도 한다. 소요시간은 이동거리에 비례한다.

예 작업대 위에 있는 망치를 사용하기 위하여 집으러 가는 동작

2. 이동(TL)

손으로 물건을 움직이거나 나르는 동작으로, 물체를 밀거나 당기는 것도 포함되며 M(move)으로 표기하기도 한다. 소요시간은 이동거리, 대상물의 무게, 동작의 형태 등에 따라 달라지며, 보통 쥐기 동작이 앞서고 놓기 또는 바로 놓기 동작이 뒤따른다.

예 작업대 위에 있는 망치를 집어서 몸 앞으로 가져오는 동작

3. 쥐기(G)

물체를 손으로 잡는 동작으로, 손가락이 대상물에 접촉할 때 시작되고 대상물을 완전히 제어할 수 있을 때 종료된다. 소요시간은 쥐기의 형태에 따라 달라지며, 일반적으로 선행 동작은 빈손 이동이고 후행 동작은 이동이다.

예 작업대 위에 있는 망치를 사용하기 위하여 망치 손잡이를 손으로 잡는 동작

4. 놓기(RL)

손으로 잡고 있던 대상물을 놓는 동작으로서 서어블릭 중 소요시간이 가장 짧다.

예 망치를 사용한 후 작업대 위에 내려놓는 동작

5. 미리 놓기(PP)

다음 사용을 위하여 대상물을 미리 정해진 위치 또는 근접한 위치에 놓거

나, 방향을 바꾸는 동작이다. 즉, 다음 사용을 위하여 대략적인 위치에 물체를 놓아서 다음 사용 시 그대로 쥐더라도 문제가 없도록 하는 동작이다. 일반적으로 이동 동작과 동시에, 또는 그 이후에 이어서 발생한다.

예 망치를 사용한 후 다음 사용을 위하여 망치의 방향을 돌려놓는 동작

예 핀을 구멍에 삽입하기 위하여 구멍 옆에 놓는 동작

6. 사용(U)

원래의 사용 목적대로 도구를 조작하여 작업을 하는 동작을 말한다.

예 망치로 못을 타격하여 못을 박는 동작

7. 조립(A)

두 개 이상의 부품을 하나로 만드는 동작이며, 바로 놓기나 이동 동작이 앞서고 놓기 동작이 뒤따르는 것이 일반적이다.

예 제품의 뚜껑을 끼우는 동작

8. 분해(DA)

조립 동작과 반대로 조립된 부품을 두 개 이상으로 분리하는 동작이며, 쥐기 동작이 앞서고 이동이나 놓기 동작이 뒤따른다.

예 부품에 부착된 보호 필름을 떼어내는 동작

7.3 비효율적 서어블릭

1. 바로 놓기(P)

작업이 의도된 대로 수행될 수 있도록 물체의 방향을 바꾸거나 위치를 바로 잡는 동작을 말한다. 일반적으로 선행 동작은 이동이고 후행 동작은 놓기이며, 이동 동작 중에 바로 놓기 동작이 이루어질 수도 있다. 작업물이 미리 정해진 위치에 있지 않아서 바로 놓기가 필요하게 되어 비효율적 서어블릭으로 분류된다.

예 못을 박을 지점에 맞추어 움직여 위치시키는 동작

2. 찾기(Sh)

눈이나 손으로 대상물을 찾는 동작으로, 대상물을 찾기 위하여 눈이 움직이기 시작한 순간이 시작점이 된다.

예 못을 박기 위하여 부품 상자에서 못을 찾는 동작

3. 고르기(St)

여러 개의 물건 중에서 원하는 대상물을 선택하는 동작이며, 일반적으로 찾기 동작 다음에 발생한다.

예 부품 상자에서 여러 크기의 못 중 하나를 고르는 동작

4. 계획(Pn)

다음 행동을 결정하기 위하여 멈칫하는 정신적 과정이다.

예 못을 박는 작업 후에 다음 못 크기를 결정하기 위해 잠시 생각하는 동작

5. 검사(I)

대상물의 규격, 모양, 색상 등이 기준과 일치하는지를 확인하는 동작이다. 작업자는 보통 시각, 청각, 촉각, 후각, 미각 등의 감각을 이용하여 검사 작업을 수행하며, 정신적 행동의 특성이 강하기 때문에 다른 기본동작과 동시에 수행되기도 한다.

예 못이 정확한 지점에 제대로 박혔는지를 확인하는 동작

6. 잡고 있기(H)

대상물을 잡고 지지하고 있는 동작으로, 다른 손이 일을 하고 있는 동안 한 손으로 작업물을 잡고 있는 경우가 이 동작에 해당된다.

예 오른손으로 망치질을 하는 동안 왼손은 못을 잡고 있음

7. 피할 수 없는 지연(UD)

작업의 특성으로 인하여 작업자의 의도와 관계없이 발생하는 지연을 의미한다. 공정상 문제로 인하여 작업이 정상적으로 이루어지지 않거나, 한 손으로 작업을 하는 동안 다른 손은 작업을 하지 못하게 되는 상황이 이에 해당된다.

예 오른손이 뻗기 동작을 하는 동안 왼손은 작업을 하지 않음

8. 피할 수 있는 지연(AD)

작업자에게 책임이 있는 지연으로서 작업자가 마음만 먹으면 피할 수 있다.

예 작업자가 휴대전화 문자메시지를 확인하기 위하여 작업을 중지함

9. 휴식(R)

작업으로 인한 육체적, 정신적 피로를 회복하기 위한 시간이다. 매 사이클은 아니지만 주기적으로 나타나며, 그 주기는 작업 부하에 따라 결정된다.

예 제조업체에서의 오전 휴식시간(10:00~10:10 AM)

7.4 서어블릭 분석 점검표

동작연구를 통해 동작을 세부 요소동작으로 분류한 뒤에는 작업을 더 효율적으로 만들기 위한 개선방안을 찾게 된다. 개선방안을 도출하는 과정에 각 서어블릭별로 정리된 서어블릭 분석 점검표를 활용할 수 있다. 이 절에서는 주요 서어블릭별 점검표의 대표적인 항목을 제시한다.

1. 빈손 이동과 이동

1. 이동거리를 줄일 수 있는가?
2. 적절한 신체부위가 사용되는가?
3. 적절한 도구가 사용되고 있는가?
4. 기계화된 이동도구를 사용할 수 있는가? (예: 컨베이어)
5. 중력 이송장치를 사용할 수 있는가? (그림 7-3)
6. 한 번에 여러 개의 대상물을 이동할 수 있는가?
7. 대상물의 특성상 요구되거나, 이동 후의 미세한 위치조정을 위하여 필요한 바로 놓기(P)로 인해 추가 소요시간이 발생하는가?
8. 갑작스럽게 이동 방향을 바꾸는 동작을 제거할 수 있는가?

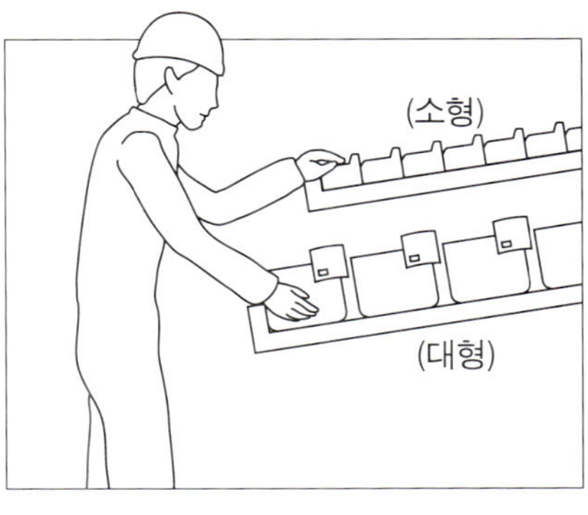

〈그림 7-3〉 중력을 이용한 이송장치

2. 쥐기

1. 손으로 쥐어야 하는 부분이 쥐기에 적절한 크기와 모양인가?
2. 손으로 쥐어야 하는 부분이 미끄럽지 않고 적절한 마찰이 있는가?
3. 한 번에 하나 이상의 대상물을 쥘 수 있는가?
4. 쥐어야 할 대상물이 쥐기 쉽게 미리 적절하게 놓여 있는가?
5. 집어 올리지 않고 접촉하는 방식으로 대상물을 제어할 수 있는가?
6. 진공이나 자석을 이용한 도구나 기구를 사용할 수 있는가?
7. 직접 쥐기 불편한 형태의 대상물의 경우, 쥐기 쉽도록 도와주는 지그(jig)와 같은 보조도구가 있는가? (96쪽 그림 4-5)
8. 바늘과 같이 쥐기 어려운 작은 부품의 경우, 작업대 면이 스펀지와 같이 푹신한 소재로 되어 있어 손가락으로 부품을 쉽게 집을 수 있는가?

3. 놓기

1. 대상물을 이동하면서 정지하지 않고 놓기를 할 수 있는가?
2. 기계적 장치를 이용하여 대상물을 방출할 수 있는가?
3. 대상물을 담아야 하는 용기나 부품상자는 담기에 적절한 크기와 모양으로 되어 있는가?
4. 놓기 동작이 끝난 후 손이 다음 동작을 위해 적절한 위치에 있는가?
5. 한 번에 여러 개의 대상물을 내려놓을 수 있는가?

4. 미리 놓기

1. 물체의 위치를 고정해주는 보조장치를 사용할 수 있는가?
2. 호이스트(hoist)와 같은 중량물 승강장치를 사용하여 물체를 적절한 위치에 유지시킬 수 있는가? (그림 7-4)
3. 공구나 부품을 잡을 때 손과 손목의 적절한 자세를 유지할 수 있는가?

5. 사용

1. 고정구(fixture)나 척(chuck)을 사용할 수 있는가? (96쪽 그림 4-6과 그림 7-5)
2. 한 번에 여러 부품이나 제품을 대상으로 작업할 수 있는가?
3. 더 효율적인 도구나 공구를 사용할 수 있는가?
4. 수동 공구 대신에 동력 공구를 사용할 수 있는가?
5. 가장 효율적인 속도로 공구가 작동되는가?

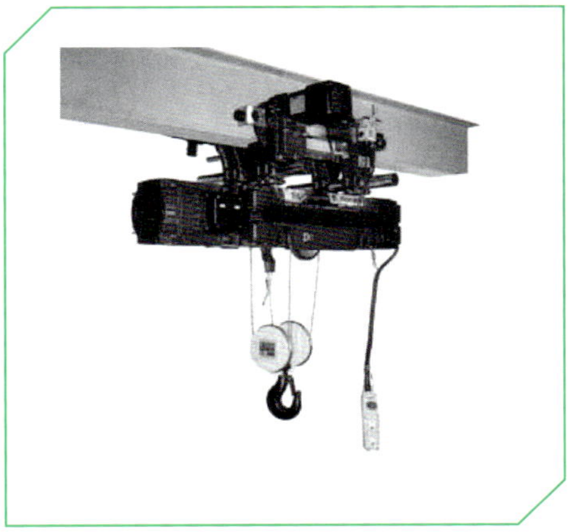

〈그림 7-4〉 호이스트

〈그림 7-5〉 척

6. 찾기

1. 레이블이나 색상을 이용하여 표시할 수 있는가?
2. 투명한 용기를 사용하여 찾기 수월하게 할 수 있는가?
3. 작업대의 배치나 배열의 개선을 통해 찾기를 제거할 수 있는가?
4. 조명이 적절한가?
5. 공구나 부품이 미리 제자리에 놓여 있는가?

7. 고르기

1. 일반적인 부품은 상호 호환이 가능한가?
2. 공구들이 표준화될 수 있는가?
3. 부품들을 랙(rack)이나 트레이(tray)에 미리 정리해둘 수 있는가? (그림 7-6)

〈그림 7-6〉 랙(왼쪽)과 트레이(오른쪽)

8. 바로 놓기

1. 물체의 위치를 일정하게 해주는 보조장치를 사용할 수 있는가? (그림 7-7)
2. 형판(template)을 사용할 수 있는가? (그림 7-8)
3. 거친 면을 제거하여 위치조정의 어려움을 줄일 수 있는가?
4. 허용오차를 조정하여 바로 놓기 동작을 쉽게 할 수 있는가?

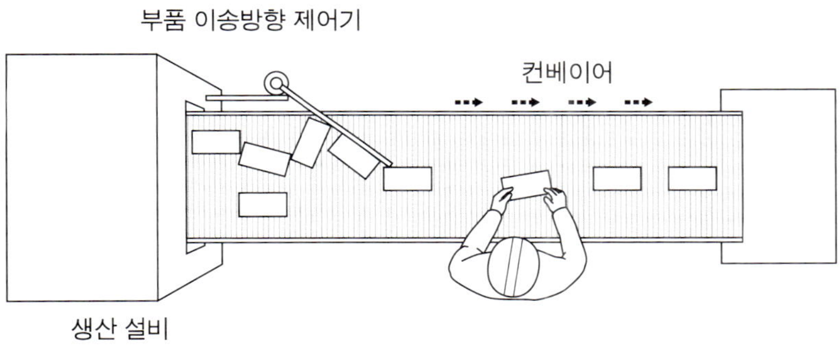

〈그림 7-7〉 작업물의 위치를 일정하게 유지하는 장치의 예

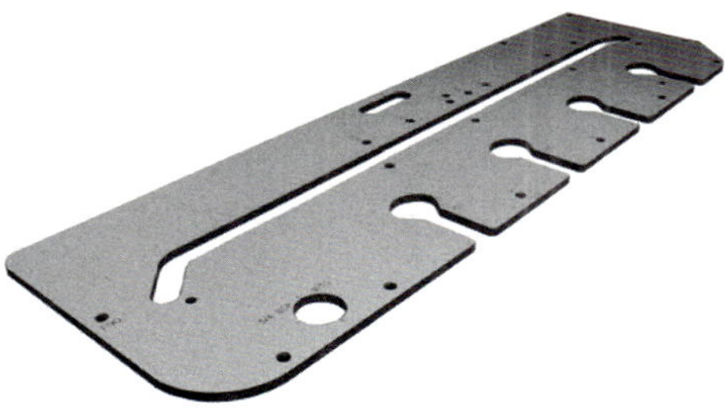

〈그림 7-8〉 형판

9. 검사

1. 검사 동작이나 검사 작업을 제거할 수 있는가?
2. 다른 동작이나 작업과 동시에 검사 작업을 수행할 수 있는가?
3. 조명의 밝기나 위치를 조정하여 검사시간을 단축할 수 있는가?
4. 작업자의 위치가 검사 작업을 하기에 적절한가?
5. 확대경 같은 검사 작업 보조 도구를 사용하고 있는가?

10. 휴식

1. 온도, 습도, 환기, 소음, 조명 등과 같은 작업환경은 적절한가?
2. 작업자가 선 자세와 앉은 자세를 수시로 바꾸어가며 작업할 수 있는가?
3. 작업대와 작업용 의자의 높이와 공간은 적절하게 설계되었는가?
4. 무거운 물건을 수동으로 취급하는 작업을 최소화하고 있는가?

11. 잡고 있기

1. 고정장치 또는 바이스(vice)를 사용하고 있는가? (그림 7-9)
2. 잡는 위치의 마찰이 적절한가?
3. 진공이나 자석과 같은 도구나 기구를 사용할 수 있는가?

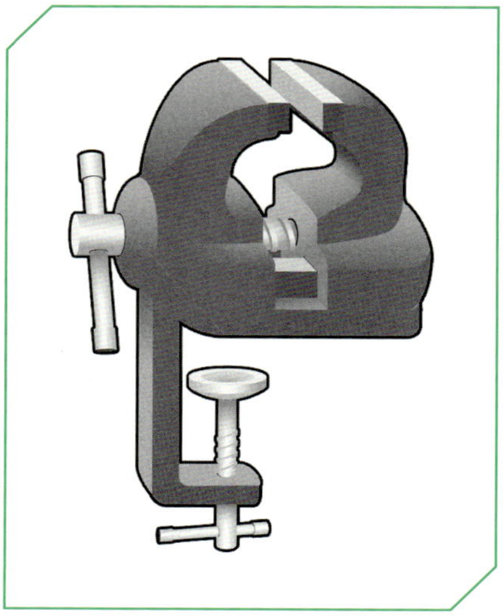

〈그림 7-9〉 바이스

7.5 작업자공정도와 SIMO 차트

1. 작업자공정도

작업자공정도(operator process chart)는 두 손의 동작을 작업 순서에 따라 기록하여 분석하는 기법으로 두 손 공정도(left and right hand chart, two-hand process chart)라고 불리기도 한다. 이 기법은 작업 수행 시간은 기록하지 않고 두 손의 동작만을 관찰하여 기록하기 때문에 상대적으로 단순하면서 작업을 분석하는 데 효과적인 방법이다. 작업자공정도를 이용하여 작업을 분석하는 목적은 작업 수행에 불필요한 동작이나 방법을 찾아 작업의 효율을 높이는 것이며, 동시에 작업자에게 효율적인 작업방법을 훈련시키는 데 효과적으로 사용될 수 있다. 〈표 7-2〉는 로프 클립을 조립하는 작업의 두 손의 동작을 서어블릭으로 기록하여 분석한 작업자공정도의 예이다.

작업자공정도를 작성할 때는 17개 서어블릭을 모두 사용하지 않고 다음의 8개 동작만을 사용한다.

1. 효율적 서어블릭: 빈손 이동(TE), 이동(TL), 쥐기(G), 사용(U), 놓기(RL)
2. 비효율적 서어블릭: 바로 놓기(P), 지연(D), 잡고 있기(H)

단, 지연(D)은 피할 수 없는 지연(UD), 피할 수 있는 지연(AD), 휴식(R) 등을 모두 포함하는 것으로 간주한다.

작업자공정도를 완성한 후에는 비효율적인 서어블릭을 제거하거나, 양손의 불균형적이거나 비대칭적인 동작을 최소화하여 작업의 효율성을 높이기 위한 방법을 찾는다.

2. 비디오 분석과 SIMO차트

목시적 동작연구는 관찰자가 직접 작업을 관찰하면서 동작을 분석하기 때문에 동작을 놓치거나 재현하기 어렵고 정확한 시간측정이 어려우며, 특히 사이클타임이 짧은 동작의 세밀한 분석에 적용하기가 어렵다. 그러나 비디오 기록장치를 이용하면 작업 장면을 반복하여 볼 수 있고, 프레임 단위로 동작을 세분하여 볼 수 있어서 짧은 동작도 측정이 가능하다. 과거에는 고가의 영사기를 사용하여 작업자의 측면에 마이크로노미터 등의 시계를 두고 작업 장면을 찍은 후, 한 프레임씩 작업 장면을 보면서 동작경제 원칙(8장 참고)에 근거하여 분석하고 개선하였다. 현재는 동작연구 시에 디지털 캠코더를 사용하고 있다.

촬영을 시작하기 전에 작업자에게 촬영의 목적을 설명하고, 동의를 구한다. 되도록이면 여러 사이클의 작업을 반복 촬영한다. 또한, 촬영 각도와 거리를 다양하게 한다. 즉, 한 사이클은 작업자 전신과 작업장 전체가 화면에 잡히도록 하고, 다른 사이클에서는 작업이 주로 이루어지는 상체를 위주로 촬영하는 방식으로 한다. 작업자의 시선 방향을 파악할 수 있도록 촬영 각도와 거리를 설정하는 것도 중요하다.

작업동작을 서어블릭 단위로 나누어 분석한 뒤에는 서어블릭과 소요된 시간을 함께 표시하는 SIMO 차트에 분석결과를 기록한다. SIMO 차트는 동시동작 차트 또는 서어블릭-시간 차트(therblig time chart)라 하기도 한다. SIMO 차트의 예는 〈그림 7-9〉와 같다.

작업: 케이블 클램프 조립	부문:	요약	왼손	오른손
작업자명과 번호:		효율적 시간	3.0	12.5
분석자:	일시:	비효율적 시간	11.5	2.0
방법: 현재 방법(V) 개선 후( )		사이클타임 = 14.5		
작업장 스케치:				

<table>
<tr><th>왼손</th><th>심볼</th><th>시간(초)</th><th></th><th>시간(초)</th><th>심볼</th><th>오른손</th></tr>
<tr><td>U볼트로 손을 뻗음</td><td>TE</td><td>0.9</td><td></td><td>0.9</td><td>TE</td><td>케이블 클램프로 손을 뻗음</td></tr>
<tr><td>U볼트를 집음</td><td>G</td><td>0.1</td><td></td><td>0.1</td><td>G</td><td>케이블 클램프를 집음</td></tr>
<tr><td>U볼트를 작업자 앞으로 가져옴</td><td>TL</td><td>0.9</td><td></td><td>0.9</td><td>TL</td><td>케이블 클램프를 작업자 앞으로 가져옴</td></tr>
<tr><td>U볼트를 바로 잡음</td><td>P</td><td>0.3</td><td></td><td>0.3</td><td>P</td><td>케이블 클램프를 바로 잡음</td></tr>
<tr><td rowspan="10">U볼트를 잡고 있음</td><td rowspan="10">H</td><td rowspan="10">11.2</td><td></td><td>0.9</td><td>TE</td><td>첫 번째 너트로 손을 뻗음</td></tr>
<tr><td></td><td>0.1</td><td>G</td><td>첫 번째 너트를 집음</td></tr>
<tr><td></td><td>0.9</td><td>TL</td><td>첫 번째 너트를 작업자 앞으로 가져옴</td></tr>
<tr><td></td><td>0.3</td><td>P</td><td>첫 번째 너트를 바로 잡음</td></tr>
<tr><td></td><td>3.4</td><td>U</td><td>첫 번째 너트를 조립함</td></tr>
<tr><td></td><td>0.9</td><td>TE</td><td>두 번째 너트로 손을 뻗음</td></tr>
<tr><td></td><td>0.1</td><td>G</td><td>두 번째 너트를 집음</td></tr>
<tr><td></td><td>0.9</td><td>TL</td><td>두 번째 너트를 작업자 앞으로 가져옴</td></tr>
<tr><td></td><td>0.3</td><td>P</td><td>두 번째 너트를 바로 잡음</td></tr>
<tr><td></td><td>3.4</td><td>U</td><td>두 번째 너트를 조립함</td></tr>
<tr><td>완성품을 조립품 상자로 이동</td><td>TL</td><td>0.9</td><td></td><td rowspan="2">1.1</td><td rowspan="2">UD</td><td rowspan="2">기다림</td></tr>
<tr><td>완성품을 조립품 상자에 놓기</td><td>RL</td><td>0.2</td><td></td></tr>
<tr><td></td><td></td><td></td><td></td><td></td><td></td><td></td></tr>
</table>

〈그림 7-9〉 SIMO 차트의 예시

요약

동작연구는 작업자의 작업 자세와 동작을 신체부위별로 또는 전신에 대해서 체계적으로 분석하는 것이다. 동작연구는 작업현장에서 직접 작업장면을 관찰 · 분석하는 목시적 동작연구와 비디오로 촬영하여 작업동작과 시간을 동시에 분석하는 미세동작연구로 구분할 수 있다. 미세동작연구에서는 작업공정도에 시간까지 기록하는 SIMO 차트를 이용하여 작업을 분석한다.

길브레스 부부는 18개의 기본적인 손동작을 정의하고 서어블릭이라 명명하였다. 현재는 17개가 사용되고 있으며, 이들은 효율적 서어블릭(빈손 이동, 이동, 쥐기, 놓기, 미리 놓기, 사용, 조립, 분해)과 비효율적 서어블릭(바로 놓기, 찾기, 고르기, 계획, 검사, 잡고 있기, 지연, 휴식)으로 구분된다. 효율적 서어블릭은 시간 단축을 통하여 개선방안을 찾을 수 있고, 비효율적 서어블릭은 최대한 제거하는 것이 바람직하다. 동작연구 후에 개선방안을 도출하기 위하여 각 서어블릭별로 정리된 서어블릭 분석 점검표를 활용할 수 있다.

비디오 기록장치를 이용하면 작업장면을 반복하여 볼 수 있고, 프레임 단위로 동작을 세분하여 볼 수 있어서 짧은 동작도 측정이 가능하다. 촬영을 시작하기 전에 작업자에게 촬영의 목적을 설명하고 동의를 구한다. 되도록이면 여러 사이클의 작업을 촬영한다. 또한, 촬영 각도와 거리를 다양하게 한다. 작업자의 시선 방향을 파악할 수 있도록 촬영 각도와 거리를 설정하는 것도 중요하다.

작업동작을 서어블릭 단위로 나누어 분석한 뒤에는 서어블릭과 소요된 시간을 함께 표시하는 SIMO 차트에 분석결과를 기록한다.

연습문제

1. 서어블릭에 관한 설명 중 맞는 것은?

   ① 서어블릭은 공정분석의 대상이 된다.

   ② 빈손 이동은 비효율적인 서어블릭이다.

   ③ 효율적 서어블릭에 해당하는 동작은 시간을 단축하는 것은 가능하나 완전히 제거하기는 어렵다.

   ④ 서어블릭은 테일러에 의하여 처음 고안되었다.

2. 여러 서어블릭 중 효율적인 서어블릭은?

   ① 검사 ② 찾기 ③ 계획 ④ 미리 놓기

3. 여러 서어블릭 중 비효율적인 서어블릭은?

   ① 바로 놓기 ② 빈손 이동 ③ 놓기 ④ 미리 놓기

4. 여러 서어블릭 중 최대한 제거하는 것이 바람직한 것은?

   ① 빈손 이동 ② 잡고 있기 ③ 쥐기 ④ 이동

5. 서어블릭에 관한 설명 중 틀린 것은?

   ① 작업대 위에 있는 망치를 사용하기 위하여 집으러 가는 동작은 빈손 이동이다.

   ② 망치를 사용한 후 다음 사용을 위하여 망치의 방향을 돌려놓는 동작은 바로 놓기이다.

   ③ 못이 정확한 지점에 제대로 박혔는지를 확인하는 동작은 검사이다.

   ④ 못을 박는 작업 후에 다음 못 크기를 결정하기 위해 잠시 생각하는 동작은 계획이다.

6. 서어블릭에 관한 설명 중 맞는 것은?

① 오른손이 뻗기 동작을 하는 동안의 왼손 정지는 피할 수 없는 지연이다.

② 오른손으로 망치질을 하는 동안 왼손이 못을 잡고 있는 것은 쥐기이다.

③ 못을 작업 지점에 박기 위하여 못의 머리를 위로 하여 잡는 동작은 잡고 있기이다.

④ 작업대 위에 있는 망치를 사용하기 위하여 망치 손잡이를 손으로 잡는 동작은 사용이다.

7. 서어블릭과 그에 해당되는 점검사항이 틀린 것은?

① 빈손 이동은 중력 이송장치를 고려한다.

② 미리 놓기는 물체의 위치를 고정해주는 보조장치를 고려한다.

③ 바로 놓기는 바이스를 고려한다.

④ 고르기에서는 부품의 표준화를 고려한다.

8. 서어블릭과 그에 해당되는 점검사항이 옳은 것은?

① 안전을 위하여 한 번에 하나 이상의 대상물을 쥐지 않도록 한다.

② 이동 후에 미세한 위치조정이 없도록 한다.

③ 바로 놓기 동작을 쉽게 하기 위해 허용오차를 조정하면 안 된다.

④ 품질확보를 위하여 검사과정을 가능하면 늘린다.

9. 서어블릭과 소요된 시간을 함께 표시하는 도표는?

① 작업공정도　　② 조립공정도

③ 작업자-기계 작업 분석표　　④ SIMO 차트

10. 휴대폰의 배터리를 갈아 끼우는 작업을 서어블릭으로 분석하라.

8장 동작경제 원칙과 작업설계

8장 동작경제 원칙과 작업설계

작업설계는 작업 방법, 공간, 설비, 기계 및 도구와 주변 환경 등을 개선하거나 새롭게 설계하여 작업의 효율과 안전성을 높이고자 하는 것이다. 작업을 설계하는 방법과 내용은 작업 및 작업장의 특성에 따라 다를 수 있다. 그러나 다양한 작업장에 공통적으로 적용할 수 있는 일반적인 원칙이 전문가들에 의해 제시되고 있다.

특히 길브레스 부부는 동작의 경제성과 능률 향상을 위한 20가지 원칙을 제안하였으며, 이를 토대로 반즈(Barnes)를 비롯한 여러 사람들이 정리한 것이 동작경제 원칙(principles of motion economy)이다. 동작경제 원칙은 작업설계 전문가들의 경험을 바탕으로 정리된 것으로서, 현대 산업현장에서는 당연한 것으로 생각될 수도 있다. 비록 동작경제 원칙의 이론적 기반이 부족하더라도 그 내용을 이해하는 것은 작업관리를 학습하는 사람에게는 꼭 필요한 기본적인 과정으로 여겨진다. 따라서 본 장에서는 동작경제 원칙과 더불어 인간공학적 작업설계 원칙을 함께 설명한다.

8.1 동작경제 원칙

동작경제 원칙은 〈표 8-1〉과 같이 신체 사용에 관한 원칙(9개), 작업장 배치에 관한 원칙(8개), 공구 및 설비 설계에 관한 원칙(5개)으로 분류할 수 있다.

1. 신체 사용에 관한 원칙

① 두 손을 대등하게 충분히 활용하여 두 손이 동시에 시작하고 동시에 끝나도록 한다.

② 휴식시간을 제외하고는 두 손이 동시에 쉬지 않도록 한다.

③ 두 팔의 동작은 동시에 서로 반대 방향으로 대칭적으로 움직이게 한다.

인력을 이용하는 대부분의 작업은 손동작을 수반한다. 특히 기계화가 덜 이루어진 작업장에서는 작업자의 숙련된 동작이 작업 능률에 매우 중요한 요소가 된다. 따라서 작업을 설계할 때 작업자가 두 손을 모두 활용하여 작업할 수 있도록 하는 것은 작업의 효율성을 높이는 데 가장 기초적인 요소이다.

두 손을 모두 사용하여 작업할 때는 가능하면 시간적, 공간적으로 두 손의 동작이 균형을 이루도록 하는 것이 좋다. 두 손이 동시에 작업을 시작하고 끝나게 되면 두 팔이 고르게 작업부하를 분담하게 되고, 작업자의 피로를 줄일 수 있다.

반면, 비대칭적인 두 손의 동작은 자연스럽게 인식되지 않을 가능성이 크다. 예를 들어, 오른손으로는 원을 그리면서 왼손으로는 사각형을 그리면 어려움을 느낀다.

〈표 8-1〉 동작경제 원칙

신체 사용에 관한 원칙
1. 두 손을 대등하게 충분히 활용하여 두 손이 동시에 시작하고 동시에 끝나도록 한다.
2. 휴식시간을 제외하고는 두 손이 동시에 쉬지 않도록 한다.
3. 두 팔의 동작은 동시에 서로 반대 방향으로 대칭적으로 움직이게 한다.
4. 손과 신체 동작은 작업을 만족스럽게 수행할 수 있는 범위 내에서, 가장 작은 신체부위를 사용하는 낮은 등급의 동작을 사용한다.
5. 가능한 한 관성을 이용하여 작업하되, 작업자가 관성을 극복하여야 하는 경우에는 관성을 최소화한다.
6. 손동작은 부드럽고 연속적인 곡선을 이루는 동작이 되게 하고, 갑작스럽게 방향이 크게 바뀌는 직선 동작은 피하는 것이 좋다.
7. 제한되거나 통제된 동작보다 지속적이고 정밀한 제어가 필요 없는 탄도동작이 빠르고 쉽고 정확하다.
8. 가능하면 쉽고 자연스러운 리듬을 이용할 수 있게 작업을 배치한다.
9. 눈의 초점을 모아야 하는 작업을 피하고, 눈의 초점이 모아지는 두 지점 간의 거리를 짧게 한다.
작업장 배치에 관한 원칙
10. 모든 공구와 재료는 정해진 장소에 둔다.
11. 공구, 재료와 조종장치는 사용되는 위치에 가까이 둔다.
12. 중력 이송원리를 이용한 상자나 용기를 이용하여 부품이나 재료가 사용되는 위치 가까이에 놓이게 한다.
13. 가능하면 중력 이송장치를 사용한다.
14. 재료와 공구는 최적의 순서로 작업할 수 있도록 배치한다.
15. 적절한 조명을 제공한다.
16. 작업자가 작업 중 앉거나 서는 자세를 번갈아 취할 수 있도록 작업대와 의자의 높이를 조절 가능하게 한다.
17. 작업자가 적절한 자세로 일할 수 있도록 인간공학적으로 설계된 의자를 제공한다.
공구 및 설비의 설계에 관한 원칙
18. 고정장치나 페달을 효과적으로 사용할 수 있는 작업에서는 이러한 장치를 사용하여 두 손으로 다른 일을 할 수 있게 한다.
19. 가능하면 여러 기능이 결합된 범용공구를 사용한다.
20. 공구와 재료는 다음 사용이 쉽도록 미리 정해진 곳에 위치하여야 한다.
21. 컴퓨터 자판을 이용하여 입력하는 것과 같이 손가락으로 특정 작업을 수행할 때, 작업량이 각 손가락의 능력에 맞게 배분되어야 한다.
22. 레버, 핸들과 기타 조종장치는 작업자가 자세를 크게 바꾸지 않고도 빠르고 쉽게 조작할 수 있는 위치에 둔다.

〈표 8-2〉 **신체부위별 동작등급**

등급	동작에 포함된 신체부위
1	손가락
2	손가락, 손목
3	손가락, 손목, 아래팔
4	손가락, 손목, 아래팔, 위팔
5	손가락, 손목, 아래팔, 위팔, 어깨(몸통)

④ 손과 신체 동작은 작업을 만족스럽게 수행할 수 있는 범위 내에서, 가장 작은 신체부위를 사용하는 낮은 등급의 동작을 사용한다.

손동작은 〈표 8-2〉와 같이 5등급으로 구분되며, 일반적으로 낮은 등급일수록 동작이 빠르고 노력이 적게 든다. 그러나 가벼운 작업에 대해서는 등급 3의 동작(팔꿈치를 축으로 하는 동작)이 손가락만을 사용하는 1등급 동작보다 정확하고 덜 피로하며 더 민첩하여 작업 수행에 유리하다.

⑤ 가능한 한 관성을 이용하여 작업하도록 하되, 작업자가 관성을 극복하여야 하는 경우는 관성을 최소화한다.

관성을 이용한 작업이란 부품이나 재료 등을 운반하거나 이동시킬 때 대상물의 기존 움직임 방향을 최대한 이용하여 작업하는 것을 의미한다. 즉, 물체의 운동방향과 같은 방향으로 힘을 쓰게 되면 물체의 운동관성을 이용할 수 있어서 물체를 이동시키는 데 힘이 덜 든다.

⑥ 손동작은 부드럽고 연속적인 곡선을 이루는 동작이 되게 하고, 갑작스럽게 방향이 크게 바뀌는 직선 동작은 피하는 것이 좋다.

인체 동작은 관절을 중심으로 각 신체부위가 회전운동을 하는 형태이기 때문에 곡선 동작으로 구성된 작업이 직선 동작의 작업에 비해 자연스럽다. 곡선 동작의 작업은 시간도 덜 걸리고 피로도 덜 유발한다. 직선 동작은 방향 전환이나 정지를 위한 감속 및 가속운동이 요구되며, 감속과 정지에 전체 동작시간의 15~25%가 소요되어 전체적으로 작업의 효율성이 떨어진다. 간단한 예로, 손으로 비슷한 크기의 사각형과 원을 그려보면 사각형을 그리는 동작이 시간이 더 많이 걸리는 것을 알 수 있다.

⑦ 제한되거나 통제된 동작보다 지속적이고 정밀한 제어가 필요 없는 탄도동작이 빠르고 쉽고 정확하다.

제한적 또는 통제적 동작은 작은 연필꽂이에 연필을 넣을 때와 같이 상대적으로 미세한 조절이 요구되는 동작이다. 이러한 동작에는 서로 반대로 작용하는 근육들이 동원된다. 연필을 든 손을 연필꽂이로 이동하는 것은 팔꿈치를 펴 팔을 뻗는 동작을 위한 근육과 팔꿈치가 과도하게 펴지는 것을 제어하여 연필이 연필꽂이에서 벗어나지 않도록 하는 근육이 동시에 상반된 작용을 하게 된다.

이에 반해 탄도동작(ballistic movement)은 상반된 작용을 하는 근육들 중 운동을 촉진하는 근육들의 주된 작용으로 동작이 이루어진다. 대표적인 탄도동작의 예로 숙련된 목수가 망치로 못을 박는 동작, 야구선수가 공을 타격하는 동작 등을 들 수 있다. 이러한 동작에서는 처음 동작을 시작할 때만 운동방향 제어를 위한 근육이 힘을 내고, 동작이 시작된 이후에는 운동의 진행을 위한 근육이 거의 대부분 작용하게 된다.

탄도동작을 활용하기 위해서는 작업자의 숙련도도 중요하지만, 작업방법이나 기구 및 도구 등을 설계할 때 작업자의 미세조절을 최소화하도록 하는 것이 중요하다.

⑧ 가능하면 쉽고 자연스러운 리듬을 이용할 수 있게 작업을 배치한다.

라인작업과 같이 매 작업 사이클마다 동일한 작업을 반복적으로 수행하는 경우에 작업자의 반복동작은 리듬이 있는 것으로 볼 수 있다. 즉, 작업자는 라인이나 기계의 사이클타임에 맞추어 반복동작을 수행하게 되며, 이때 반복되는 동작의 속도를 적절하게 하여 작업자가 자연스러운 동작으로 수행할 수 있도록 하는 것이 좋다.

작업의 리듬은 동작의 규칙적인 반복성뿐만 아니라 동작의 속도와 강약이 규칙적으로 변화하는 것을 의미하기도 한다. 규칙적인 동작의 속도와 강약의 변화가 자연스러운 리듬을 따를 때 작업이 더 효율적으로 이루어진다. 예를 들어, 숙련된 목수는 못을 박는 동작에 일정한 리듬이 있으며, 수박을 던져 트럭에 쌓는 경우에, 수박을 던지는 작업자와 받는 작업자는 일정한 리듬을 갖고 작업을 한다.

⑨ 눈의 초점을 모아야 하는 작업은 되도록 피하고, 눈의 초점이 모아지는 두 지점 간의 거리를 짧게 한다.

반복적으로 이루어지는 작업 중에는 숙련된 작업자가 눈으로 작업물을 자세히 보지 않고도 작업을 수행하는 경우도 있지만, 작업의 특성에 따라서는 작업자가 작업물을 눈으로 확인해야 하는 경우도 있다. 이러한 경우에는 눈의 초점을 모아야 하는 빈도와 시간을 최소화하고, 초점을 맞춰야 하는 지점들이 서로 가까이 위치하도록 한다.

2. 작업장 배치에 관한 원칙

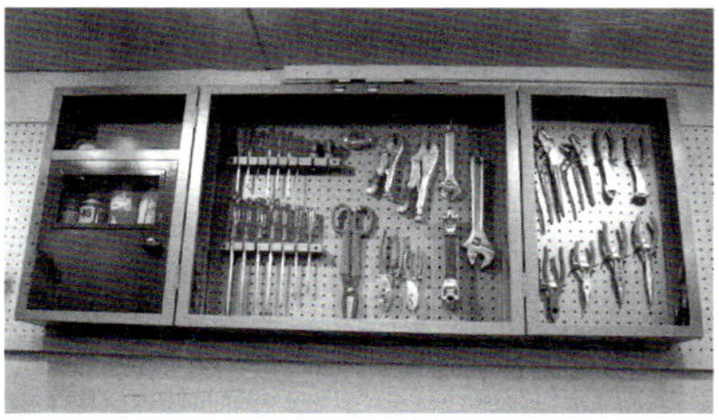

〈그림 8-1〉 공구의 정돈

⑩ 모든 공구와 재료는 정해진 장소에 둔다.

작업자가 작업을 수행하는 과정에 취급해야 하는 모든 물건들은 〈그림 8-1〉과 같이 자리를 정하여 해당 위치에 두는 것이 좋다. 이때 물건은 재료, 부품, 중간 제품, 공구 등을 모두 포함한다. 정해진 위치에 물건을 두면 작업자가 물건을 찾거나 눈으로 확인하지 않고 자동적인 동작으로 물건을 취급할 수 있기 때문에 작업의 효율성이 높아진다.

⑪ 공구, 재료와 조종장치는 사용되는 위치에 가까이 둔다.

〈그림 8-2〉와 같이 정상 작업영역은 위팔을 몸에 붙인 채 팔꿈치를 축으로 하여 손이 닿을 수 있는 영역으로서, 중요하고 자주 사용되는 물품들을 이 영역에 배치한다. 최대작업영역은 팔을 쭉 편 상태에서 어깨를 축으로 하여 손이 닿을 수 있는 영역으로서, 자주 사용되지 않는 물품들을 이 영역에 배치한다.

⑫ 중력 이송원리를 이용한 상자나 용기를 이용하여 부품이나 재료를 사용되는 위치 가까이에 놓이게 한다.

〈그림 8-3〉과 같이 경사진 바닥으로 부품이나 재료가 미끄러져 내려오도록 설계된 선반을 이용하면 작업자가 매번 일정한 지점에서 물건을 꺼낼 수 있다.

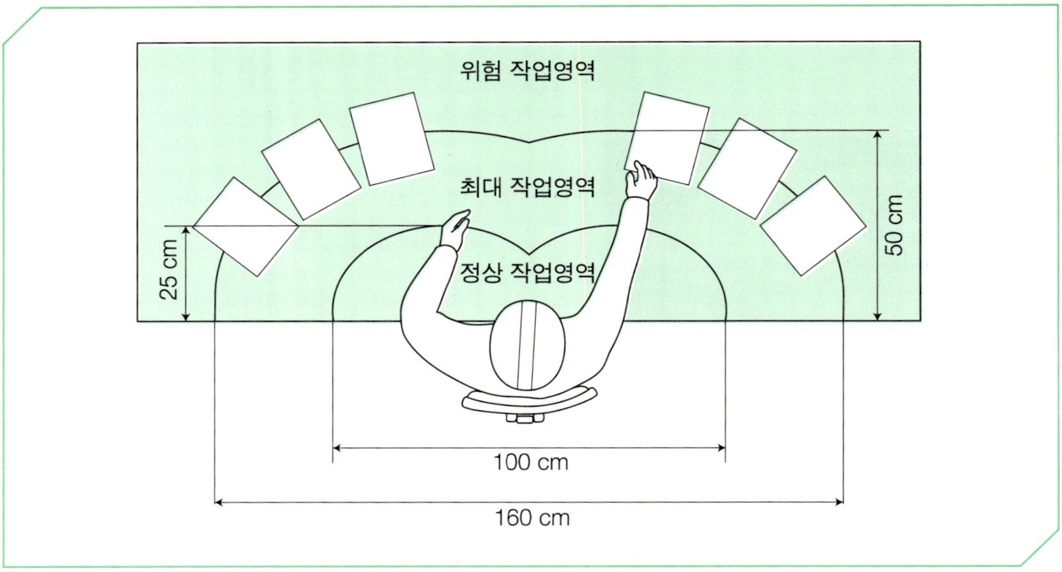

〈그림 8-2〉 정상 또는 최대작업영역

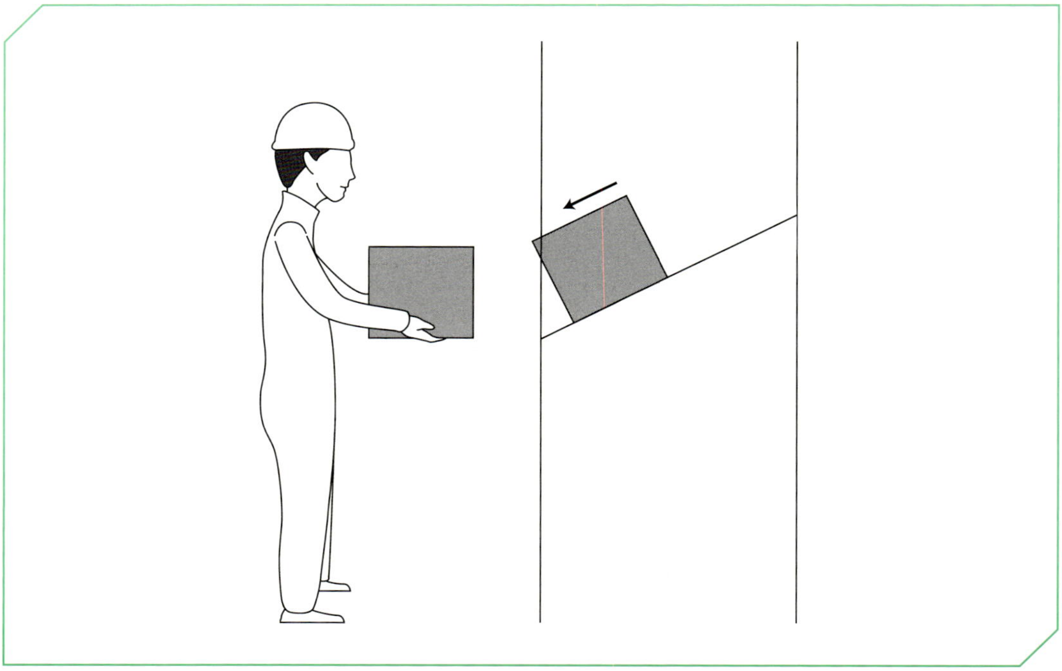

〈그림 8-3〉 중력 이송 선반

⑬ 가능하면 중력 이송장치를 사용한다.

가공이 끝난 부품은 작업자가 수동으로 집어서 꺼내지 않고 중력에 의해 지정된 위치로 이송될 수 있도록 하는 중력 이송장치를 활용한다(그림 8-4). 단, 중력 이송장치를 사용할 때 이송되는 제품이 낙하에 의한 충격으로 품질이 저하되지 않도록 주의할 필요가 있다.

⑭ 재료와 공구는 최적의 순서로 작업할 수 있도록 배치한다.

작업이 이루어지는 순서를 감안하여 재료나 공구를 배치한다. 주기적으로 반복되는 작업의 경우에 동작의 시작 지점과 끝 지점이 서로 가까이에 위치하면 작업을 마무리하고 바로 이어서 다음 작업을 시작할 수 있다. 예를 들어, 조립이 끝난 제품을 방출하는 출구 바로 곁에 조립에 가장 먼저 사용되는 부품을 놓아두면 완제품을 방출한 후에 짧은 거리를 빈손 이동하여 부품을 잡거나 이동할 수 있다.

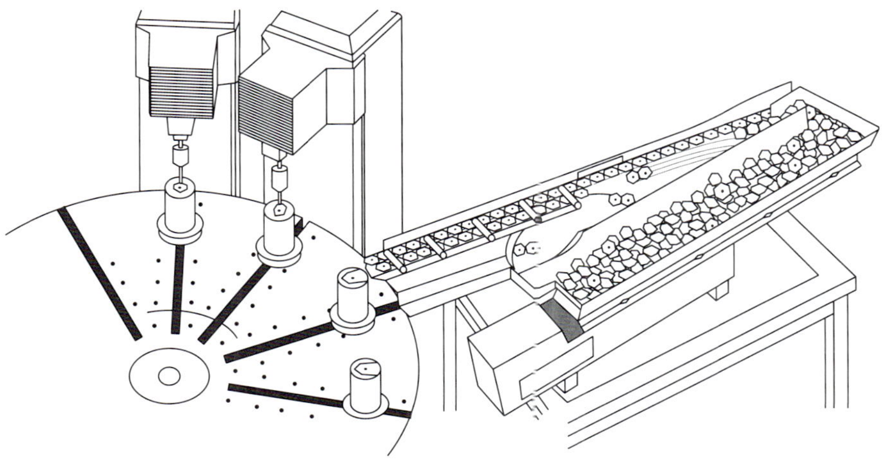

〈그림 8-4〉 중력 이송장치의 예

⑮ 적절한 조명을 제공한다.

시각 작업을 적절하게 수행하기 위해서는 조도, 빛의 색상, 휘광(glare), 빛의 방향 등이 고려된 조명 환경이 적절하게 설계되어야 한다. 작업의 유형, 작업물, 작업방법, 작업장 등과 같은 특성에 따라 요구되는 조명의 조건은 다르다. 우리나라 고용노동부에서 권장하고 있는 조도의 기준은 〈표 8-3〉과 같다.

⑯ 작업자가 작업 중 앉거나 서는 자세를 번갈아 취할 수 있도록 작업대와 의자의 높이를 조절 가능하게 한다.

작업자가 선 자세와 앉은 자세를 번갈아가며 취할 수 있도록 하는 것이 한 자세만을 유지하도록 하는 것보다 피로의 경감에 더 유리하다. 작업자세를 바꿈으로써 여러 신체부위의 근육을 번갈아가며 사용하게 되고, 주요 관절에 가해지는 부하가 분산되며 혈액순환이 원활하게 이루어질 수 있다. 입식 작업과 좌식 작업은 각각 장점과 적합한 작업 조건이 있으며, 이러한 조건에 따라 작업을 선택하는 것이 좋다(표 8-4).

입식 작업과 좌식 작업에서는 작업대와 의자의 높이 조절이 가능한 것이 좋다. 하지만 작업대의 높이를 조절하기 어려운 경우에는 높이 조절이 가능한 의자를 도입하여 작업자가 앉은 높이를 정할 수 있게 한다.

〈표 8-3〉 산업안전보건기준에 관한 규칙의 조도기준(단위: lux)

작업 구분	기준
초정밀 작업	750 이상
정밀 작업	300 이상
보통 작업	150 이상
그 밖의 작업	75 이상

〈표 8-4〉 입식 작업과 좌식 작업의 특징

구분	좌식 작업	입식 작업
장점	• 근육 활동 감소로 에너지 소모 감소 • 자세 안정으로 정밀 작업에 유리함 • 자세 변화 없이 발 조작장치 사용 가능 (예: 페달, 스위치 등)	• 작업자 이동이 쉬움 • 손이 닿을 수 있는 영역이 넓음 • 무거운 물건을 취급하기에 유리함
적합한 경우	• 작업 대상물을 작업영역 내 배치 가능한 경우 • 작업대 위로 손을 자주 뻗지 않는 경우 • 정밀조작을 위한 손동작이 많은 경우 • 가벼운 자재 취급이나 힘 사용 • 작업대 아래 다리공간이 충분한 경우	• 작업자의 이동이 빈번한 경우 • 무거운 물체를 자주 취급하는 경우 • 자주 손을 뻗어 작업을 하는 경우 • 힘을 위에서 아래로 많이 사용하는 경우 • 작업대 아래 다리공간이 충분하지 않은 경우

작업대의 높이는 작업의 특성에 따라 달리 정한다. 작업대가 너무 높으면 팔이 몸통에서 벌어지고 어깨가 올려지므로 목과 어깨에 근육피로를 초래한다. 반면에 작업대가 너무 낮으면 목과 허리를 과도하게 숙여야 하므로 불편함과 통증이 생길 수 있다. 작업대 높이는 팔꿈치 높이보다 조금 낮은 것이 좋지만, 작업특성에 따라 다소 다르게 적용되어야 한다. 〈그림 8-5〉

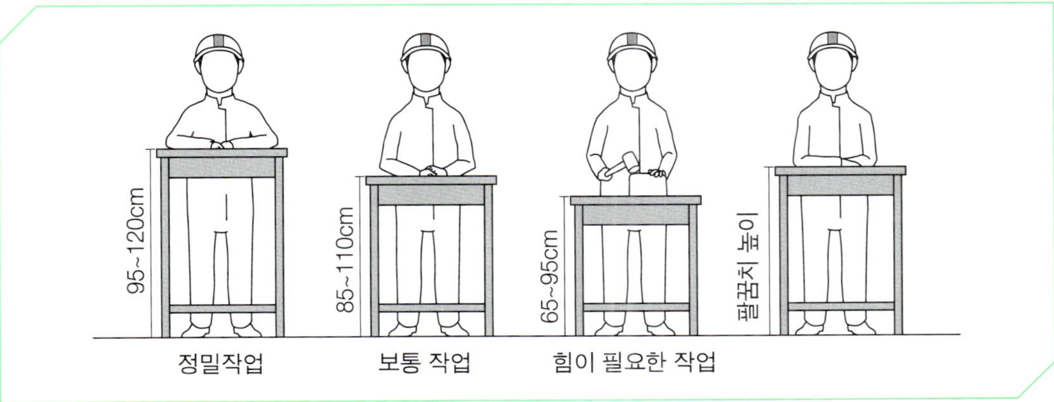

〈그림 8-5〉 입식 작업에서 작업대의 높이

와 같이 정밀한 작업에서는 작업대가 팔꿈치보다 높게 하고, 무거운 물체를 다루거나 아래로 누르는 힘이 필요한 작업일 경우 작업대가 팔꿈치높이보다 낮게 한다. 미세한 작업과 아래로 누르는 작업이 함께 일어나는 복합적인 작업은 비중이 큰 작업을 중심으로 높이를 결정한다.

⑰ 작업자가 적절한 자세로 일할 수 있도록 인간공학적으로 설계된 의자를 제공한다.

인간공학적인 의자의 조건은 다음 절에서 상세히 기술한다.

3. 공구 및 설비의 설계에 관한 원칙

⑱ 고정장치나 페달을 효과적으로 사용할 수 있는 작업에서는 이러한 장치를 사용하여 두 손이 다른 일을 할 수 있도록 한다.

자동차를 운전할 때 운전자는 발로 가속 또는 제동하여 차량의 속도를 제어할 수 있기 때문에 손으로 조향 및 기타 조작을 할 수 있다. 작업에서도 페달을 이용한 기계조작이 가능하도록 하거나, 〈그림 8-6〉이나 〈그림 8-7〉과 같이 손으로 작업물이나 공구를 잡지 않아도 되게끔 하면 손으로 다른 일을 할 수 있어 작업을 더 효율적으로 할 수 있다. 단, 발로 조작하게 되면 신체의 안정성에 영향을 줄 수 있음을 유의한다.

⑲ 가능하면 여러 기능이 결합된 범용공구를 사용한다.

지우개 달린 연필과 같이 여러 기능이 결합된 공구를 사용하는 것이 단일 기능의 공구를 여러 개 사용하는 것보다 효율적일 수 있다. 단, 너무 많은 기능을 결합하거나 서로 관련성이 낮은 기능을 결합하여 사용하는 것은 편의성을 떨어뜨릴 수도 있다.

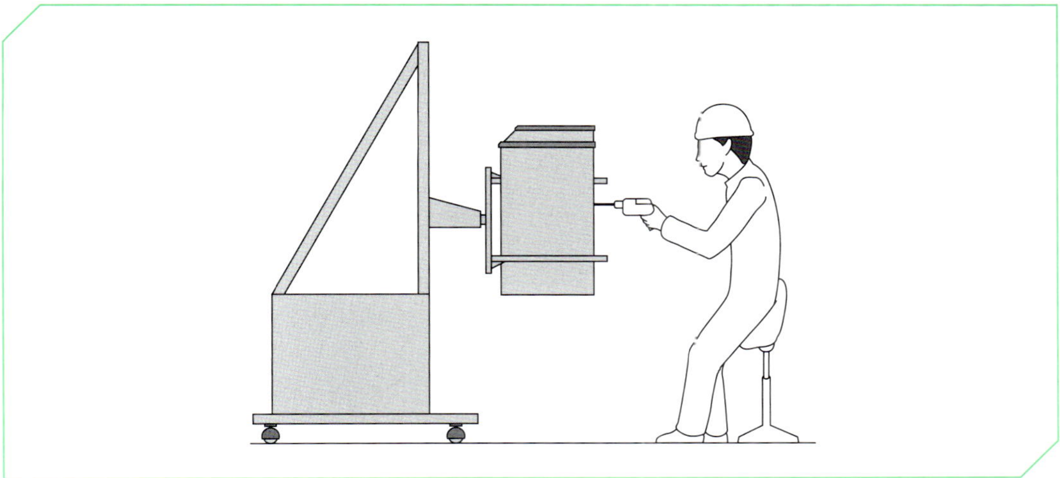

〈그림 8-6〉 작업물 고정장치

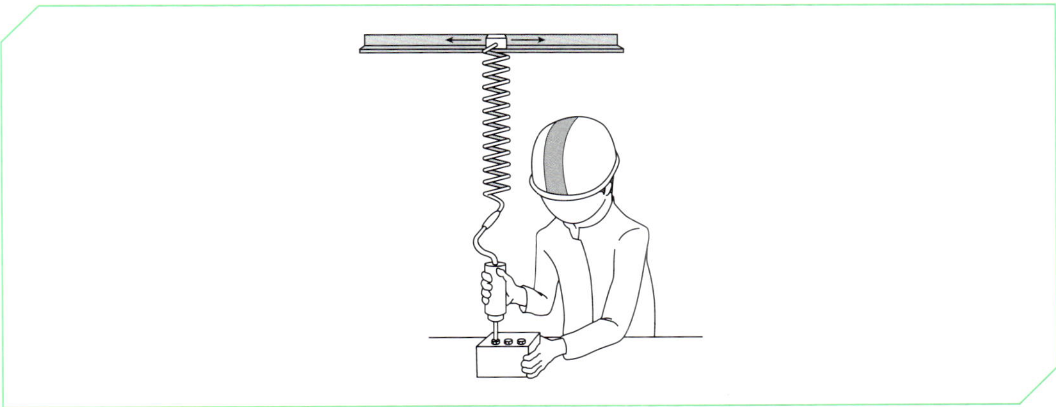

〈그림 8-7〉 호이스트를 이용하여 공구의 위치 고정하기

⑳ 공구와 재료는 다음 사용이 쉽도록 미리 정해진 곳에 위치하여야 한다.

자주 사용하는 공구, 재료, 부품 등의 위치와 방향이 일정하면 대상물을 찾거나 눈으로 확인하지 않고 빠르게 가져와 사용할 수 있다. 특히 공구의 손잡이 방향, 재료의 작업 방향 등을 고려하여 놓아두면 작업자가 부가적인 동작을 하지 않고 작업을 수행할 수 있다.

㉑ 컴퓨터 자판을 이용하여 입력하는 것과 같이 손가락으로 특정 작업을 수행할 때, 작업량이 각 손가락의 능력에 맞게 배분되어야 한다.

일반적으로 사용되는 자판(QWERTY 키보드)은 기계식 타자기에서 사용되는 글자 배열을 그대로 채택하고 있다. 한 연구에 따르면, 이 자판을 사용하여 입력 작업을 하면 왼손의 검지와 중지, 오른손의 검지의 사용비율이 다른 손가락에 비해 월등히 높아 손가락 간에 작업량이 고르지 않은 것으로 나타났다(Barnes, 1980). 따라서 손가락을 주로 이용하여 작업하는 경우에는 각 손가락의 능력에 맞게 손가락 간 작업배분을 할 필요가 있다.

㉒ 레버, 핸들과 기타 조종장치는 작업자가 자세를 크게 바꾸지 않고도 빠르고 쉽게 조작할 수 있는 위치에 둔다.

조종장치를 조작할 때 작업자가 작업자세를 크게 바꾸어야 한다면 작업의 효율성이 떨어질 뿐만 아니라, 팔을 과도하게 올리거나 목 또는 허리를 과도하게 숙이거나 비트는 등의 자세를 유발하여 작업부하를 높이는 원인이 될 수 있다. 자주 쓰이는 조종장치는 정상 작업영역 내에 배치한다.

8.2 인간공학적 작업설계

인간공학(ergonomics)은 인간과 기계(또는 도구)와의 상호작용(interaction) 및 그 상호작용에 영향을 미치는 여러 요인들을 연구하는 분야로서, 인간의 육체적, 심리적, 사회적 특성과 한계를 파악하여 인간이 사용하는 시스템의 설계와 운용에 응용하는 학문이다.

1. 일반 원칙

여기에서는 작업장과 공구 설계 시 참조할 수 있는 작업조건 및 인체에 부담을 주는 위험요소와 이에 대한 개선방안을 〈표 8-5〉와 같이 간략하게 소개한다.

〈표 8-5〉 작업조건 및 위험요소에 따른 개선방안

작업조건	위험요소	개선방안
몸을 뻗어야 하는 경우	불편한 자세	• 작업장 재설계/재배치 • 기계/작업물에 더 쉽게 접근할 수 있게 함 • 팔레트 또는 작업대 표면 회전 • 작업이 작업자의 정면에서 실시될 수 있도록 함
	정적인 자세	• 빈번하고 짧은 휴식 • 직무순환/확대
	힘쓰기	• 리프트 테이블 등 자동화 기기 사용
수평으로 몸을 뻗는 경우	힘쓰기 반복 불편한 자세 정적인 자세 접촉 스트레스	• 작업장 재설계 • 작업물을 작업자에게 더 가까이 배치 • 회전 가능한 팔레트, 테이블 제공 • 충분한 공간을 제공하여 작업자가 작업물 주변으로 이동할 수 있도록 함 • 작업물의 크기 축소 • 들기 작업을 하기 전에 작업물을 신체에 더 가까이 배치 • 불필요한 장애물 제거
수직적인 움직임이 무릎 밑 또는 어깨 위쪽에서 이루어지는 경우	힘쓰기 반복 불편한 자세 정적인 자세 접촉 스트레스	• 들어올리고자 하는 물건을 바닥에 놓지 않기 • 높이조절이 가능한 테이블 사용 • 발판 제공 • 허리높이 정도에 작업물 배치 • 작업물에 손잡이 달기

〈표 8-5〉 작업조건 및 위험요소에 따른 개선방안 (계속)

작업조건	위험요소	개선방안
몸을 굽히거나 비트는 경우	힘쓰기 반복 불편한 자세 정적인 자세	• 작업물을 작업에 적합한 높이로 올리기 • 작업자의 위치 낮추기 • 작업자의 정면에서 작업이 이루어질 수 있도록 컨베이어, 이송장치, 슬라이드, 또는 회전식 테이블을 이용하여 물건의 방향 바꾸기
동일한 위치와 자세를 유지하는 경우	불편한 자세	• 직무순환/확대 • 작업물 재배치
	정적인 자세	• 작업물의 중량 줄이기 • 교대작업 실시 • 직무순환/확대 • 빈번하고 짧은 휴식 • 피로 완화 매트 사용 • 발받침대 제공 • 쿠션을 넣은 신발 안창 제공
	힘쓰기	• 균형 잡힌 전동공구 사용 • 들기 작업 보조도구 제공
장시간 앉아 있는 경우	불편한 자세 정적인 자세	• 가끔 일어서기/체조 • 요추 지지대 제공 • 빈번하고 짧은 휴식
	접촉 스트레스	• 의자 주요 부분에 패딩처리 • 높낮이 조절장치 부착
동작을 완성하기 위해서 상당한 힘이 요구되는 경우	힘쓰기	• 동력기구 사용 • 전동 리프팅 기계 사용
	불편한 자세	• 적절한 길이와 형태의 손잡이가 달린 장치를 제공 • 작업물을 작업자에게 더 가까이 배치 • 동작이 원활하도록 작업 설계
	접촉 스트레스	• 손잡이를 완충 재질 및 미끄럼 방지 재질로 싸거나 코팅 • 장갑 착용

〈표 8-5〉 작업조건 및 위험요소에 따른 개선방안 (계속)

작업조건	위험요소	개선방안
운반하는 물건이 무거운 경우	힘쓰기 반복 불편한 자세 정적인 자세 접촉 스트레스	• 중량 경감 • 들기 작업 보조도구 제공 • 리프트 테이블 사용 • 2인 1조의 들기 작업 팀 구성 • 중력 이송원리를 이용 • 마찰의 경감 • 손잡이 제공
운반시 거리가 먼 경우	힘쓰기 반복 불편한 자세 정적인 자세 접촉 스트레스	• 상당 거리의 이동을 제거 또는 감소시키기 위한 공정 변경 • 컨베이어 등을 이용한 운반 • 지게차, 운반차 등 사용 • 바퀴 사용 • 밀기, 끌기, 운반하기를 위한 손잡이 제공
같은 동작의 반복	반복 힘쓰기	• 동력기구 사용 • 직무순환/확대 • 교대작업 실시
	불편한 자세	• 손목 받침대 제공 • 빈번하고 짧은 휴식
	저온	• 따뜻한 곳에서 휴식 취하기 • 손이 위치하는 곳에 난방 제공
진동하는 작업 표면, 기계 또는 차량	진동 힘쓰기	• 진동의 발생원을 차단시킴 • 교대작업 실시 • 진동의 정도를 줄이기 위해 흡진재 사용
	저온	• 추위 차단 • 따뜻한 장소에서 휴식
수동 또는 동력 기구의 사용	힘쓰기 불편한 자세 정적인 자세 접촉 스트레스	• 기구의 중량을 기계・도구를 사용하여 지지하기 • 기구의 균형 확보 • 적합한 크기의 손잡이 사용 • 손잡이에 날카로운 부분이나 손가락이 들어가는 홈을 피함

〈표 8-5〉 작업조건 및 위험요소에 따른 개선방안 (계속)

작업조건	위험요소	개선방안
수동 또는 동력 기구의 사용	진동	• 진동이 적은 기구 사용 • 진동의 발생원을 작업자와 차단시킴 • 기구의 유지·보수
	저온	• 진동의 감소 • 손의 보온 • 손에 바람이 들어오지 않게 함
장갑이 너무 크거나 작은 경우	힘쓰기 접촉 스트레스	• 다양한 크기의 장갑 제공
손을 망치처럼 사용하는 경우	접촉 스트레스 힘쓰기	• 부드러운 방망이 사용 • 유지보수 철저
업무수행 시 손이나 신체를 고정대처럼 사용하는 경우	힘쓰기 정적인 자세 불편한 자세	• 고정대, 클램프 또는 지그 사용 • 교대작업 실시
	접촉 스트레스	• 가장자리를 둥글게 함 • 표면의 패딩 처리
물건이 미끄럽거나 손잡이가 없는 경우	힘쓰기 반복 불편한 자세 정적인 자세	• 알맞은 손잡이 제공 • 미끄러운 물건을 쥐는 데 도움이 되는 장갑 제공
작업대 표면이 너무 높거나 낮은 경우	불편한 자세	• 작업대 높낮이의 조절이 가능하도록 함 • 발받침 등을 사용하여 작업자의 높이를 높이거나 낮춤
	정적인 자세 힘쓰기	• 직무순환/확대 • 작업의 방향 전환 • 빈번하고 짧은 휴식 • 리프트 테이블 등 자동화 기기 사용
	힘쓰기	• 가장자리를 둥글게 하기 • 표면의 패딩처리

〈표 8-5〉 작업조건 및 위험요소에 따른 개선방안 (계속)

작업조건	위험요소	개선방안
작업대의 가장자리 또는 작업물이 피부를 강하게 누르는 경우	접촉 스트레스	• 가장자리를 둥글게 함 • 손잡이를 크게 함 • 표면과 손잡이에 패딩 처리
바닥 표면이 고르지 않거나 미끄럽거나 경사가 있는 경우	힘쓰기 반복 불편한 자세 정적인 자세	• 바닥 표면이 열악한 곳에서의 이동을 피하기 위한 운송작업의 재설계 • 표면처리가 되거나 미끄럼방지 선이 되어 있는 표면에서 작업하기 • 마찰을 개선시키는 신발 제공

2. 인간공학적 의자의 조건

다음은 우리나라 고용노동부에서 제시하고 있는 인간공학적 의자의 조건을 참고한 것이다.

1. 의자의 각 부분(특히 좌판의 높이와 등받이 각도)은 조절 가능해야 하며, 조절은 쉽게 이루어져야 한다.
2. 의자는 안정감이 있어야 하며 이동과 회전이 자유롭되 미끄러지지 않는 구조이어야 한다.
3. 좌판의 높이는 대퇴부를 압박하지 않는 높이로서, 조절 가능한 범위가 35~45cm가 되도록 해야 한다.
4. 좌판의 너비는 큰 사람에게 적합하도록, 폭이 40~45cm 범위가 바람직하다.
5. 좌판의 깊이는 작업자의 등이 등받이에 닿을 수 있도록 38~42cm의 범위로 한다.
6. 좌판은 엉덩이가 앞으로 미끄러지지 않는 재질과 구조로 되어야 한다.

7. 좌판 앞의 가장자리 모양은 평면적인 것보다 밑으로 약간 굽어져야 한다.
8. 등받이는 충분한 너비를 가지고 요추 부위부터 어깨 부위까지 편안하게 지지할 수 있어야 하며, 높이 및 각도의 조절이 가능해야 한다.
9. 필요에 따라 팔걸이가 있는 것을 사용한다. 팔걸이 간의 거리가 너무 멀면 팔이 옆으로 벌어진다. 그리고 팔걸이가 너무 높으면 어깨가 들리며 너무 낮으면 몸을 의도적으로 기댈 때만 사용 가능하므로 어깨가 자연스럽게 유지되는 팔걸이 높이가 적절하다.

요약

작업설계는 작업 방법, 공간, 설비, 기계 및 도구와 주변 환경 등을 개선하거나 새롭게 설계하여 작업의 효율성과 안전성을 높이고자 하는 것이다. 길브레스 부부는 동작의 경제성과 능률 향상을 위한 20가지 원칙을 제안하였으며, 이를 토대로 반즈를 비롯한 여러 사람들이 정리한 것이 동작경제 원칙이다.

동작경제 원칙은 신체 사용에 관한 원칙(9개), 작업장 배치에 관한 원칙(8개), 공구 및 설비 설계에 관한 원칙(5개)으로 분류할 수 있다.

그리고 작업장과 공구 설계 시에 참조할 수 있는 작업조건 및 인체에 부담을 주는 위험요소와 이에 대한 개선방안을 소개하였다. 또한 인간공학적 의자의 조건을 기억할 필요가 있다.

연습문제

1. 동작경제 원칙으로 옳지 않은 것은?
   ① 신체 사용에 관한 원칙, 작업장 배치에 관한 원칙, 공구 및 설비 설계에 관한 원칙으로 분류할 수 있다.
   ② 두 손이 동시에 시작하고 동시에 끝나도록 한다.
   ③ 두 손이 동시에 쉬게 한다.
   ④ 두 팔의 동작은 동시에 서로 반대 방향으로 대칭적으로 움직이게 한다.

2. 동작경제 원칙으로 옳지 않은 것은?
   ① 공구와 자재는 사용하기 쉽게 미리 위치를 잡아준다.
   ② 공구는 작업의 전문성을 위하여 단일기능의 것을 사용한다.
   ③ 페달을 효과적으로 사용할 수 있을 때에는 두 손을 활용한다.
   ④ 손가락이 서로 다른 작업을 할 때에는 각 손가락의 능력에 맞게 작업량을 배분한다.

※ 다음의 설명이 맞으면 ○, 틀리면 ×를 표기하라(3~8).

3. 제한되거나 통제된 동작보다 지속적이고 정밀한 제어가 필요 없는 탄도동작이 빠르고 쉽고 정확하다.

4. 가장 작은 신체부위를 사용하는 높은 등급의 동작을 사용한다.

5. 눈의 초점을 모아야 하는 작업을 피하고 눈의 초점이 모아지는 두 지점 간의 거리를 짧게 한다.

6. 산업안전보건기준에 관한 규칙에 의하면 정밀작업의 권장조도는 150lux 이상이다.

7. 정밀한 작업에서는 작업대가 팔꿈치보다 약간 높게 한다.

8. 의자 좌판 앞의 가장자리 모양은 평면적인 것보다 위로 약간 굽어져야 한다.

9장 작업측정

9장 작업측정

시간은 작업관리에서 중요한 요소 중 하나이다. 그 이유는 제품이나 서비스의 원가 중에서 인건비가 큰 비중을 차지하고 있고, 인건비는 작업시간과 직접적으로 관련되어 있기 때문이다. 작업측정은 작업을 수행하는 데 소요되는 표준시간을 측정하는 것을 의미하며, 시간연구라고도 한다.

작업시간을 측정하는 방법은 직접법과 간접법으로 나눌 수 있다. 직접법은 측정의 대상이 되는 작업을 직접 관찰하여 작업시간을 측정하는 방법이며, 이는 기계식이나 전자식 스톱워치 또는 비디오카메라를 이용하여 연속적인 측정을 하는 스톱워치법과 통계적 샘플링 개념을 응용한 간헐적 측정법인 워크샘플링(12장)으로 나눌 수 있다. 간접법은 작업을 직접 측정하는 대신 사전에 결정된 시간이나 함수식으로부터 표준시간을 추정하는 방법(13장)이다.

본 장에서는 표준시간의 정의, 시간연구법의 구성원과 역할, 그리고 스톱워치법에 대하여 설명한다.

9.1 표준시간

표준시간(standard time)이란 어떤 작업을 수행하는 데 필요한 충분한 숙련도를 보유한 작업자가 표준적인 작업조건과 환경조건 하에서 보통의 작업속도로 작업을 수행하는 데 필요한 시간으로 정의된다. 그러나 표준시간의 정의에 나오는 충분한 숙련도나 보통의 작업속도 등과 같은 기준이 주관적이어서 객관적으로 표준시간을 결정하는 데 어려움이 있다. 표준시간은 해당 기업과 작업자가 처해 있는 사회적, 경제적 여건의 영향을 많이 받으며, 노사 간의 합의에 의해 결정되기도 한다. 따라서 표준시간은 같은 작업이나 유사한 작업이라도 회사에 따라 차이가 있을 수 있다.

표준시간은 공정한 하루 일의 양을 결정하고 일정계획을 수립하는 데 있어 가장 기본적이고 중요한 자료이며, 작업자 임금과 성과급 결정의 기초가 된다. 또한 제품이나 서비스의 원가 추정에 활용되는 등, 모든 경영 활동에 가장 기본적인 정보이다. 표준시간은 보통의 작업속도를 가진 작업자를 대상으로 산정되어야 하며, 그렇지 않은 작업자에 대한 보정은 10장 수행도 평가에서 다룬다. 그리고 생리적인 요구와 작업 시에 발생할 수 있는 여러 예기치 않은 상황이나 불가피한 지연 등을 고려하는 여유시간은 11장에서 설명한다.

9.2 시간연구의 구성원과 역할

시간연구를 효율적으로 수행하려면 시간연구 전에 경영진, 현장감독자, 노동조합, 작업자 등 관련되는 사람들과의 협의를 통하여 협조를 구하여야 신뢰성 있는 표준시간을 구할 수 있다.

1. 시간연구자의 역할

시간연구자는 시간연구를 하기에 앞서 경영진이나 현장감독자는 물론 대상 부서, 작업자, 노동조합에게 시간연구의 목적과 절차를 설명하고 그들의 이해를 구해야 한다. 시간연구에 대한 목적이 잘못 전달되어 회사나 경영진이 현장 작업자들을 감시·감독하는 수단으로 인식된다면 시간연구에 대한 협조가 원활히 이루어지지 않아 올바른 결과물을 도출할 수 없게 된다. 그러므로 시간연구자는 관련되는 사람들에게 시간연구의 목적, 절차, 용도 등에 대하여 정확하게 설명해야 하며, 측정되는 시간을 정확히 기록하고 작업자의 작업 수행도 역시 정직하고 객관적으로 평가해야 한다. 특히, 작업자의 작업 수행도에 대한 주관적인 평가는 논란이 있을 수 있으므로 평가가 완료된 후에 노동조합이나 현장감독자와의 상의를 통하여 합의를 도출하는 것이 좋다.

2. 현장감독자의 역할

현장감독자는 누구보다도 현장에 대한 이해와 작업자에 대한 정보가 많은 사람으로서, 경험이 많고 숙련도가 높아 시간연구의 대상으로 적합한 작업자를 선정하는 데 도움을 줄 수 있다. 현장감독자는 시간연구 시작 전에 작업자에게 시간연구의 목적이나 절차 등에 대한 충분한 정보를 전달해야 한다. 또한, 각 작업의 표준방법에 대한 정보를 시간연구자에게 전달하여 시간연구자가 표준적인 작업방법에 대하여 시간을 측정할 수 있게 한다. 시간연구가 시작되면 각 작업자가 적절한 방법으로 작업을 수행하고 있는지를 확인하고, 시간연구가 종료된 후에는 각 작업의 요소작업들 중 누락된 것이 없는지, 또는 시간연구가 정상적으로 실시되었는지에 대해 확인한다.

3. 작업자의 역할

작업자는 작업을 수행하는 데 있어 불규칙한 행동을 자제하고 안정적인 속도로 작업을 수행함으로써 시간연구자의 연구 수행에 어려움이 없도록 해야 한다. 특히 임의로 작업방법을 수정하거나 고의로 작업속도를 늦추거나 빠르게 하면 시간연구의 결과가 부정확해지고, 그 결과는 작업자에게도 부정적인 영향을 미친다는 것을 인식해야 한다.

9.3 스톱워치법

스톱워치, 타이머, 비디오카메라 등 시간 기록 장치를 사용하여 직접적이며 연속적으로 작업상황을 관찰하여 시간을 기록하는 기법이다. 스톱워치법은 시간연구에서 가장 오래된 기법이며, 전통적인 산업공학 기법의 시초라고 할 수 있다.

이 기법은 반복적인 작업 사이클을 가지는 수작업 중심의 제조업이나 서비스업의 시간측정에 적절하다. 스톱워치법은 적용하기에 시간과 노력이 많이 소요되기 때문에 대상이 되는 작업이 상당 기간 유지되어야 본 방법 적용의 경제적 타당성이 확보된다.

이 기법의 한계점은 다음과 같다.

1. 관측자의 주관적 판단을 필요로 하는 수행도 평가과정을 거쳐야 하므로 그 결과에 논란이 있을 수 있다.
2. 현재 계획 중이거나 미래에 시행될 작업에 대해서는 직접 시간을 측정할 수 없어 표준시간을 산정할 수 없다.

3. 작업측정 중에 작업자가 관측의 대상이 되므로 반감을 느낄 수 있다.
4. 작업측정이 작업에 방해가 될 수 있고, 작업자가 평소 작업대로 작업하지 않을 가능성이 있다.
5. 불규칙하거나 비반복적인 요소가 많은 작업의 측정에는 적합하지 않다.

스톱워치법의 절차는 다음과 같다.

1. 대상 작업자를 선정한다.
2. 대상 작업을 관찰하여 작업을 개선하여 표준적인 작업방법을 정의한다.
3. 대상 작업을 요소작업으로 분할한다.
4. 연구 목적에 따라 설정된 신뢰수준과 허용오차 범위를 만족하는 필요 관측횟수를 결정한다. 이 부분은 9.4절에서 상세히 설명한다.
5. 요소작업별 시간을 측정하고 시간치를 관측용지에 기록한다.
6. 수행도를 평가하여(10장) 정미시간을 구하고, 여유율을 결정한다(11장).
7. 정미시간에 여유시간을 더하여 표준시간을 결정한다.

1. 대상 작업자의 선정

시간연구자는 측정 대상 부서의 이해와 협조를 구하고, 시간연구 대상 작업자를 선정하여 시간연구의 내용을 설명한다. 시간연구 대상 작업자로는 평균 수준의 숙련도 또는 이를 약간 상회하는 수준을 가진 사람이 적합하다. 그 이유는 그러한 작업자가 일반적으로 성실하게 작업을 수행하며, 작업속도가 정상 수준에 가깝기 때문이다. 시간연구의 목적을 잘 이해하고 협조적인 태도를 가지고 있는 사람으로 1~2명 선발한다.

2. 대상 작업의 표준화

현재의 작업방법을 관찰하고 개선하여 표준 작업방법을 도출한다. 이때 공정분석, 작업분석의 개념과 기법들을 활용한다. 도출된 표준 작업방법은 작업 절차, 동작, 사용되는 기계나 도구, 작업장 배치, 불규칙하거나 비반복적인 작업요소, 환경조건 등을 망라하여 상세하게 기술하여 문서화한다. 가능하면 작업 장면을 촬영한 사진이나 동영상을 첨부한다.

3. 요소작업으로 분할

시간연구에서는 대상 작업의 수행에 소요된 전체시간을 측정하지 않고 대상 작업을 작은 단위로 분할한 요소작업으로 나누어 각 요소작업에 소요되는 시간을 측정한다. 따라서 시간연구 시작 전에 현장감독자나 작업자로부터 얻은 정보와 대상 작업에 대한 연구를 통해 시간연구에 적당한 요소작업으로 분할하고, 각 요소작업별 작업방법을 자세히 기록한다.

요소작업으로 분할하는 이유는 다음과 같다.

1. 작업을 가능한 한 작은 단위의 요소작업으로 분할하여 각 요소작업에 대해 기술하면 전체 작업을 보다 더 정확하게 파악할 수 있다.
2. 어떤 요소작업에는 많은 시간이 소요되고, 어떤 요소작업은 시간이 크게 소요되지 않는 등 차이가 발견되어 중요 작업이 무엇인지를 알 수 있다.
3. 작업방법이 부분적으로 바뀌더라도 쉽게 표준시간을 재설정할 수 있다. 변경된 내용이 있다면 변경된 부분만 다시 측정하면 되므로 효율적이다.
4. 작업자가 작업 중에 항상 같은 속도로 작업하지 않을 수 있으며, 작업자의 수행도가 요소작업에 따라 달라질 수 있다. 따라서 작업을 요소작업

으로 구분하고 요소작업별로 수행도를 평가하면 보다 정확하게 대상 작업의 시간연구를 수행할 수 있다.

작업을 요소작업으로 나눌 때 고려해야 하는 사항은 다음과 같다.

1. 측정 범위 내에서 작업을 가능한 작게 구분한다.
2. 반복적인 시간 측정 구간을 일정하게 유지할 수 있도록 선행 요소작업의 종점과 다음 요소작업의 시점, 즉 관측점(breaking-point)을 명확히 정의한다. 이때 일반적으로 시각이나 청각적인 방법을 활용한다. 예를 들어, 왼손으로 너트를 집어 와서 오른손으로 집은 볼트와 함께 조립하는 요소작업이라면, 작업자가 왼손을 뻗어 너트를 잡는 시점을 관측점으로 정의할 수 있다. 그리고 볼트와 너트의 조립 후 다음 공정으로 이동하는 선행 요소작업과 다음 요소작업 간의 관측점을 정의할 때, 완성된 볼트와 너트의 조립품이 부품 용기에 떨어지는 소리로 관측점을 결정할 수 있다.
3. 기계의 작업속도에 따라 수행속도가 일정한 기계 주도의 요소작업과 작업자의 능력이나 노력 정도에 따라 속도가 변하는 작업자 주도의 요소작업으로 구분한다.
4. 1) 작업 내용에 관계없이 일정한 시간이 소요되는 상수 요소작업과 2) 작업의 질적, 양적 내용에 따라 소요시간이 달라지는 변수 요소작업(예: 프레스 시간은 작업량, 재질의 강도, 두께, 정밀도, 모양 등에 따라 달라짐)을 구분한다.

다음 단계인 관측횟수 결정은 9.4절에서 설명한다.

4. 시간 측정 및 기록

관측자는 작업에 방해가 되지 않도록 작업자로부터 1.5~2m 정도 뒤편 옆에 서서 작업을 관측한다. 관측 중 작업자와 대화하지 않으며, 미리 만들어진 관측용지 양식에 측정 시간을 기록한다.

스톱워치를 이용한 시간연구에서 사용되는 대표적인 시간 측정방법은 연속법(continuous method)과 원점법(snapback method)이 있다. 이 외에도 요소작업의 시간이 너무 짧아 측정하기 힘들 때 몇 개의 요소작업을 번갈아 한 그룹으로 묶어서 측정한 후에 연립방정식을 이용하여 시간치를 계산하는 순환법(cycle timing)과 레버를 연결시킨 2~3개의 스톱워치를 사용하여 요소작업이 끝날 때마다 레버를 당겨 시간치를 측정하는 누적법(accumulative timing)이 있다. 여기에서는 일반적으로 사용되는 연속법과 원점법에 대해 설명한다.

(1) 연속법

연속법에서는 작업이 시작되는 시점에서 시계를 작동시킨 후 모든 요소작업의 관측이 끝날 때까지 시계를 멈추지 않는다. 시간연구자는 각 요소작업이 끝나는 시점(관측점)에서 시계를 읽어 누적 시간치를 관측용지에 기록하며 시계는 계속 진행된다. 여러 사이클에 걸쳐 관측하는 경우에도 도중에 시계를 멈추지 않는다.

연속법에 의해 측정된 시간을 관측용지에 기록하는 방법은 다음과 같다.

1. 〈그림 9-1〉에서 R은 수행도 평가계수(5. 수행도 평가와 여유시간 산정에서 설명함), W는 시계에 나타난 시간(watch time), OT는 관측시간(observed time), NT는 정미시간(normal time)(5. 수행도 평가와 여유시간 산정에서 설명함)을 말한다.

시간연구 관측지 양식						작업번호:				작업일:							
						작업: 조립				작업자:				분석자:			
요소작업		1. 왼손으로 너트 가져오기				2. 오른손으로 볼트 가져오기				3. 볼트와 너트 조립하기							
비고	사이클	R	W	OT	NT	R	W	OT	NT	R	W	OT	NT	R	W	OT	NT
	1		5	5			30	25			135	105					
	2		145	10	Ⓐ		166	21			258	92					
	3		$\frac{285}{273}$	12			$\frac{273}{258}$	15			380	95					
너트 점검	4		387	⑦			402	15			M						
	5																
	6																
	7																
	8																
	9																
	10																
요약																	
총 관측시간																	
R(수행도 평가계수)																	
총 정미시간																	
관측횟수																	
평균 정미시간																	
A(여유율)																	
요소작업 표준시간																	
반복횟수																	
표준시간																	
총 표준시간(요소작업 표준시간의 합계)																	

외래요소	W1	W2	OT	비고	
A	137	140	3	물 마심	
B					

〈그림 9-1〉 볼트/너트 조립 작업의 시간 측정 및 기록 예(연속법)

2. 각 요소작업의 관측점에서 측정한 시간을 〈그림 9-1〉과 같은 관측용지의 W란에 기입한다.
3. 관측시간은 해당 요소작업의 시계시간에서 선행 요소작업의 시계시간을 뺀 값이다. 예를 들어 〈그림 9-1〉에서, 두 번째 요소작업인 오른손으로 볼트 가져오기의 첫 번째 사이클의 관측시간(25)은 해당 요소작업의 시계시간(W) 30에서 선행 요소작업인 왼손으로 너트 가져오기의 시계시간(W) 5를 뺀 값이다.
4. 시간연구자의 부주의로 관측점의 시간을 측정하지 못하는 경우에는 W란에 M(missing)을 기입한다. 이 경우 시간연구자가 측정하지 못한 시간을 임의로 추정하여 기록해서는 안 된다.
5. 작업자가 어떤 요소작업을 생략하고 작업을 수행하는 경우에는 관측용지의 W란에 수평선(—)으로 표시한다.
6. 작업자가 요소작업의 순서를 뒤바꾸어 작업을 할 경우에는 순서가 바뀐 요소작업의 W란의 중앙에 수평선(—)을 긋고 선의 분모 부분에는 그 요소작업이 시작된 시간을, 분자 부분에는 종료된 시간을 기록한다(예: 그림 9-1 사이클 3의 $\frac{285}{273}$).
7. 1번 요소작업이 끝나고 2번 요소작업이 시작되어야 하지만, 사이클 3에서는 2번 요소작업이 1번 요소작업보다 먼저 수행되었다. 따라서 2번 요소작업은 시계시간 258에서 시작하여 시계시간 273에서 종료되었으며 ($\frac{273}{258}$), 관측시간은 15(=273 - 258)가 된다. 그리고 1번 요소작업은 시계시간 273에서 시작하여 시계시간 285에서 종료되었으며 ($\frac{285}{273}$), 관측시간은 12(=285 - 273)가 된다.
8. 작업자의 의도와는 관계없이 감독자에 의하거나 기계의 고장 등에 의해 피할 수 없는 지연(unavoidable delay)이 발생하거나 작업자가 의도적으로 휴

식을 취하거나 물을 마시는 등으로 인해 작업이 중단되는 경우가 있는데, 이러한 지연요소를 외래요소(foreign element)라고 한다. 이 경우에는 관측용지의 해당 요소작업의 정미시간(NT)란에 Ⓐ 또는 Ⓑ와 같은 알파벳 문자를 사용하여 표시한 후(그림 9-1 사이클 2의 Ⓐ), 좌측 하단에 있는 외래요소란에 순서대로 시계시간(W1: 외래요소가 시작한 시간; W2: 외래요소가 끝난 시간)과 지속시간(= W2 − W1)을 각각 기록한다.

9. '너트 점검'이나 '너트를 바닥에 떨어뜨린 후 급히 집는 동작', '잠시 땀을 닦는 것'과 같이 시간이 너무 짧아 외래요소의 시간으로 기록이 힘든 경우(약 0.06분 이하)에는 해당 요소작업 시간에 포함시키고, 시간치에 원을 그려서(예: 그림 9-1 사이클 4의 ⑦) 관측된 시간이 정확하지 않음을 표시하고 비고란에 간략한 설명을 기록한다.

연속법은 시간연구 중에 발생하는 모든 요소들을 빠짐없이 기록할 수 있다는 장점이 있다. 발생하는 모든 지연요소와 기타 요소들을 관측지에 표기하므로 신뢰성 있는 관측 결과를 얻을 수 있어 작업자나 노동조합 모두 선호하는 방법이다. 관측 중에 시계를 멈출 필요가 없으므로 짧은 요소작업도 측정이 가능하다. 그러나 스톱워치가 연속적으로 진행되는 상황에서 시간을 기록하기 때문에 정확한 시간을 읽기 위해서는 관측자의 훈련이 요구되고, 각 요소작업별 시간을 구하기 위한 뺄셈이 추가적으로 많이 요구되는 것이 단점이라 할 수 있다.

(2) 원점법

원점법에서는 각 요소작업이 끝날 때마다 시계를 멈추어 시간치를 읽고 시계를 원점(0)으로 되돌린 후, 다음 요소작업의 시간을 같은 방법으로 측정한다. 관측용지의 관측시간(OT) 란에 요소작업 시간을 바로 기록하기 때문에 각 요소작업의 시간을 관측 중에 즉시 알 수 있는 장점이 있다. 따라서 원점법은 관측용지의 시계시간(W) 란을 사용하지 않는다. 각 요소작업이 끝난 후 시계를 멈추고 다시 시계를 작동하므로 요소작업의 시간이 긴 경우에 사용하는 것이 유리하다. 반면 시계를 원점으로 되돌릴 때 시간손실이 있을 수 있어서 짧은 요소작업(0.04분 이하)에 대해서는 연속법이 권장된다.

5. 수행도 평가와 여유시간 산정

관측이 끝나면 다음 단계에서는 관측대상 작업자의 작업속도를 정상속도 또는 표준속도와 비교하여 보정하는 과정인 수행도 평가가 필요하다. 이 과정을 평준화(levelling) 또는 정상화(normalizing)라고도 한다. 여기서 평가계수는 (표준 작업속도 ÷ 실제 작업속도)로 정의되며, 작업속도는 단위 생산량당 소요시간으로 표시한다. 실제 작업속도가 표준 작업속도보다 빠르면 평가계수는 1보다 큰 값이 된다. 예를 들어, 제품 1대 생산에 10분이 소요되는 것이 표준적이나 실제 작업속도는 대당 5분이 소요되었다고 가정하자. 이 경우에 평가계수는 2가 된다. 반면에 관측된 작업속도가 표준 작업속도보다 느리면 평가계수는 1보다 작은 값이 된다.

평가계수가 1보다 큰(작은) 경우는 관측대상 작업자의 작업속도가 표준보다 빠르다(늦다)는 것을 의미하여, 측정된 시간치가 표준보다 작게(크게) 나오게 되므로 측정된 시간치에 1보다 큰(작은) 값을 곱하여 측정된 시간치를 크게(작게) 해주는 것이다.

측정된 시간치에 수행도 평가계수 값을 곱한 것을 정미시간(normal time)이라고 하며, 10장에서 상세히 다룬다.

$$정미시간 = 관측시간의\ 평균치 \times 평가계수 \quad (9.1)$$

마지막으로 표준시간을 산정하기 위해서는 인적 여유, 피로여유, 불가피한 지연에 따른 여유와 기타 여유를 고려하여야 한다. 표준시간은 정미시간에 여유시간을 더하여 구한다.

$$표준시간 = 정미시간 + 여유시간 \quad (9.2)$$

여유시간을 고려하여 표준시간을 결정하는 과정은 11장에서 설명한다. 이상의 과정을 요약하면 〈그림 9-2〉와 같다.

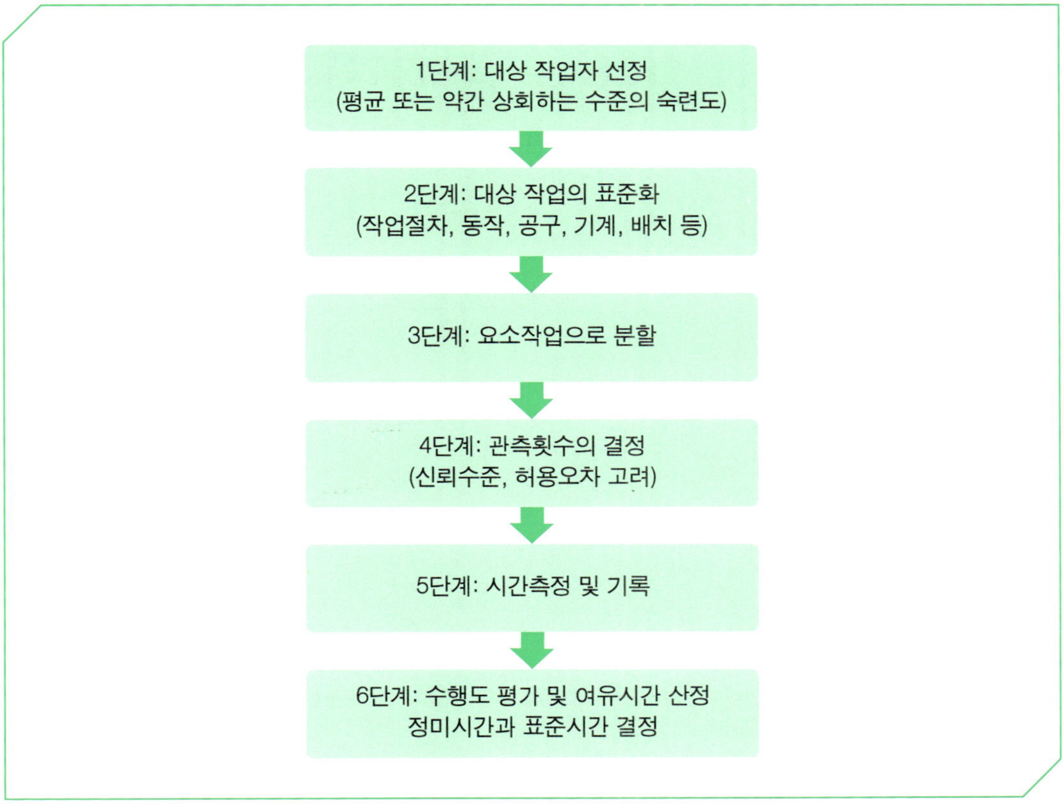

〈그림 9-2〉 시간연구의 절차

9.4 관측횟수의 결정 (본 절은 통계적 기초지식이 필요함)

작업자가 요소작업을 수행하는 시간은 매 작업 사이클마다 일정하지 않고 조금씩 차이가 날 수 있다. 그 이유는 작업자의 동작이 사이클별로 완전하게 동일하지 않고, 재료나 공구 등의 위치도 조금씩 다르며 관측자가 시계를 읽을 때 측정오차가 발생할 수 있기 때문이다. 이러한 차이를 보정하기 위하여 반복측정이 필요하며 관측횟수가 증가할수록 결과의 정확도가 높아지나 비용이 많이 들게 된다.

정확하게 관측횟수를 결정하기 위해서는 통계적 방법을 이용한다. 어떤 요소작업의 시간(X) 분포가 모평균이 μ, 분산이 σ^2인 정규분포를 따른다고 가정하고, 총 N회의 관측을 하여 각 요소작업의 시간분포의 모평균인 μ를 추정하는 문제를 생각해본다. 만약 모분산 σ^2값을 모른다면 n회의 예비조사의 결과로부터 표본평균($\overline{X}$)과 표준편차(S)를 구한다.

$$\overline{X} = \frac{\Sigma X_i}{n} \tag{9.3}$$

$$S = \sqrt{\frac{\Sigma(X_i - \overline{X})^2}{n-1}} \tag{9.4}$$

그러면 모평균 μ의 $100(1-\alpha)\%$ 신뢰구간은 t-분포를 이용하여 다음과 같이 구해진다.

$$\overline{X} - t_{\frac{\alpha}{2},n-1}\frac{S}{\sqrt{n}} \le \mu \le \overline{X} + t_{\frac{\alpha}{2},n-1}\frac{S}{\sqrt{n}} \tag{9.5}$$

여기서 $t_{\frac{\alpha}{2},n-1}\frac{S}{\sqrt{n}}$를 허용오차(maximum allowable error)라고 하고 E로 표시한다. 그러면 원하는 관측횟수는 식 (9.6)과 같이 표현된다.

$$N = \left(t_{\frac{\alpha}{2},n-1} \times \frac{S}{E}\right)^2 \tag{9.6}$$

식 (9.6)에 따르면 표준편차와 신뢰수준이 클수록, 허용오차가 작을수록 관측횟수가 커진다. 허용오차는 절대 허용오차 또는 상대 허용오차로 구분할 수 있다. 절대 허용오차는 시간치로 직접 주어지며(예: 10초), 상대 허용오차는 기준치의 비율(예: 평균 관측시간의 5%)로 주어진다.

위에서 설명한 통계적 방법을 이용한 관측횟수 결정 절차를 정리하면 다음과 같다.

1. 대상 작업의 특성 및 시간연구의 목적을 고려하여 신뢰수준과 허용오차를 결정한다.
2. 임의로 n번(예: 10회 또는 15회) 예비관찰을 하여 각 요소작업의 시간을 측정한다.
3. 각 요소작업의 표준편차를 계산하여 이 중 S/E의 최대치를 찾는다.
4. S/E의 최대치에 대한 필요 관측횟수 N을 계산한다(소수점 이하 반올림). 여기서 N > n이면 N − n만큼 추가 관측을 실시하고, N ≤ n이면 현재의 관측횟수가 충분하므로 추가 관측이 필요 없다.

예제 9-1

아래 표는 3개의 요소작업으로 구성된 작업을 10회 관측한 결과이다. 신뢰수준은 95%, 상대 허용오차는 평균 관측시간의 5%라고 결정하였다면 몇 회의 관측이 필요한가?

(단위: 분)

요소작업 \ 반복	1	2	3	4	5	6	7	8	9	10
요소작업 1	0.07	0.09	0.06	0.07	0.08	0.08	0.07	0.08	0.09	0.07
요소작업 2	0.12	0.13	0.12	0.12	0.11	0.13	0.12	0.11	0.13	0.12
요소작업 3	0.56	0.57	0.55	0.56	0.57	0.56	0.54	0.56	0.56	0.55

각 요소작업시간의 평균, 표준편차와 허용오차는 다음과 같다.

요소작업 \ 계산값	$\bar{X}$	S	E	S/E
요소작업 1	0.076	0.0097	0.0038	2.542
요소작업 2	0.121	0.0074	0.0061	1.210
요소작업 3	0.558	0.0092	0.0279	0.329

요소작업 중 S/E의 최대치는 요소작업 1이 되며, $t_{0.025,9} = 2.262$를 이용하여 관측횟수를 계산한다.

$$N = \left(t_{\frac{\alpha}{2},n-1} \times \frac{S}{E}\right)^2 = (2.262 \times 0.0097 \div 0.0038)^2 \fallingdotseq 33.3$$

따라서 총 34회가 필요 관측횟수임을 알 수 있고, 이미 10회를 관측하였으므로 24회의 추가 관측이 요구된다.

요약

표준시간이란 작업 수행에 필요한 충분한 숙련도를 가진 작업자가 주어진 작업조건과 환경조건 하에서 보통의 작업속도로 작업을 수행하는 데 필요한 시간으로 정의된다.

시간연구를 실시하기 위한 구성원으로는 시간연구자, 현장감독자, 그리고 작업자가 있으며, 각 구성원들의 역할이 잘 이루어지고 관련 구성원들 간의 합의가 이루어져야 시간연구의 결과물인 표준시간에 대한 신뢰를 얻을 수 있다.

스톱워치법의 절차는 다음과 같다.

1. 대상 작업자를 선정한다.
2. 대상 작업을 관찰하여 작업을 개선하여 표준적인 작업방법을 정의한다.
3. 대상 작업을 요소작업으로 분할한다.
4. 연구 목적에 따라 설정된 신뢰수준과 허용오차 범위를 만족하는 필요 관측횟수를 결정한다.
5. 요소작업별 시간을 측정하고 시간치를 관측용지에 기록한다.
6. 수행도를 평가하여(10장) 정미시간을 구하고, 여유율을 결정한다(11장).
7. 정미시간에 여유시간을 더하여 표준시간을 결정한다.

스톱워치를 사용하는 대표적인 측정방법으로 연속법과 원점법이 있다. 연속법은 작업이 시작되는 시점에서 시계를 작동시킨 후 모든 요소작업의 관측이 끝날 때까지 시계를 멈추지 않는 방법으로 측정한다. 원점법은 각 요소작업이 끝날 때마다 시계를 멈추어 시간치를 읽고 시계를 원점(0)으로 되돌린 후, 다음 요소작업의 시간을 같은 방법으로 측정한다. 각 측정방법은 장점과 단점이 있으므로 대상작업의 특성에 맞게 측정방법을 선택하여야 한다.

연습문제

1. 표준시간의 용도와 관계없는 것은?

   ① 생산계획 수립 ② 작업자 정원 산정

   ③ 생산성 측정 ④ 자재구매 시 단가견적

2. A~D 중 시간연구에 대하여 맞는 것은?

   > A. 정미시간은 일정계획에 사용된다.
   >
   > B. 평균 관측시간×평가계수=정미시간이다.
   >
   > C. 표준시간이 현장에서 사용되는 최종값이다.
   >
   > D. 표준시간은 스톱워치를 이용해 실제로 측정한 시간이다.

   ① B, C ② A, B, C ③ A, B, C, D ④ 모두 틀림

3. 스톱워치법 중 첫 번째 요소작업 때 시계를 가동하여 모든 요소작업이 끝날 때 정지하며 시간연구 중 발생하는 모든 사항들을 기록할 수 있는 관측법은?

   ① 원점법 ② 연속법 ③ 누적법 ④ 순환법

4. 표준시간의 구성요소가 아닌 것은?

   ① 작업할당시간 ② 여유시간

   ③ 수행도 평가 ④ 관측시간

5. 표준시간에 대한 설명으로 적절하지 않은 것은?

   ① 아주 숙련된 작업자가 특정의 작업속도로 수행하는 작업시간이다.

   ② 표준시간에는 여유율의 개념이 포함되어 있다.

   ③ 표준시간에는 수행도 평가값이 포함되어 있다.

   ④ 현재 작업방법을 개선한 후에 측정해야 한다.

※ 다음의 설명이 맞으면 ○, 틀리면 ×를 표기하라(6~7).

6. 시간연구의 대상으로 평균 숙련도 또는 이를 다소 상회하는 작업자를 선정한다.

7. 동일한 신뢰수준 하에서 허용오차를 2배 줄이면 작업측정의 횟수는 2배 증가해야 한다.

8. 시간연구 수행 중 감독자에 의하여 불가피하게 지연되거나, 기계의 고장, 작업자의 휴식, 물의 섭취 등으로 인해 작업이 중단되는 등과 같은 것을 무슨 요소라고 하는가?

9. 다음 시간치는 어느 요소작업을 10회 관측한 자료이다. 신뢰수준 90%, 상대 허용오차는 평균의 5%를 만족시키는 관측횟수를 구한 뒤, 몇 회 더 추가로 관측해야 하는지 설명하라($t_{0.1,10}$=1.372, $t_{0.1,9}$=1.383, $t_{0.05,10}$=1.812, $t_{0.05,9}$=1.833).

(단위: 분)

1회	2회	3회	4회	5회	6회	7회	8회	9회	10회
0.35	0.33	0.40	0.37	0.34	0.32	0.39	0.30	0.39	0.41

10장 수행도 평가

10장
수행도 평가

본 장에서는 시간연구에서 측정된 시간치에 대한 보정을 다루는 수행도 평가를 다룬다. 수행도 평가의 필요성을 알아보고, 수행도 평가 방법들 중에서 속도평가법, 웨스팅하우스 평가법, 객관적 평가법, 합성평가법을 설명하며, 수행도 평가 훈련을 소개한다.

10.1 수행도 평가의 필요성 및 정의

작업자가 작업을 완수하는 데 소요되는 시간은 작업 수행방법(동작, 장비, 작업환경 등)뿐만 아니라, 작업자의 육체적 또는 정신적 능력이나 상황 등에 따라 달라질 수 있다. 따라서 숙련도가 낮은 작업자가 최선을 다해 작업을 하더라도 표준적인 숙련도를 가진 작업자가 정상 작업속도로 작업을 수행하는 것보다 느릴 수 있다. 따라서 시간연구를 할 때 미숙련자를 대상으로 시간을 측정했다면 표준시간 설정을 위해서는 측정된 시간치를 줄여야 한다. 반대로 숙련도가 높은 작업자를 대상으로 측정했다면 표준시간 설정을 위해서는 측정된 시간치를 늘려야 한다. 이러한 보정작업을 수행도 평가(performance rating)라고 한다.

즉, 수행도 평가는 관측된 작업속도를 정상 작업속도 또는 표준 수행도와 비교하여 보정하는 작업을 말한다. 표준 수행도란 숙련된 표준적인 작업자가 너무 빠르지도 느리지도 않은 속도로 하루 일과 중에 그 속도를 유지할 수 있는 수준을 말한다. 국제노동기구(ILO)에서는 수행도 평가를 '관측자가 표준속도라고 마음속에 가지고 있는 속도와 작업자의 작업속도를 비교하는 것'으로 정의하고 있다.

수행도 평가계수는 식 (10.1)과 같이 정의되며, 평가계수를 평균 관측시간에 곱하여 정미시간(normal time: NT)을 산출한다(식 10.2). 실제 작업속도가 표준 작업속도보다 빠르면 평가계수는 1보다 큰 값이 된다. 예를 들어, 제품 1대 생산에 10분이 소요되는 것이 표준적이나 실제 작업속도는 대당 5분이 소요되었다고 가정하자. 이 경우에 평가계수는 2가 된다. 반면에 관측된 작업속도가 표준 작업속도보다 느리면 평가계수는 1보다 작은 값이 된다.

평가계수가 1보다 큰(작은) 경우는 관측대상 작업자의 작업속도가 표준보다 빠르다(늦다)는 것을 의미하며, 측정된 시간치가 표준보다 작게(크게) 나오게 되므로 측정된 시간치에 1보다 큰(작은) 값을 곱하여 측정된 시간치를 크게(작게) 해주는 것이다.

$$\text{평가계수(R)} = \text{표준 작업속도} \div \text{실제 작업속도} \tag{10.1}$$

$$\text{정미시간(NT)} = \text{평균 관측시간} \times \text{평가계수(R)} \tag{10.2}$$

* 작업속도는 단위생산량당 소요시간으로 표시함.

수행도 평가는 표준시간을 산정하는 데 반드시 필요한 중요한 요소이기는 하나, 객관적으로 결정하기가 어려워 관측자의 경험이나 훈련을 통한 주관적 판단에 의존할 수밖에 없다. 따라서 항상 비판 및 논쟁의 여지를 가지고 있으며, 시간연구 절차 중 가장 어려운 부분이라 할 수 있다.

10.2 수행도 평가 방법

1. 속도평가법

속도평가법(speed rating)은 작업속도를 기준으로 수행도를 평가하는 방법으로, 간단하며 유용하기는 하지만 작업자 또는 작업에 따라 다소 평가가 다르게 나올 수 있다. 즉, 초보 작업자는 빠르게 작업하고 있는 것처럼 보이나 서투르기 때문에 작업 성취도가 낮을 수 있고, 반대로 숙련자의 경우는 보통의 속도로 작업을 하는 것처럼 보이나 작업 성취도가 높은 경우가 있다. 또한 복잡한 자동차나 기계의 엔진 부품을 조립하는 작업의 속도는 간단한 제품의 조립공정의 속도에 비해 느리게 평가될 수 있다. 이렇듯 작업자의 숙련도나 작업내용, 작업의 난이도 등에 따라 작업속도가 달라질 수 있다. 따라서 속도평가법에서는 관측자가 평가 전에 작업내용을 충분히 파악하여 작업난이도에 상응하는 표준속도를 마음속에 그린 다음, 표준속도와 작업자의 속도를 비교하여 평가해야 한다.

수행도 평가 후 관측지에 기입하는 방법은 대상 요소작업의 작업시간에 따라 두 가지가 있다. 첫 번째, 작업시간이 짧고 반복적인 요소작업(예: 그림 10-1의 요소작업 1과 요소작업 2)에 대해서는 각 요소작업별로 수행도를 평가하지 않고 전체적인 수행도를 평가하고 관측용지 하단부에 있는 '요약—R(평가계수)'란에 그 값을 기록한다. 이러한 작업은 시간연구 중에 작업자의 수행도 변화가 크지 않을 것으로 예상되며, 작업시간이 짧아 정확하게 관측하고 평가하기 어렵고 각 요소작업별로 수행도 평가를 하기에는 시간이 촉박하기 때문이다. 두 번째, 요소작업의 시간이 긴 경우(약 0.1분 이상)에는 각 요소작업에 대해 수행도를 평가하여 관측용지 '요소작업—R'에 평가계수

시간연구 관측지 양식						작업번호:				작업일:							
						작업: 조립				작업자:				분석자:			
요소작업		1. 왼손으로 너트 가져오기				2. 오른손으로 볼트 가져오기				3. 볼트와 너트 조립하기							
비고	사이클	R	W	OT	NT	R	W	OT	NT	R	W	OT	NT	R	W	OT	NT
	1			5				10		100		25					
	2			10				11		95		30					
	3			7				10		97		27					
	4			8				10		99		28					
	5			8				11		110		18					
	6			5				9		100		25					
	7			6				9		100		26					
	8			7				7		120		17					
	9																
	10																
요약																	
총 관측시간																	
R(평가계수)		110				90				—							
총 정미시간																	
관측횟수																	
평균 정미시간																	
A(여유율)																	
요소작업 표준시간																	
반복횟수																	
표준시간																	
총 표준시간(요소작업 표준시간의 합계)																	
외래요소		W1	W2	관측시간		비고											
A																	
B																	

〈그림 10-1〉 볼트/너트 조립 작업의 예

를 기록하고 '요약—R(평가계수)'란에 '-'를 기입한다.

2. 웨스팅하우스 평가법

널리 알려진 수행도 평가 시스템인 웨스팅하우스(Westinghouse) 평가법은 속도만을 고려하는 속도평가법과는 달리 숙련도, 노력, 작업환경/조건과 일관성의 네 가지 요소를 고려하여 평가한다. 각 요소들에 대한 최우수~매우 부족 등 6개의 등급과 등급별 계수가 〈표 10-1〉에 제시되어 있다. 최종 수행도 평가계수는 숙련도, 노력, 작업환경/조건, 일관성의 백분율 계수를 합한 값에 1을 더하여 구한다.

〈표 10-1〉 웨스팅하우스 평가법의 평가계수

구분	숙련도		노력		작업환경/조건		일관성	
최우수	A1	+0.15	A1	+0.13	A	+0.06	A	+0.04
	A2	+0.13	A2	+0.12				
우수	B1	+0.11	B1	+0.10	B	+0.04	B	+0.03
	B2	+0.08	B2	+0.08				
양호	C1	+0.06	C1	+0.05	C	+0.02	C	+0.01
	C2	+0.03	C2	+0.02				
보통	D	0.00	D	0.00	D	0.00	D	0.00
부족	E1	−0.05	E1	−0.04	E	−0.03	E	−0.02
	E2	−0.10	E2	−0.08				
매우 부족	F1	−0.16	F1	−0.12	F	−0.07	F	−0.04
	F2	−0.22	F2	−0.17				

숙련도 평가기준으로는 머뭇거림의 정도, 동작의 정확성, 실패, 부적절한 동작이나 작업에 의한 중지, 자신감의 정도, 조화나 리듬 등이 있다. 숙련도는 +15%(최우수)~-22%(매우 부족) 사이의 백분율로 표시된다. 노력은 작업을 효과적으로 수행하기 위한 작업자의 의지이며, +13%(최우수)~-17%(매우 부족)로 평가된다. 작업조건은 온도, 습도, 통풍 및 환기, 조명, 소음 등과 같이 작업자에게 영향을 주는 환경적인 조건이다. 재료나 장비의 부재나 문제점 등과 같이 작업 자체에 영향을 주는 요인은 포함시키지 않는다. +6%(최우수)~-7%(매우 부족)의 범위를 갖는다. 작업자의 일관성은 앞서 설명한 숙련도, 노력, 작업환경의 세 요소에 많은 영향을 받는 요소이기 때문에, 위 세 가지 요소의 평가가 '보통' 이상일 경우 일관성 또한 '보통' 이상으로 평가한다. 이러한 중복성으로 인해 일관성은 다른 세 가지 평가계수보다 다소 작게 되며 +4%(최우수)~-4%(매우 부족)의 값을 갖는다.

예제 10-1

볼트와 너트를 조립하는 어떤 작업이 숙련도 우수(B1), 노력 우수(B2), 작업환경/조건 양호(C), 일관성 양호(C)로 평가되었다면, 수행도 평가계수는 $0.11+0.08+0.02+0.01+1=1.22$가 된다. 즉, 수행도는 122%(보통 수행도보다 22%만큼 우수)로 평가된다.

3. 객관적 평가법

먼델(M. E. Mundel)과 대너(D. L. Danner)(1994)의 수행도 평가법은 중량물 취급 작업이나 정밀성을 요구하는 작업 등과 같은 작업을 위하여 개발되었다. 먼델은 기존의 속도평가법을 주관적 평가법이라고 하고, 속도평가법에 비하여 일관성 있는 평가계수를 산출하는 자신의 방법을 객관적 평가법으로 명명하였다. 평가 절차는 다음과 같다.

1. 우선 작업의 난이도와 특성 등을 고려하지 않고 동작의 속도만을 고려하여 표준속도를 정하여 실제 작업속도와 비교하여 평가한다. 이 단계를 1차 평가라 하며, 여기서 평가된 속도계수를 1차 조정계수라고 한다.
2. 다음 2차 평가에서는 작업의 난이도나 특성을 평가하여 2차 조정계수(난이도계수)를 구하고, 아래 여섯 가지 요소에 대하여 평가한다. 각 요소별 평가계수는 여러 실험 결과를 바탕으로 〈표 10-2〉에 제시되어 있다.

   1. 신체부위의 사용
   2. 페달의 사용
   3. 두 손의 사용
   4. 눈과 손의 조화
   5. 물자 취급 시 요구사항
   6. 중량 또는 저항의 크기

속도에 대한 1차 평가와 난이도를 고려한 2차 평가를 통하여 각각 조정계수를 구한 다음, 아래 식에 따라 최종 평가계수와 정미시간을 각각 구할 수 있다.

$$\text{평가계수} = \text{속도계수(1차 조정계수)} \times \text{난이도계수(2차 조정계수)} \qquad (10.3)$$

$$\text{정미시간(NT)} = \text{평균 관측시간} \times \text{평가계수} \qquad (10.4)$$

〈표 10-2〉 객관적 평가법: 2차 조정계수

구분	요소	문자	조건	조정계수	비고
1	사용 신체 부위	A	힘주지 않고 손가락만 사용	0	
		B	손목, 손가락 사용	1	
		C	팔꿈치, 손목, 손가락 사용	2	
		D	팔 사용	5	
		E	몸통 사용	8	
		E2	다리 힘으로 바닥으로부터 들어 올림	10	
2	페달 사용	F	페달이 없거나, 발 밑에 버팀대가 있는 한 개 페달 사용	0	
		G	버팀대가 발 밖에 있는 페달(들) 사용	5	
3	두 손 사용	H	두 손이 서로 돕거나 교대로 사용됨	0	
		H2	동일 부품에 두 손이 동시에 같이 작업함	18	
4	눈과 손의 조화	I	조잡한 작업, 눈으로 보지 않고 주로 감각으로 작업함	0	거의 볼 필요가 없음
		J	적당히 보면서 작업함	2	가끔 주변 확인
		K	집중할 필요 없으나 지속적으로 주시함	4	지속적으로 주변 확인
		L	주의 깊게 비교적 집중이 필요함	7	작업 중심점을 주의깊게 살핌
		M	시각 1/64인치(0.04cm) 이내	10	바느질 작업과 유사
5	취급 요구 사항	N	거칠게 취급할 수 있음	0	의식적으로 근육의 힘을 조절할 필요가 없는 물품
		O	적당히 조심하여 취급	1	꽉 쥐어도 되고, 부딪쳐도 되는 물품
		P	조심해서 취급, 세게 쥘 수는 있음	2	부딪쳐서는 안 되는 물품
		Q	조심스럽게 취급	3	부주의하거나 힘을 많이 주면 파손되는 물품
		R	깨지기 쉬운 물품 취급	5	보통의 손가락 힘으로도 파손되기 쉬운 물품
6	중량		실제 중량 또는 저항 사용	〈표 10-3〉 사용	

〈표 10-3〉 객관적 평가법: 중량 또는 저항 조정계수

$$r(\%) = \frac{\text{1차 조정된 해당 요소작업 시간}}{\text{1차 조정된 사이클타임}} \times 100$$

중량, 저항 lb/회	r≤5%인 경우 기본값	r>5%인 경우, 기본값에 더해줄 값														계수의 상한
		r−5														
		1	2	3	4	5	6	7	8	9	10	20	30	40	45	
1	1															1
2	2															2
3	3															3
4	3															3
5	4	20파운드 미만은 기본치르만 조정														4
6	5															5
7	7															7
8	8															8
9	9															9
10	11															11
11	12	조정계수는 최종적으로 반올림하여 사용														12
12	13															13
13	14															14
14	15															15
15	16															16
16	17															17
17	18															18
18	19															19
19	20															20
20	21	0.0	0.1	0.1	0.2	0.2	0.3	0.3	0.4	0.4	0.5	1.0	1.3	1.7	2.0	23
21	22	0.0	0.1	0.1	0.2	0.2	0.3	0.3	0.4	0.4	0.5	1.0	1.3	1.7	2.0	24
22	23	0.1	0.1	0.2	0.3	0.3	0.4	0.5	0.5	0.6	0.7	1.3	2.0	2.8	3.0	26
23	24	0.1	0.2	0.3	0.4	0.4	0.5	0.6	0.7	0.8	0.9	1.8	2.7	3.6	4.0	28
24	25	0.1	0.2	0.3	0.4	0.6	0.7	0.8	0.9	1.0	1.1	2.2	3.3	4.4	5.0	30
25	26	0.1	0.3	0.4	0.5	0.7	0.8	0.9	1.1	1.2	1.3	2.7	4.0	5.3	6.0	32
26	27	0.2	0.3	0.5	0.6	0.8	0.9	1.1	1.2	1.4	1.6	3.1	4.7	6.2	7.0	34

〈표 10-3〉 객관적 평가법: 중량 또는 저항 조정계수(계속)

중량, 저항 lb/회	r≤5%인 경우 기본값	r>5%인 경우, 기본값에 더해줄 값														계수의 상한
		r−5														
		1	2	3	4	5	6	7	8	9	10	20	30	40	45	
27	28	0.2	0.4	0.5	0.7	0.9	1.1	1.2	1.4	1.6	1.8	3.6	5.3	7.1	8.0	36
28	29	0.2	0.4	0.6	0.8	1.0	1.2	1.4	1.6	1.8	2.0	4.0	6.0	8.0	9.0	38
29	30	0.2	0.4	0.7	0.9	1.1	1.3	1.6	1.8	2.0	2.2	4.4	6.7	8.9	10.0	40
30	31	0.2	0.5	0.7	1.0	1.2	1.5	1.7	2.0	2.2	2.4	4.9	7.3	9.7	11.0	42
31	31	0.3	0.6	0.9	1.2	1.5	1.9	2.2	2.5	2.7	3.1	6.2	9.3	12.4	14.0	45
32	32	0.3	0.7	1.0	1.3	1.7	2.0	2.3	2.7	3.0	3.2	6.7	10.0	13.3	15.0	47
33	33	0.4	0.7	1.1	1.4	1.8	2.1	2.5	2.8	3.2	3.6	7.1	10.6	14.2	16.0	49
34	34	0.4	0.8	1.2	1.6	2.0	2.4	2.8	3.2	3.6	4.0	8.0	12.0	16.0	18.0	52
35	34	0.4	0.9	1.3	1.8	2.2	2.7	3.1	3.6	4.0	4.4	8.9	13.3	17.8	20.0	54
36	35	0.5	1.0	1.5	2.0	2.4	2.9	3.4	3.9	4.4	4.9	9.7	14.7	20.0	22.0	57
37	36	0.5	1.1	1.6	2.1	2.7	3.2	3.7	4.3	4.8	5.3	10.7	16.0	21.4	24.0	60
38	36	0.6	1.2	1.7	2.3	2.9	3.5	4.0	4.6	5.2	5.8	11.6	17.3	23.1	26.0	62
39	37	0.6	1.2	1.9	2.5	3.1	3.7	4.4	5.0	5.6	6.2	12.4	18.7	24.9	28.0	65
40	37	0.7	1.4	2.1	1.8	3.4	4.1	4.8	5.5	6.2	6.9	13.8	20.7	27.6	31.0	68
41	38	0.7	1.5	2.2	2.9	3.7	4.4	5.1	5.9	6.6	7.3	14.7	22.0	29.3	33.0	71
42	38	0.8	1.6	2.4	3.2	4.0	4.8	5.6	6.4	7.2	8.0	16.0	24.0	32.0	36.0	74
43	39	0.8	1.7	2.5	3.4	4.2	5.1	5.9	6.8	7.6	8.4	16.9	25.3	33.8	38.0	77
44	40	0.9	1.8	2.7	3.6	4.4	5.3	6.2	7.1	8.0	8.9	17.8	26.6	35.6	40.0	80
45	40	1.0	1.9	2.9	3.8	4.8	5.7	6.7	7.6	8.6	9.6	19.1	28.7	38.2	43.0	83
46	41	1.0	2.0	3.0	4.0	5.0	6.0	7.0	8.0	9.0	10.0	20.0	30.0	40.0	45.0	86
47	42	1.0	2.1	3.1	4.2	5.2	6.3	7.3	8.4	9.4	10.5	20.9	31.3	41.8	47.0	89
48	42	1.1	2.2	3.3	4.4	5.6	6.7	7.8	8.9	10.0	11.1	22.2	33.3	44.4	50.0	92
49	43	1.2	2.3	3.5	4.6	5.8	6.9	8.1	9.2	10.4	11.6	23.1	34.7	46.2	52.0	95
50	43	1.2	2.4	3.7	4.9	6.1	7.3	8.6	9.8	11.0	12.2	24.4	36.7	48.9	55.0	98
51	44	1.3	2.5	3.8	5.1	6.3	7.6	8.9	10.1	11.4	12.7	25.4	38.0	50.7	57.0	101
52	44	1.3	2.7	4.0	5.3	6.7	8.0	9.3	10.7	12.0	13.3	26.7	40.0	53.3	60.0	104
53	45	1.4	2.8	4.1	5.5	6.9	8.3	9.6	11.0	12.4	13.8	27.6	41.3	55.1	62.0	107
54	46	1.4	2.8	4.3	5.7	7.1	8.5	10.0	11.4	12.8	14.2	28.4	42.6	56.9	64.0	110

〈표 10-3〉 객관적 평가법: 중량 또는 저항 조정계수(계속)

중량, 저항 lb/회	r≤5% 인 경우 기본값	r>5%인 경우, 기본값에 더해줄 값														계수의 상한
		r−5														
		1	2	3	4	5	6	7	8	9	10	20	30	40	45	
55	46	1.5	3.0	4.5	6.0	7.4	8.9	10.4	11.9	13.4	14.9	29.8	44.6	59.5	67.0	113
56	47	1.6	3.1	4.7	6.2	7.8	9.3	10.9	12.4	14.0	15.6	31.3	46.6	62.2	70.0	117
57	47	1.6	3.2	4.9	6.5	8.1	9.7	11.4	13.0	14.6	16.2	32.4	48.6	64.9	73.0	120
58	48	1.7	3.4	5.1	6.8	8.4	10.1	11.8	13.5	15.2	16.9	33.8	50.7	67.6	76.0	124
59	48	1.8	3.5	5.3	7.0	8.8	10.5	12.3	14.1	15.8	17.6	35.1	52.7	70.2	79.0	127
60	49	1.8	3.6	5.4	7.2	9.0	10.8	12.6	14.4	16.2	18.0	36.0	54.0	72.0	81.0	130
61	50	1.9	3.7	5.6	7.5	9.3	11.2	13.1	14.9	16.8	18.7	37.4	57.0	74.7	84.0	134
62	50	1.9	3.9	5.8	7.7	9.7	11.6	13.5	15.5	17.4	19.3	38.7	58.0	77.3	87.0	137
63	51	2.0	4.0	5.9	7.9	9.9	11.9	13.8	15.8	17.8	19.8	39.6	59.4	79.9	89.0	140
64	51	2.1	4.1	6.2	8.3	10.3	12.4	14.5	16.5	18.6	20.6	41.3	62.0	82.7	93.0	144
65	52	2.1	4.2	6.3	8.4	10.6	12.7	14.8	16.9	19.0	21.1	42.2	63.3	84.5	95.0	147
66	53	2.2	4.3	6.5	8.6	10.8	12.9	15.1	17.3	19.4	21.6	43.1	64.6	86.2	97.0	150
67	53	2.2	4.5	6.7	9.0	11.2	13.5	15.7	17.9	20.2	22.4	44.8	67.3	89.8	101.0	154
68	54	2.3	4.6	6.9	9.2	11.4	13.7	16.0	18.3	20.6	22.9	45.7	68.6	91.6	103.0	157
69	54	2.4	4.7	7.1	9.4	11.8	14.1	16.5	18.8	21.2	23.6	47.1	70.6	94.2	106.0	160
70	55	2.4	4.8	7.3	9.7	12.1	14.5	17.0	19.4	21.8	24.2	48.4	72.6	96.9	109.0	164
71	56	2.5	4.9	7.4	9.9	12.3	14.8	17.3	19.7	22.2	24.6	49.3	74.0	98.7	111.0	167
72	56	2.5	5.1	7.6	10.1	12.7	15.2	17.7	20.3	22.8	25.3	50.6	76.0	101.3	114.0	170
73	57	2.6	5.2	7.8	10.4	13.0	15.6	18.2	20.8	23.4	26.0	52.0	78.0	104.0	117.0	174
74	58	2.6	5.3	7.9	10.6	13.2	15.9	18.5	21.2	23.8	26.4	52.8	79.3	105.8	119.0	177
75	58	2.7	5.4	8.1	10.8	13.6	16.3	16.0	21.7	24.4	27.1	54.2	81.3	108.4	122.0	180
76	59	2.8	5.6	8.3	11.1	13.9	16.7	19.4	22.2	25.0	27.8	55.5	83.3	111.1	125.0	184
77	59	2.9	5.7	8.6	11.5	14.3	17.2	20.1	22.9	25.8	28.7	57.3	86.0	114.7	129.0	188
78	60	2.9	5.8	8.7	11.6	14.5	17.5	20.4	23.3	26.2	29.1	58.2	87.3	116.5	131.0	191
79	61	3.0	6.0	8.9	11.9	14.9	17.9	20.8	23.8	26.8	29.8	59.5	89.3	119.1	134.0	195
80	61	3.0	6.1	9.1	12.2	15.2	18.3	21.3	24.4	27.4	30.4	60.8	91.3	121.8	137.0	198

예제 10-2

어떤 2개 요소작업의 시간연구의 결과가 다음과 같다고 할 때, 요소작업 2(페달을 사용하지 않음)의 정미시간을 구하라.

요소작업	평균 관측시간	1차 조정계수	작업내용
1	0.125분	120%	–
2	0.08분	125%	집중할 필요는 없으나 지속적인 주시 필요 30lbs 제품을 부딪치지 않고 바닥에서 들기

1단계: 1차 평가 후의 시간치 구하기

▶ 요소작업 1 = 0.125분 × 1.2 = 0.15분

▶ 요소작업 2 = 0.08분 × 1.25 = 0.10분

▶ 따라서 사이클타임 = 0.15분 + 0.10분 = 0.25분

2단계: 요소작업 2가 사이클타임에서 차지하는 비율 구하기

$$\text{요소작업 2의 } r(\%) = \frac{\text{1차 조정된 해당 요소작업 시간}}{\text{1차 조정된 사이클타임}} \times 100$$

▶ $r = \frac{0.10}{0.25} \times 100\% = 40\%$

3단계: 요소작업 2의 중량에 대한 2차 조정계수 구하기

▶ 중량조정치 〈표 10-3〉은 30lbs 제품에 대한 r≤5%인 경우의 해당 기본값(31%)과 r – 5(40 – 5=35%)에 해당하는 값과의 교차점을 찾아 합산한다. 해당되는 정확한 값이 없는 경우에는 보간법으로 추정하여 반올림한다.

▶ 중량의 기본값: 31%

▶ 중량의 추가 조정값: 35%에 해당하는 값이 없으므로 30%, 40%의 값을 평균한다. (7.3% + 9.7%)/2 = 8.5%, 약 9%

▶ 중량의 최종 조정치: 31% + 9% = 40%

4단계: 〈표 10-2〉와 〈표 10-3〉을 이용한 최종 2차 조정계수 구하기

구분	요소	기호	조건	조정계수
1	신체부위	E2	다리 힘으로 바닥으로부터 들어 올림	10%
2	페달 사용	F	페달이 없음	0%
3	두 손 사용	H	두 손이 서로 돕거나 교대로 사용됨	0%
4	눈과 손	K	집중할 필요 없으나 지속적 작업 주시	4%
5	취급요구	P	조심해서 취급, 세게 쥘 수는 있음	2%
6	중량		30lbs(기본 31% + 추가 9%)	40%
			합계	56%

5단계: 요소작업 2의 정미시간 구하기

▸ 요소작업 2의 정미시간 = 0.08분 × 1.25 × (1 + 0.56) = 0.156분

4. 합성평가법 (본 절은 13~14장 학습 후에 공부하는 것이 바람직함)

수행도 평가가 시간연구자의 주관적 판단에 전적으로 의존하게 되는 결함을 보완하고 일관성 있는 분석을 도출할 수 있도록 모로우(Morrow, 1956)는 합성평가법(synthetic rating)을 제안하였다. 적용 절차는 다음과 같다.

1. 작업을 요소작업으로 구분하여 각 작업별 소요시간을 측정한다.
2. 요소작업들 중 작업자가 수행하는(기계수행 요소 제외) 요소를 임의로 n개 선정한다.
3. 선정된 요소작업 i에 대하여 PTS(predetermined time standard)법(13~14장 참조) 중 어느 한 방법을 적용하여 시간치(PTS_t_i)를 계산한다.

4. PTS_t_i와 실제 관측한 시간치(OT_t_i)의 비율을 이용하여 수행도 평가계수 (R_i)를 계산한다.

$$R_i = \frac{\text{요소작업의 PTS 시간치}}{\text{실제 관측한 시간치}} \times 100 \quad (10.5)$$

$$= \frac{PTS\_t_i}{OT\_t_i} \times 100$$

5. 계산된 수행도 평가계수들의 평균(R)을 나머지 모든 요소작업들에 적용한다. 단, 작업자 주도의 요소작업에만 적용하고 기계 주도의 요소작업의 계수는 100으로 한다.

$$R = \left(\sum \frac{PTS\_t_i}{OT\_t_i} \times 100\right) / n \quad (10.6)$$

여기서 n = PTS법을 적용한 요소작업의 수

예제 10-3

어떤 작업은 5개의 요소작업으로 구성되어 있으며, 각 요소작업의 평균 관측시간은 아래 표와 같다. 합성평가법을 사용하여 수행도 평가계수를 결정하고자 한다. 우선 요소작업 2와 3에 대한 PTS법에 의한 평가 결과, 각각 0.20분과 0.07분의 시간치가 산정되었다. 요소작업 5는 기계 요소작업이며, 나머지 요소작업 1~4는 작업자 요소작업에 해당된다.

요소작업	평균 관측시간(분)	요소작업 유형	PTS시간치(분)
1	0.07	작업자 요소	–
2	0.17	작업자 요소	0.20
3	0.05	작업자 요소	0.07
4	0.20	작업자 요소	–
5	0.16	기계 요소	–

요소작업 2와 요소작업 3 각각에 대하여 수행도 평가계수를 구한다.

$$R_2 = \frac{0.20}{0.17} \times 100 = 118(\%)$$

$$R_3 = \frac{0.07}{0.05} \times 100 = 140(\%)$$

계산된 평가계수들의 평균을 나머지 요소작업들에 적용한다.

$$R = \frac{118 + 140}{2} = 129(\%)$$

즉, 기계에 의한 요소작업 5를 제외한 요소작업 1과 요소작업 4에 129%의 수행도 평가계수를 적용한다.

10.3 수행도 평가 훈련

수행도 평가에서 정확성과 일관성을 유지하는 것이 중요하며, 이를 위한 훈련과정이 필요하다. 특히, 속도평가법의 경우에는 시간연구자의 주관적인 의견이 평가에 미치는 영향이 크기 때문에 수행도 평가 훈련의 필요성이 더 높다. 평가 훈련을 통하여 관측자가 가지고 있는 잘못된 성향을 교정할 수 있다. 또한, 지속적인 훈련 프로그램을 통해 여러 시간연구자들 간에 수행도 평가의 일관성을 높일 수 있다.

수행도 평가 훈련은 평가계수가 미리 정해져 있는 상용화된 필름을 이용할 수 있다. 상용화된 필름에는 각 작업에 대한 올바른 수행도 평가 결과가 제시되어 있으며, 훈련 참여자는 각자 자신이 평가한 수행도와 올바른 수행도를 비교하게 된다.

제시된 올바른 평가계수와 관측자의 실제 평가계수를 2차원 그래프에 나타내어 관측자의 성향을 평가한다. 관측자의 평가계수가 모두 45° 기울기의 직선상에 그려진다면(즉, 70%의 작업을 70%의 수행도로, 120%의 작업을 120%의 수행도로 정확히 평가) 항상 정확하게 평가하는 완벽한 관찰자라고 할 수 있으나, 이는 실제로 가능하지 않다. 일반적으로 관측자들은 특정 성향에 따라 작업자의 수행도를 평가하게 되는데, 이러한 성향들은 〈그림 10-2〉와 같이 네 가지로 분류할 수 있다.

1. **후한**(loose) **평가와 박한**(tight) **평가**: 관측자의 평가계수가 올바른 평가계수보다 높은 경우를 후한 평가라 한다. 이 관측자의 평가 결과로 표준시간을 산정할 경우에는 작업자들이 성취하기 쉬운 표준시간(실제 표준시간보다 큰 시간)을 결정하게 되어 정확한 표준시간 설정이라고 할 수 없다. 반대로 관측자가 올바른 평가계수보다 더 낮게 작업자의 수행도를 평가

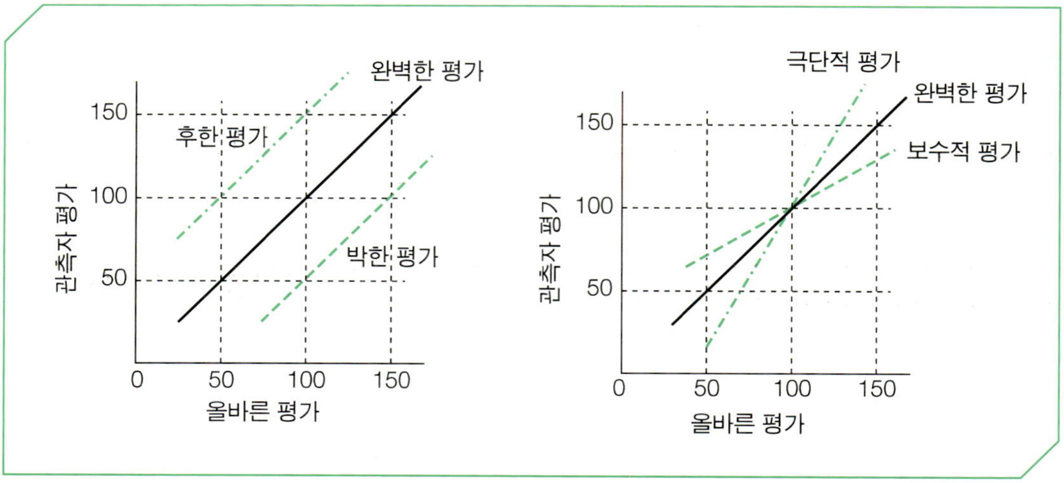

〈그림 10-2〉 수행도 평가 성향

하는 경우를 박한 평가라 한다. 박한 평가의 경우는 작업자들이 성취하기 어려운 표준시간을 산정하게 된다.

2. **극단적**(radical) **평가와 보수적**(conservative) **평가**: 극단적 평가는 관측자가 표준속도보다 빠른 작업에 대해서는 올바른 평가계수보다 더 높게 평가하고, 표준속도보다 느린 작업은 올바른 평가계수보다 더 낮게 평가하는 경우를 말한다. 극단적 평가의 이유로 속도가 빠른 장면 뒤의 느린 장면은 더 느려 보이고, 느린 장면 뒤의 빠른 장면은 더 빠르게 보이는 닻 내리기 효과(anchoring effect)를 들 수 있다. 보수적 평가는 그 반대의 경우이며, 훈련 초기에는 보수적으로 평가하는 경향이 나타난다.

기존 연구에 따르면 일반적으로 관측자들은 대부분의 구간에서 실제 수행도보다 더 낮게 작업자의 수행도를 평가하면서(박한 평가) 낮은 수준의 수행도는 과대평가하는 경향이 있는 반면, 높은 수준의 수행도에 대해서는 박한 평가와 보수적 평가가 혼재하는 경향이 있다.

요약

수행도 평가란 작업자의 작업 수행 능력에 따른 측정시간을 정상 작업자 기준으로 보정해주는 작업을 말한다. 수행도 평가는 표준시간을 산정하는 데 반드시 필요한 중요한 요소이기는 하지만, 객관적인 방법이 존재하지 않아 관측자의 경험이나 훈련을 통한 주관적 판단에 의존할 수밖에 없다. 그래서 항상 비판 및 논쟁의 여지를 가지고 있으며, 시간연구 절차 중 가장 어려운 부분이라 할 수 있다.

수행도 평가계수는 표준 작업속도를 실제 작업속도로 나눈 값으로 정의된다. 평가계수를 평균 관측시간에 곱하여 정미시간을 산출한다.

속도평가법은 작업속도만을 고려하여 평가하기 때문에 간단하며 유용하기는 하나, 작업자 또는 작업에 따라 평가가 다르게 나올 수 있으므로 여러 상황을 유의하여 수행도를 평가해야 한다.

웨스팅하우스 평가법은 널리 알려진 평가법으로서, 속도만을 평가하는 속도평가법과는 달리 숙련도, 노력, 작업환경/조건, 일관성의 네 가지 요소를 고려하여 평가한다. 최종 수행도 평가계수 값은 숙련도, 노력, 작업환경/조건, 일관성의 백분율 계수를 합한 값에 1을 더하여 구한다.

객관적 평가법은 1차 평가와 2차 평가로 구분되는데, 1차 평가에서는 동작의 속도만을 고려하여 표준속도를 정하여 실제 작업속도와 비교하여 평가한다. 여기서 평가된 속도계수를 1차 조정계수라고 한다. 2차 평가에서는 작업의 난이도나 특성을 고려한 여섯 가지 요소(신체부위의 사용, 페달의 사용, 두 손의 사용, 눈과 손의 조화, 물자 취급 시 요구사항, 중량 또는 저항의 크기)를 고려하여 2차 조정계수를 구한다. 평균 관측시간에 1차 조정계수와 2차 조정계수를 곱하여 정미시간을 산출한다.

합성평가법은 시간연구자의 수행도 평가가 주관적 판단에 크게 의존하는 결함을 보완하고 일관성 있는 분석을 도출하기 위해 적용된다. 이 방법에서는 작업을 요소작업으로 구분하여 각 작업별 소요시간을 측정한다. 요소작업들 중 작업자가 수행하는 요소를 임의로 몇 개 선정하여 PTS법 중 한 방법을 적용하여 시간치를 계산한다. 그 시간치와 실제 측정된 시간치의 비율을 이용하여 수행도 평가계수를 결정한다.

연습문제

1. 수행도 평가에 대한 설명 중 적절하지 않은 것은?

   ① 본래 객관성이 결여되는 작업임을 인정해야 한다.

   ② 관측한 후 바로 속도를 평가 및 결정한다.

   ③ 한번 평가하면 그 결과를 변경해서는 안 된다.

   ④ 평가에 관하여 노사 간 이견이 있으면 그 작업을 다시 연구해야 한다.

2. 웨스팅하우스 평가법에서 사용하는 요인이 아닌 것은?

   ① 학습률 ② 작업환경 ③ 일관성 ④ 노력

3. 수행도 평가를 하는 이유를 설명하시오.

4. 영희와 철이는 핀보드 작업에 대한 평가 훈련을 각각 다음과 같이 10회 실시하였다. 영희와 철이의 평가 성향을 설명하시오.

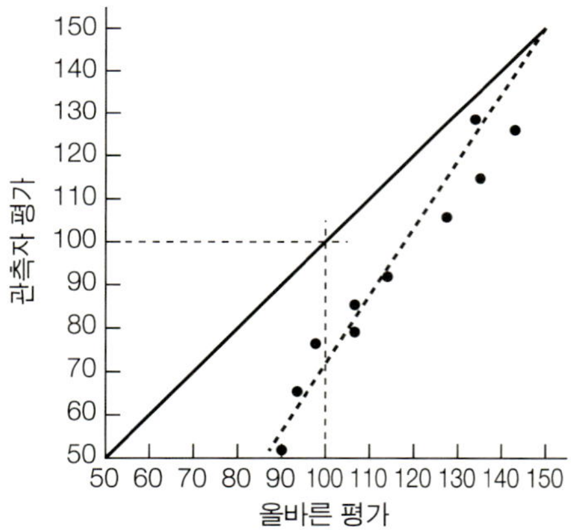

〈영희의 평가〉

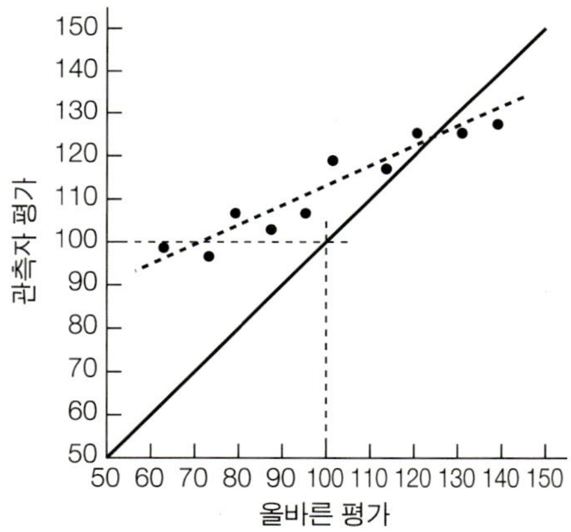

〈철이의 평가〉

5. 객관적 평가법에 의한 정미시간 산정에 있어, 어떤 요소작업의 관측시간이 2.6분이고 1차 조정계수는 95%, 2차 조정계수는 20%라면 정미시간은?

※ 다음의 설명이 맞으면 ○, 틀리면 ×를 표기하시오(6~8).

6. 수행도 평가에서 평가계수는 표준속도를 실제 작업속도로 나눈 값이다.

7. 웨스팅하우스 평가법은 각 요소작업별로 평가한다.

8. 현재 작업방법에서 스톱워치를 사용하여 작업시간을 측정한 값에 수행도 평가계수를 곱하여 표준시간을 구한다.

9. 어떤 회사에서 작업의 표준시간을 설정하기 위해 A작업자의 작업을 8개의 요소작업으로 분류하였다. 이 중 3개 요소작업(요소작업 3, 6, 8)은 기계 요소작업이고, 나머지 5개 요소작업은 작업자 요소작업이다. 이 작업의 작업시간을 관측하여 평균을 산출한 결과가 다음 표와 같다. 합성평가법을 이용하여 각 요소작업의 수행도 평가계수를 산출하시오.

요소작업	관측 평균시간(초)	요소작업유형	PTS시간치(초)
1	6	작업자 요소	
2	8	작업자 요소	
3	15	기계 요소	
4	5	작업자 요소	7
5	8	작업자 요소	
6	5	기계요소	
7	4	작업자요소	6
8	9	기계요소	

11장 여유시간

11장 여유시간

본 장에서는 표준시간 설정의 마지막 단계인 여유시간에 대하여 다룬다. 여유시간의 필요성과 여러 종류에 대하여 설명하고, 일반 여유시간의 표시 방법으로 정미시간에 대한 비율로 표시하는 외경법과 근무시간에 대한 비율로 표시하는 내경법에 대하여 학습한다.

11.1 여유시간의 필요성

표준시간은 관측된 작업시간을 수행도 평가를 통해 보정한 정미시간에 여유시간(allowance time)을 더하여 구한다. 여유시간은 작업자의 피로, 생리적인 휴식, 불규칙적으로 발생하는 지연 등과 같은 여러 요소를 보상해주는 시간을 의미한다. 예를 들어, 어떤 작업자의 수행도 평가 결과가 100%이고 관측시간이 30분이라면 정미시간은 30분이다. 그러나 하루 8시간 동안 작업한다고 할 때, 이 작업자의 일일 목표생산량을 16개로 계획하기에는 무리가 있다. 왜냐하면 작업자의 생리적인 현상이나 피로로 인해 8시간 동안 지속적으로 이 작업을 수행하기 힘들기 때문이다. 그러므로 표준시간을 결정할 때에는 수행도와 함께 여유시간을 고려해야 한다.

여유시간은 업종, 작업의 내용과 특성, 난이도, 작업환경 등에 따라 달라질 수 있어 수행도 평가만큼 노사 간에 이견이 많은 분야이다. 참고로 미국에서 여러 종류의 기업을 대상으로 여유율을 조사한 결과, 가정용 주방기구 생산업체는 평균 약 10% 정도의 낮은 여유율을 사용하는 반면, 철강회사는 평균 약 35% 정도의 높은 수준을 사용하며, 전체 평균은 17.7%로 보고되었다.

11.2 여유시간의 분류

여유시간은 〈그림 11-1〉과 같이 모든 작업에서 일반적으로 부여되는 일반 여유와 작업에 따라 특수한 상황에서 부여되는 특수 여유로 분류할 수 있다.

일반 여유는 작업자의 생리적 욕구에 의해 작업이 지연되는 시간을 보상해주는 인적 여유(personal allowance), 작업자의 의지와 상관없이 지연되는 시

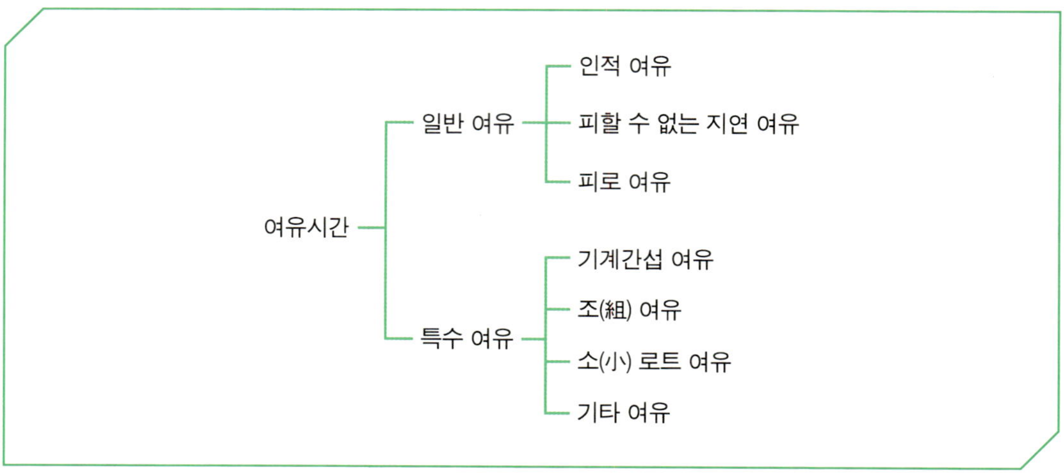

〈그림 11-1〉 여유시간의 분류

간을 보상해주기 위한 피할 수 없는 지연 여유(unavoidable delay allowance), 작업을 수행함으로써 발생하는 육체적, 정신적 피로의 회복에 필요한 시간인 피로 여유(fatigue allowance)로 구성되어 있다. 일반 여유를 PDF(personal, delay, fatigue) 여유라고도 한다.

특수 여유로는 기계간섭 여유, 조(組) 여유, 소(小) 로트 여유, 기타 여유 등이 있다.

11.3 일반 여유

1. 인적 여유

음료수를 마시거나 화장실에 가거나 땀을 닦는 등과 같이 작업자의 생리적인 욕구를 충족하기 위해 작업이 지연되는 것을 보상해주는 시간이다. 인적 여유시간은 작업의 환경조건이나 난이도 등에 따라 달라질 수 있다. 예를 들어, 용광로와 같은 고온 작업이나 고열 물체를 취급하는 작업, 냉동창고와 같은 한랭 작업 및 저온 물체를 취급하는 환경에서는 여유시간이 많이 필요하다. 라자루스(Lazarus, 1968)가 23개 업체, 235개 공장을 대상으로 조사한 결과, 인적 여유율의 평균은 5.6%(4.6~6.5%) 정도였다. 국제노동기구(ILO, 1957)에서는 남자는 5%, 여자는 7%로 제안하고 있으며, 일반적으로 5% 정도를 인적 여유로 사용한다.

2. 피할 수 없는 지연 여유

작업자가 통제할 수 없는 지연을 말한다. 이에 해당하는 경우는 다음과 같다.

1. **감독자나 조장 및 조사자 등에 의한 지연:** 감독자나 조장이 작업 지시를 하기 위해 작업을 중단시키거나, 품질관리 부서나 검사 요원들이 제품결함의 원인을 조사하거나 의견을 나누기 위해 작업을 중단시키는 지연
2. **재료의 불규칙성에 의한 지연:** 투입되는 재료 중 규격 이하 품질의 재료가 섞여 있어서 발생하는 지연. 또는 재료가 투입되는 위치가 잘못되거나 잘못된 양이 투입되어 발생하는 지연
3. **기계 또는 공구에 의한 지연:** 기계 고장, 공구 교체 등에 의한 지연
4. **작업 종료 후 정리 및 청소에 의한 지연**

3. 피로 여유

작업을 수행할 때 느끼는 육체적, 정신적 피로를 회복하기 위해 필요한 여유시간이다. 작업 중에 발생하는 다양한 요인들로 인해 발생하는 피로를 완전히 제거할 수는 없으므로 작업자들에게 적절한 여유시간을 보장하여 피로를 최소화하여야 한다.

피로 여유에는 기본 피로 여유와 변동 피로 여유가 있다. 기본 피로 여유는 작업자가 작업을 수행할 때 항상 필요한 여유시간 또는 단조로운 작업을 완화하기 위해 필요한 여유시간을 의미한다. 〈표 11-1〉에서 보듯이 국제노동기구(ILO, 1957)에서는 정미시간의 약 4%를 제안하고 있다. 변동 피로 여유는 작업자의 자세나 장비 및 중량물 취급의 정도와 같은 육체적 요인, 눈

〈표 11-1〉 정미시간에 대한 권장 여유율(%) (ILO, 1957)

1. 상수 피로 여유	남	여
인적 여유	5	7
기본 피로여유	4	4
2. 변동 피로 여유		
A. 자세		
서있는 자세	2	4
약간 불편한 자세	2	5
불편한 자세(허리 굽힘)	4	7
상당히 불편한 자세(눕기, 뻗기)	9	11
B. 중량물 취급(들기, 끌기, 밀기)		
2.5kg	0	1
5.0kg	1	2
7.5kg	2	3
10.0kg	3	4
12.5kg	4	6
15.0kg	5	8
17.5kg	7	10
20.0kg	9	13
22.5kg	11	16
C. 조명		
권장조명보다 약간 어두움	0	0
권장조명보다 상당히 어두움	2	2
매우 부적합함	5	5
D. 공기조건(카타 냉각력*)		
12~16	0	0
10	3	3
8	10	10

2. 변동 피로 여유 - 계속	남	여
D. 공기조건 (카타 냉각력*) - 계속		
6	21	21
4	45	45
2	100	100
E. 눈의 긴장		
어느 정도 정밀 작업	0	0
정밀하거나 까다로운 작업	2	2
매우 정밀하거나 매우 까다로운 작업	5	5
F. 청각 긴장도		
연속적	0	0
간혹 시끄러움	2	2
간혹 매우 시끄러움	5	5
매우 시끄러움	5	5
G. 정신적 긴장도		
어느 정도 복잡	1	1
복잡하거나 광범위의 주의력 필요	4	4
매우 복잡	8	8
H. 정신적 단조감		
낮음	0	0
보통	1	1
높음	4	4
I. 신체적 단조감		
다소 지루함	0	0
지루함	2	1
매우 지루함	5	2

* 카타 냉각력(Kata cooling power): 체감도를 표시하는 척도의 하나로서, 카타 온도계의 상부 눈금(38℃)에서 하부눈금(35℃)까지의 강하시간을 T(초), 단위 면적당 손실된 열량을 F라고 하면 H=F/T로 카타 냉각력 H(millicalories/cm^2/초)를 구한다. 카타값은 인체의 체온이 내려가는 상태를 나타내는 것으로서, 환경온도와 풍속의 영향을 반영한다.

의 긴장도, 정신적 긴장도나 단조감 등과 같은 정신적 요인과 온도, 습도, 소음, 진동이나 조명과 같은 작업환경 요인으로 인해 발생할 수 있는 피로의 회복을 위한 여유시간을 의미한다. 〈표 11-1〉은 국제노동기구에서 권장하는 인적 여유와 기본 피로 여유를 포함하는 상수 피로 여유와 변동 피로 여유의 권장치를 보여주고 있다.

피로 여유를 결정하는 단순한 방법의 하나로 브레이(Brey)(1928)의 피로계수(coefficient of fatigue) F는 다음과 같다.

$$F = \frac{(T - t)}{T} \times 100 \tag{11.1}$$

여기서 T = 반복작업 중 마지막 사이클타임

t = 반복작업 중 처음 사이클타임

피로를 측정하는 다른 방법으로 육체적, 화학적, 생리학적 방법이 사용된다. 육체적 방법으로는 악력계나 근전도 등을 이용하여 작업자 근육의 운동능력의 변화를 관찰한다. 화학적 방법으로는 피로가 작업자의 분비물이나 혈액의 화학적 성분에 어떠한 영향을 미치는가를 관찰한다. 생리학적 방법은 작업자의 맥박이나 혈압, 산소 소비량 및 에너지 소비량 등을 측정하여 여유시간 산정에 반영하는 것이다.

기존 연구(Lehman, 1958; Bink, 1962; Astrand and Rodahl, 1970)들은 작업자가 과도한 육체적인 피로의 축적 없이 지속적으로 일을 수행할 수 있는 최대 작업강도를 결정하는 데 주로 사용되는 생리학적 지표로 에너지 소비량과 심박수를 들고 있다. 작업자가 수행하는 작업의 평균 에너지 소비량을 기초로 한 여유율은 다음 공식을 이용하여 산정할 수 있다.

$$RA = \left(\frac{\Delta W}{4} - 1\right) \times 100 \quad (11.2)$$

여기서 RA : 정미시간의 백분율로 표시한 여유율(rest allowance)

ΔW : 에너지 소비량 증가분(W−1.33kcal/분)

1.33kcal/분: 휴식시간 중의 에너지 소비량

W : 작업자가 수행하는 작업의 평균 에너지 소비량(kcal/분)

예제 11-1

평균 9.33kcal/분을 소비하는 작업에 대하여 평균 에너지 소비량을 이용하여 여유율을 구하라.

$$RA = \left(\frac{\Delta W}{4} - 1\right) \times 100 = \left(\frac{9.33-1.33}{4} - 1\right) \times 100 = 100\%$$

평균 심박수를 이용한 여유율은 다음 공식으로 산정할 수 있으며, 심박수 측정이 에너지 소비량 측정보다 수월한 이점이 있다.

$$RA = \left(\frac{\Delta HR}{40} - 1\right) \times 100 \quad (11.3)$$

여기서 ΔHR = 작업 중 심박수와 휴식 중 심박수의 차이

근육의 피로와 회복 정도는 작업자가 사용하는 재료나 자재들의 무게나 사용시간 등에 따라 달라질 수 있다. 로머트(Rohmert)(1973)는 취급하는 물체의 무게와 작업시간을 고려한 여유시간을 다음과 같이 정량화하였다.

$$RA = 18 \times \left(\frac{t}{T}\right)^{1.4} \times \left(\frac{f}{F} - 0.15\right)^{0.5} \times 100 \quad (11.4)$$

여기서 t : 작업시간(분)

T : 작업자가 작업물의 무게를 유지할 수 있는 최대시간(분)

f : 작업물의 무게(N: $1N = 1kg \cdot m/s^2$)

F : 최대 작업능력(근력)(N)

$$T = \frac{1.2}{(f/F - 0.15)^{0.618}} - 1.21 \qquad (11.5)$$

예제 11-2

100N의 무게를 0.05분간 여성 작업자가 팔을 사용하여 들기 작업을 한다. 〈표 11-2〉를 이용하여 작업자가 유지할 수 있는 최대시간과 여유율을 구하라.

$$T = \frac{1.2}{(f/F - 0.15)^{0.618}} - 1.21 = \frac{1.2}{(100/200 - 0.15)^{0.618}} - 1.21 = 1.09\text{분}$$

들기 작업시간 0.05분(t)과 최대유지시간 1.09분(T)으로 RA를 구하면,

$$\begin{aligned} RA &= 18 \times \left(\frac{t}{T}\right)^{1.4} \times \left(\frac{f}{F} - 0.15\right)^{0.5} \times 100 \\ &= 18 \times \left(\frac{0.05}{1.09}\right)^{1.4} \times \left(\frac{100}{200} - 0.15\right)^{0.5} \times 100 \\ &= 14.24\% \end{aligned}$$

〈표 11-2〉 작업방법별 들기 능력(단위: N)

작업방법	남성 평균	여성 평균	평균
팔로 들기	382	200	291.0
다리를 사용하여 들기	942	416	679.0
몸통을 사용하여 들기	545	266	405.5
평균	623	294	458.5

11.4 일반 여유시간의 표시방법

일반 여유시간을 나타내는 방법으로는 정미시간에 대한 비율로 표시하는 외경법(또는 여유율 A)과 근무시간(정미시간 + 여유시간)에 대한 비율로 표시하는 내경법(또는 여유율 B)이 있다.

1. 외경법(여유율 A)

외경법은 정미시간에 대한 비율로 여유율을 나타내며, 일반적인 표현방법으로서 국제노동기구(ILO)에서 채택하고 있는 방식이다. 외경법에서 하루 8시간 근무시간 중 여유율과 표준시간은 다음의 공식을 따른다.

$$\text{여유율 A}(\%) = \frac{\text{일반 여유시간}}{\text{정미시간}} \times 100 = \frac{\text{일반 여유시간}}{\text{480분} - \text{일반 여유시간}} \times 100 \quad (11.6)$$

$$\begin{aligned}\text{표준시간} &= \text{정미시간}(1 + \text{여유율 A}) \\ &= \text{정미시간}\left(1 + \frac{\text{일반 여유시간}}{\text{정미시간}}\right) \\ &= \text{정미시간}\left(\frac{\text{480분}}{\text{480분} - \text{일반 여유시간}}\right)\end{aligned} \quad (11.7)$$

예제 11-3

하루 8시간 근무시간 중 일반 여유시간으로 60분이 설정되었다고 한다면 이 작업의 여유율 A(%)는 얼마인가?

$$\text{여유율 A}(\%) = \frac{\text{일반 여유시간}}{\text{480분} - \text{일반 여유시간}} \times 100 = \frac{\text{60분}}{\text{480분} - \text{60분}} \times 100 = 14.3\%$$

예제 11-4 하루 8시간 근무시간 중 작업의 평균 관측시간이 1.2분, 수행도 평가계수가 120%, 여유율 A가 30%라고 한다면 이 작업의 각 제품당 정미시간, 여유시간, 표준시간은 얼마인가? 또 8시간 근무를 기준으로 정미시간과 여유시간을 각각 구하라.

◆ 제품당 정미시간, 여유시간, 표준시간

1. 정미시간 = 관측 평균시간 × 평가계수 = 1.2 × 1.2 = 1.44분

2. $$\text{여유시간} = \frac{\text{여유율 A}(\%) \times \text{정미시간}}{100} = \frac{30\% \times 1.44\text{분}}{100} = 0.432\text{분}$$

3. 표준시간 = 정미시간 × (1 + 여유율 A)

   = 1.44분 × 1.3 = 1.872분

   또는

   표준시간 = 정미시간 + 여유시간

   = 1.44분 + 0.432분 = 1.872분

◆ 8시간 근무시간 기준에 대한 정미시간, 여유시간

$$\text{총 정미시간} = 480 \times \frac{1.44}{1.872} = 369.23\text{분}$$

$$\text{총 여유시간} = 480 \times \frac{0.432}{1.872} = 110.77\text{분 (또는 480분} - 369.23\text{분)}$$

2. 내경법(여유율 B)

일반 여유시간이나 여유율이 근무시간(정미시간 + 여유시간)에 대한 비율로 제시되었을 때, 표준시간은 다음과 같은 방법으로 계산한다.

$$\text{여유율 B(\%)} = \frac{\text{일반 여유시간}}{\text{근무시간}} \times 100 \quad (11.8)$$

$$= \frac{\text{일반 여유시간}}{\text{일반 여유시간} + \text{정미시간}} \times 100$$

$$\text{표준시간} = \text{정미시간}\left(\frac{1}{1 - \text{여유율 B}}\right) \quad (11.9)$$

$$= \text{정미시간}\left(1 + \frac{\text{여유율 B}}{1 - \text{여유율 B}}\right)$$

예제 11-5

하루 8시간 근무시간 중 조립작업의 평균 관측시간이 1.2분, 작업자의 수행도 평가계수가 120%, 일반 여유시간이 0.06분이라고 한다면 이 작업의 각 제품당 정미시간, 여유시간, 표준시간은 얼마인가? 또 8시간 근무를 기준으로 정미시간과 여유시간을 각각 구하라.

- 제품당 정미시간, 여유시간, 표준시간

1. 정미시간 = 관측 평균시간 × 평가계수 = 1.2 × 1.2 = 1.44분

2. $$\text{여유율 B(\%)} = \frac{\text{일반 여유시간}}{\text{일반 여유시간} + \text{정미시간}} \times 100$$

$$= \frac{0.06\text{분}}{0.06\text{분} + 1.44\text{분}} \times 100 = 4.0\%$$

3. $$\text{표준시간} = \text{정미시간}\left(1 + \frac{\text{여유율 B}}{1 - \text{여유율 B}}\right)$$

$$= 1.44\left(1 + \frac{0.04}{1 - 0.04}\right) = 1.5\text{분}$$

- 8시간 근무시간 기준에 대한 정미시간, 여유시간

$$\text{총 정미시간} = 480 \times \frac{1.44}{1.5} = 460.8\text{분}$$

$$\text{총 여유시간} = 480 \times \frac{0.06}{1.5} = 19.2\text{분 (또는 480분} - \text{460.8분)}$$

예제 11-6

〈예제 11-5〉를 외경법으로 계산하여 내경법의 결과와 일치하는 것을 보여라.

◆ 각 제품별 정미시간, 여유시간, 표준시간

1. 정미시간 = 평균 관측시간 × 평가계수 = 1.2 × 1.2 = 1.44분

2. 여유율 A(%) = $\frac{\text{일반 여유시간}}{\text{정미시간}} \times 100 = \frac{0.06\text{분}}{1.44\text{분}} \times 100 = 4.1667\%$

3. 표준시간 = 정미시간 × (1 + 여유율 A) = 1.44분 × 1.042 = 1.5분

11.5 특수 여유

1. 기계간섭 여유

4장에서 학습한 바와 같이, 작업자 1명이 여러 대의 기계를 운용하는 경우에 작업자 또는 기계의 유휴시간이 발생하게 된다. 작업자에게 할당된 기계의 수, 기계의 가동시간, 작업자의 활동 시간, 작업자와 기계가 동시에 작업하는 시간을 토대로 유휴시간을 계산할 수 있으며(4장 참조), 이를 표준시간 설정 시에 고려해야 한다.

2. 조(組) 여유

여러 작업자들이 팀을 이루거나 관련성을 가지고 작업을 수행할 경우, 작업자 상호 간 보조를 맞추기 위해서 발생하는 지연을 보상하는 여유시간을 말한다.

3. 소(小)로트 여유

로트(lot)는 1회에 생산되는 제품 수의 단위로서, 동일 로트 내에서는 공정의 조건이나 결과물의 특성이 같다고 볼 수 있다. 예를 들어, 제철소의 한 용광로에서 한 번에 녹은 쇳물을 한 로트로 볼 수 있다.

일반적으로 작업을 시작하고 어느 정도 시간이 지나 워밍업이 된 후에 작업능률이 오르게 된다. 소로트 여유는 로트의 크기가 작아 제대로 워밍업이 되지 않는 상태로 작업할 때 발생하는 능률의 저하를 보상하는 여유시간이다.

요약

여유시간이란 작업자의 피로와 생리적인 휴식, 불규칙적으로 발생하는 지연 등을 보상해주는 시간을 말하며, 관측된 작업시간과 작업자의 수행도 평가를 고려하여 구한 정미시간에 더하여져 최종적으로 표준시간이 결정된다. 여유시간은 모든 작업에서 일반적으로 부여되는 일반 여유와 작업의 특수 상황에서 부여되는 특수 여유로 분류된다.

일반 여유는 작업자의 생리적 욕구에 의해 작업이 지연되는 시간을 보상해주는 인적 여유, 작업자의 의지와 상관없이 어쩔 수 없이 지연되는 시간을 보상해주기 위한 피할 수 없는 지연 여유, 작업 수행으로 인하여 발생하는 육체적, 정신적 피로를 회복시키기 위해 필요한 시간에 대한 피로 여유로 구성된다. 특수 여유로는 기계간섭에 의한 여유, 조(組) 여유, 소(小) 로트 여유, 기타 여유 등이 있다.

일반 여유시간을 나타내는 방법으로는 정미시간에 대한 비율로 표시하는 외경법(또는 여유율 A)과 근무시간(정미시간 + 여유시간)에 대한 비율로 표시하는 내경법(또는 여유율 B) 두 가지 방법이 있다.

외경법(여유율 A)에서의 여유율과 표준시간의 산정법은 다음과 같다.

$$\text{여유율 A}(\%) = \frac{\text{일반 여유시간}}{\text{정미시간}} \times 100$$

$$= \frac{\text{일반 여유시간}}{480\text{분} - \text{일반 여유시간}} \times 100$$

$$\text{표준시간} = \text{정미시간}(1 + \text{여유율 A})$$

$$= \text{정미시간}\left(1 + \frac{\text{일반 여유시간}}{\text{정미시간}}\right)$$

$$= \text{정미시간}\left(\frac{\text{일반 여유시간}}{480\text{분} - \text{일반 여유시간}}\right)$$

내경법(여유율 B)에서의 여유율과 표준시간의 산정법은 다음과 같다.

$$\text{여유율 B}(\%) = \frac{\text{일반 여유시간}}{\text{근무시간}} \times 100$$

$$= \frac{\text{일반 여유시간}}{\text{일반 여유시간} + \text{정미시간}} \times 100$$

$$\text{표준시간} = \text{정미시간}\left(\frac{1}{1 - \text{여유율 B}}\right)$$

$$= \text{정미시간}\left(1 + \frac{\text{여유율 B}}{1 - \text{여유율 B}}\right)$$

연습문제

1. 일반 여유에 속하지 않는 것은?

   ① 인적 여유　② 피로 여유　③ 조(組) 여유　④ 지연 여유

2. 여유시간 중 한 작업자가 동일한 여러 대의 기계를 운용할 때 고려해야 하는 것은?

   ① 인적 여유　② 기계 여유

   ③ 피할 수 없는 지연 여유　④ 기계간섭 여유

3. 여유들 중 성격이 다른 하나는 무엇인가?

   ① 인적 여유　② 피로 여유

   ③ 피할 수 없는 지연 여유　④ 조 여유

4. 옳지 않은 것은?

   ① ILO 권장 여유율은 전체 근무시간에 대한 비율로 제시되어 있다.

   ② 인적 여유는 생리적 욕구에 의해 지연되는 시간을 보상해준다.

   ③ 기계/공구의 보존 및 조정을 위한 여유는 불가피한 지연 여유이다.

   ④ 기계간섭 여유는 특수 여유이다.

※ 다음의 설명이 맞으면 ○, 틀리면 ×를 표기하라(5~7).

5. ILO에서는 남자 7%, 여자 5%로 인적 여유를 제정하였다.

6. ILO의 피로 여유는 작업조건에 따라 변화하는 값이다.

7. 작업자의 신체적 조건은 ILO 여유시간 산정법에 고려되지 않는다.

8. 1회 작업 사이클의 평균 관측시간이 1분, 평가계수는 110%, 여유율 A가 10%라고 할 때, 표준 작업시간과 하루 8시간 근무를 기준으로 한 여유시간을 각각 구하라. 또한 정상적인 작업조건에서 하루 몇 개의 제품을 생산할 수 있는지 구하라.

9. 평균 관측시간은 1분, 평가계수는 120%, 하루 8시간 근무시간 중 여유시간이 40분이라고 할 때, 여유율 A와 표준시간을 각각 구하라.

10. 어떤 작업의 평균 관측시간이 20분, 평가계수가 110%, 여유시간이 5분이라고 할 때, 여유율 A(외경법)와 여유율 B(내경법)를 이용하여 각각 표준시간을 구하고 비교하라.

12장 워크샘플링

12장
워크샘플링

하루 작업시간 동안 수행하는 여러 작업요소(예: 작업준비, 작업, 유휴 등)가 어느 정도의 비율로 발생하는가? 이 질문에 답하는 방법을 생각해보자. 우선 9장에서 설명한 스톱워치법을 사용하면 될 것이다. 그러나 스톱워치법과 같은 연속적인 관찰은 관찰자 1명당 하나의 대상만 관찰하므로 관찰 대상이 다수인 경우에는 많은 관찰자가 필요하며, 장기간의 관찰이 힘들 수 있다. 또한 작업자가 관찰을 의식하여 평상시대로 행동하지 않을 가능성도 있다. 이러한 한계점을 보완할 수 있는 간헐적 관찰법인 워크샘플링 기법을 설명한다.

본 장의 내용을 충분히 이해하기 위해서는 통계학의 기초지식(이항분포, 정규분포, 표준정규분포, 평균과 분산, 신뢰구간 등)이 필요하다.

12.1 워크샘플링의 개념

워크샘플링(work sampling)은 작업의 여러 요소에 소요된 시간의 비율이나 관심의 대상이 되는 항목이 차지하는 비율을 통계적인 개념을 사용하여 추정하는 기법이다. 이 기법은 1927년에 영국의 티펫(Tippet)에 의해 순간관측법(snap reading method)이란 이름으로 섬유업에 처음 적용되었으며, 1940년대에 미국에 소개되었다. 영어로는 'activity sampling' 또는 'occurrence sampling'이라고도 한다.

워크샘플링법은 충분히 긴 기간 동안에 무작위(random)또는 등간격으로 정해진 시점에서 연구대상을 순간적으로 관찰하여 대상의 상황을 파악하는 것으로서, 특정 요소의 시간비율은 '해당 항목이 관측된 횟수 ÷ 총 관측횟수'로 추정한다. 예를 들어, 어떤 기계를 40번 관찰하였는데 그중 36번은 가동하고 있었고 4번은 유휴상태였다면, 이 기계의 가동율을 90%($\frac{36}{40} \times 100\%$)로 추정하는 것이다.

워크샘플링법은 기계의 가동률 추정, 작업자의 적정 정원 또는 적정 기계대수의 결정, 여유율 산정과 표준시간의 추정 등에 활용되며, 다음과 같은 상황에 적합하다.

1. 충분히 긴 기간 동안 관찰이 가능해야 한다. 관찰결과의 통계적 신뢰성을 확보하기 위해서는 관찰횟수가 충분히 커야 하며, 이를 위해서는 관찰기간이 길수록 좋다.
2. 관찰대상이 하나보다는 여럿인 경우에 주로 적용된다. 하나의 대상을 관찰하는 데 소요되는 시간, 비용, 노력으로 다수의 대상을 관찰할 수 있기 때문이다.
3. 연속적인 관찰을 하지 않으므로 사이클타임이 비교적 긴 작업에 적합하다.
4. 비반복적인 요소가 많은 작업에 적합하다. 사이클타임이 짧고 반복적인 작업은 관찰기간이 짧은 스톱워치법이나 PTS법(13, 14장)을 적용하는 것이 더 정확한 결과를 가져다준다.

12.2 워크샘플링의 절차

워크샘플링의 절차는 다음과 같다.

1. 조사의 목적 및 대상(특정 작업자 또는 기계 등)과 원하는 결과(가동률, 여유율 등)를 정의하고, 워크샘플링법이 원하는 조사에 가장 적합한 방법임을 확인한다.
2. 워크샘플링이 수행될 부서 감독자의 승인을 받는다. 대상 작업자를 포함한 작업자들에게 조사의 목적을 알리고 이해와 협조를 구한다.
3. 관찰할 항목을 상세히 기술한다. 관찰의 대상이 되는 항목들은 서로 뚜렷이 구별될 수 있어야 한다. 단, 정신적인 요소를 포함하는 항목은 가능하면 배제한다.
4. 자료를 기입할 양식을 제작한다.
5. 하루 이틀 정도 예비로 관찰하여 지금까지 준비된 사항들에 문제가 없는지를 확인하고, 관심있는 항목의 발생비율을 추정한다. 또는 과거의 경험을 토대로 발생비율을 추정할 수 있다.
6. 추정된 발생비율과 최종결과의 통계적 신뢰수준 및 허용오차를 고려하여 관찰횟수를 결정한다. 이 부분은 다음 절에서 상세히 설명한다.
7. 관찰자 및 관찰자의 수, 관찰 기간을 결정하고 교대근무의 형태를 고려하여 관찰시점을 결정한다. 무작위 관찰의 경우에는 난수표나 엑셀(Excel)의 난수발생 기능을 사용하여 관찰시점을 정한다. 여기서는 엑셀을 사용하는 방법을 설명한다.

   엑셀에서 수식 '=RAND( )'을 입력할 때마다(괄호 안 인수가 없음) 0~1 사이의 난수가 발생되며, 소수점 아래의 숫자와 관찰계획을 미리 대응시켜

놓는다. 예를 들어, 3일간 4명의 작업자를 관찰하는 경우를 생각해보자.

1) 관찰 일(day)은 난수의 소수점 아래 첫 번째와 두 번째 숫자에 해당하여 00~32는 첫째 날, 33~65는 둘째 날, 66~98은 마지막 날에 해당한다(99는 무시함).

2) 관찰 시(hour)는 난수의 세 번째 숫자에 해당한다. 즉, 0: 오전 8시, 1: 오전 9시, …, 9: 오후 5시.

3) 관찰 분(minute)은 네 번째와 다섯 번째 숫자에 해당한다. 즉, 00~15는 0분(정각), 16~31(10분), …, 80~95(50분) 등이다.

4) 대상 작업자는 일곱 번째와 여덟 번째 숫자에 해당한다. 즉, 00~24는 작업자 A, …, 75~99는 작업자 D.

이를 토대로 엑셀에서 발생된 난수 0.6214133로부터 관측계획을 수립해보면, 둘째 날(62) 오전 9시(1) 20분(41)에 작업자 B(33)를 관찰한다.

8. 실제 관찰을 수행하고 매일 자료를 정리하여 관찰이 계획대로 진행되고 있는지를 확인한다. 모든 관찰이 끝나면 자료의 정확성을 확인하고 자료를 정리하여 보고서를 작성한다.

12.3 워크샘플링의 통계학적 기초

워크샘플링의 기초가 되는 통계적 분포는 이항분포(binomial distribution)이며, 이항분포를 이해하기 위해서는 베르누이 실험부터 이해하여야 한다.

결과가 둘 중 하나로 나오는 1회의 실험을 베르누이 실험(Bernoulli experiment)이라고 한다. 베르누이 실험은 우리 주위에서 흔히 발견할 수 있는데, 동전 1개를 1회 던지기, 찬반 의견 묻기, 작업자를 1회 관찰하였더니 작업 또는 유휴로 관찰되는 등이 모두 베르누이 실험의 형태이다. 베르누이 실험에서 원하는 결과가 나오면 '성공', 아니면 '실패'라 하고, 성공할 확률을 p라고 하자.

서로 독립적인 베르누이 실험을 n회 반복해서 하는 것을 이항실험(binomial experiment)이라 한다. 예를 들어, 동전을 10회 던질 때 나오는 앞면 또는 뒷면의 횟수, 작업자를 20회 관찰하여 작업 또는 유휴의 횟수를 기록하는 등이 이항실험의 예이다.

일반적으로 성공확률이 p인 베르누이 실험을 n번 할 때 '성공'의 수 X는 다음과 같이 분포하며, 이를 이항분포라 한다.

$$P(X = k) = {}_nC_k p^k (1 - p)^{n-k},\ k = 0, 1, 2, \cdots, n \tag{12.1}$$

여기서, n: 시행횟수

k: 성공횟수

p: 성공확률

${}_nC_k = \dfrac{n!}{k!(n-k)!}$: 서로 다른 n개에서 k개를 뽑는 경우의 수

시행횟수 n, 성공확률 p인 이항확률변수 X의 기대치와 분산은 각각 다음과 같다.

$$\text{기대치: } E(X) = np \tag{12.2}$$

$$\text{분산: } Var(X) = np(1 - p) \tag{12.3}$$

그리고 p의 추정치 $\hat{p}$(특정 항목이 관찰된 확률 $= \dfrac{\text{그 항목이 관측된 횟수}}{\text{총 관측횟수}}$)의 기대치와 분산은 각각 다음과 같다.

$$\text{기대치: } E(\hat{p}) = p \tag{12.4}$$

$$\text{분산: } Var(\hat{p}) = \frac{p(1-p)}{n} \tag{12.5}$$

$\hat{p}$의 분포는 n이 클 때 중심극한 정리(central limit theorem)에 의하여 정규분포(normal distribution)를 따르게 된다(중심극한 정리: 모집단이 정규분포를 따르지 않더라도 n이 충분히 크면 표본평균의 분포가 근사적으로 정규분포를 따른다).

정규분포는 〈그림 12-1〉과 같이 평균(μ)을 기준으로 좌우 대칭인 종 모양으로 산포 정도는 분산 σ^2에 의하여 결정된다.

평균 μ와 분산 σ^2을 갖는 정규 확률변수를 $Z = \frac{X - \mu}{\sigma}$로 변환하면 새로운 확률변수 Z는 평균이 0, 분산이 1인 표준정규분포를 따른다.

표준정규분포를 이용하여 신뢰수준($C = 1 - \alpha$), 허용오차 ±I 경우의 신뢰구간을 구하면 다음과 같다.

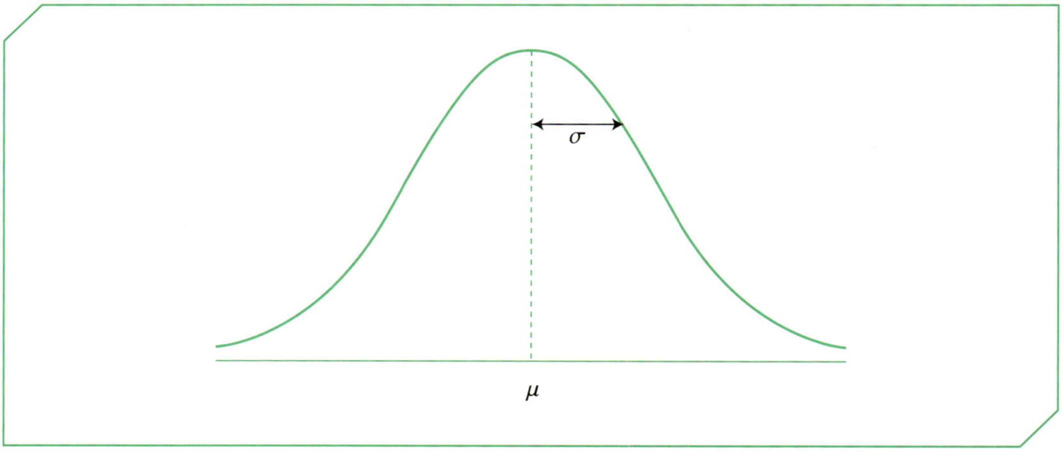

〈그림 12-1〉 정규분포

$$P\left(-Z_{\frac{\alpha}{2}} \le \frac{\hat{p}-p}{\sqrt{\hat{p}(1-\hat{p})/n}} \le Z_{\frac{\alpha}{2}}\right) = C \quad (12.6)$$

$$P\left(\hat{p} - Z_{\frac{\alpha}{2}}\sqrt{\frac{\hat{p}(1-\hat{p})}{n}} \le p \le \hat{p} + Z_{\frac{\alpha}{2}}\sqrt{\frac{\hat{p}(1-\hat{p})}{n}}\right) = C$$

여기서 허용오차(E)를 다음과 같이 정의한다.

$$E = Z_{\frac{\alpha}{2}}\sqrt{\frac{\hat{p}(1-\hat{p})}{n}} \quad (12.7)$$

위의 관계식을 이용하면 관측횟수(n)는 다음과 같이 표현된다.

$$n \fallingdotseq \left(\frac{Z_{\frac{\alpha}{2}}}{E}\right)^2 \times \hat{p} \times (1-\hat{p}) \quad (12.8)$$

여기에서 $Z_{\frac{\alpha}{2}}$는 주어진 통계적 신뢰수준 $(1-\alpha)$에서의 표준정규분포 값으로 주로 사용되는 95% 신뢰수준의 경우에는 $Z_{\frac{0.05}{2}} = Z_{0.025} = 1.96$이 사용된다. 90%의 신뢰수준의 경우에는 $Z_{\frac{0.1}{2}} = Z_{0.05} = 1.645$가 사용된다.

예제 12-1

한 공장에서는 작업준비에 과다한 시간이 소요된다고 생각하여, 작업준비에 소요되는 시간을 추정하기 위해 워크샘플링을 실시하고자 한다. 예비조사에서 200회를 관찰하여 다음과 같은 결과를 얻었다.

항목	관찰횟수
작업준비	40
작업	130
유휴	30

예비조사의 결과 작업준비에 소요되는 시간의 비율은 $\hat{p} = \frac{40}{200} = 0.2$로 추

정된다. 95%의 신뢰수준과 허용오차를 ±3%로 할 경우, 관측횟수는 몇 회가 되어야 하는가?

$$n \fallingdotseq \left(\frac{Z_{\frac{\alpha}{2}}}{E}\right)^2 \times \hat{p} \times (1-\hat{p}) = \left(\frac{1.96}{0.03}\right)^2 \times 0.2 \times 0.8 \fallingdotseq 683$$

현재까지 200회를 관찰하였으므로 앞으로 적어도 483회를 추가로 관찰해야 한다.

12.4 워크샘플링을 응용한 수행도 평가

이는 워크샘플링 관찰 중에 작업자의 수행도에 대한 평가를 병행하는 형태이다. 수행도 평가는 스톱워치를 사용하는 시간연구에서 매우 중요한 부분으로서, 시간연구에서는 작업 장면을 짧은 시간 동안 관찰하므로 작업 사이클마다 달라질 수 있는 작업 속도를 정확히 평가하기 힘들다. 반면, 워크샘플링에서는 많은 횟수에 걸쳐 작업 수행 여부를 관찰하여 작업의 비율을 추정하므로 수행도에 관해서 정확한 정보를 획득할 수 있다. 특히 사이클이 매우 긴 작업은 스톱워치법으로 표준시간을 산정하기 어렵다.

예를 들어, 어떤 작업에 대하여 82회의 워크샘플링 관찰을 하는 경우를 생각해보자. 관찰 결과, 본 작업자의 작업속도는 표준속도에 비하여 60~140% 정도로 작업하는 것으로 나타났으며, 구체적인 결과는 〈표 12-1〉과 같다.

각 평가계수와 그 조건에서 관찰된 횟수를 곱한 값의 합(75)을 총 관찰횟수(82)로 나눈 값(91.5%)을 본 작업의 대표 수행도 값으로 간주할 수 있다.

〈표 12-1〉 워크샘플링을 응용한 수행도 평가의 예

평가계수 (%)	60	70	80	90	100	110	120	130	140	계
관찰횟수	5	10	15	20	15	8	6	2	1	82
평가계수×관찰횟수	3	7	12	18	15	8.8	7.2	2.6	1.4	75

12.5 워크샘플링을 응용한 표준시간의 설정

워크샘플링 기법은 표준시간을 설정하는 데 응용될 수 있다. 다음의 상황을 생각해보자. 〈표 12-2〉와 같이 한 공장에서 신뢰수준 95%, 허용오차 ±5%로 정비작업을 1개월간 50,000회에 걸쳐 관찰하였다. 그 결과, 가장 주요한 요소작업인 목공작업이 20,000회 관찰되었으므로 전체 정비작업에 소

〈표 12-2〉 워크샘플링을 응용한 표준시간 설정의 예

요소작업	작업	관찰횟수	구성비(%)	시간
1	목공	20,000	40	1,536
2	용접	5,000	10	384
3	전기	2,500	5	192
4	기계수리	8,500	17	653
5	청소	2,000	4	154
6	이동	4,000	8	307
7	문서작업	3,000	6	230
8	유휴	5,000	10	384
합계		50,000	100	3,840

요된 3,840시간의 40%($=\frac{20,000회}{50,000회}$)인 1,536시간이 목공작업에 소요된 것이라 할 수 있다. 단, 이는 여유시간이 전혀 없는 작업 상황을 가정한 것이다. 관찰기간 동안에 목공작업이 825회 이루어졌다면 1회 작업당 $\frac{1,536시간}{825회} \fallingdotseq$ 1.86시간이 소요된 것이다. 이 작업의 일반 여유율이 15%이라면 표준시간은 $1.86 \times 1.15 \fallingdotseq 2.13$시간으로 추정할 수 있다.

12.6 워크샘플링의 장단점

워크샘플링의 장점은 다음과 같다.

1. 연속적 관찰을 할 필요가 없다.
2. 1명의 관찰자가 여러 대상(기계나 작업자)을 관찰할 수 있다.
3. 관찰자는 관찰시점 사이에 다른 작업을 수행할 수 있다.
4. 작업자의 작업을 방해하거나 작업에 영향을 덜 미친다.
5. 조사기간을 길게 하여 평상시의 다양한 작업 상황을 관찰할 수 있다.
6. 관찰의 신뢰수준과 정확도를 미리 계획할 수 있으며, 그 결과를 통계적으로 평가할 수 있다.
7. 관찰 장비가 필요 없다.
8. 관찰자에 대한 교육훈련이 쉽다.

워크샘플링의 한계점은 다음과 같다.

1. 통계적인 추정을 사용하므로 그 정확성을 100% 보장할 수 없으며, 특히 표준시간을 설정하는 목적에는 더욱 그렇다.
2. 하나의 대상으로 연구를 수행한다면 연구비용이 다른 방법에 비하여 크다.
3. 멀리 떨어진 여러 대상을 관측하기에는 어려움이 있다.
4. 작업방법, 특정 작업요소의 길이, 작업요소 간의 발생순서는 알 수 없다.
5. 연구가 종료된 후에 작업방법 또는 조건에 변화가 생기면 기존 워크샘플링의 결과에 어떤 변화가 올지 예측하기 어렵다.
6. 통계학적 지식이 요구된다.
7. 작업자 또는 관찰자에 의해 조사결과에 편의(bias)가 개입될 여지가 있다.

워크샘플링에서 편의는 다음의 경우에 발생할 수 있다.

1. 관찰시점이 무작위적이지 않고 주기적으로 발생하는 어떤 행위와 시점이 일치할 경우에 결과가 왜곡될 수 있다.
2. 관찰자가 관찰시점을 임의로 정하든가, 관찰항목의 의미가 애매할 때, 무의식중에 관찰자가 원하는 방향으로 결과를 해석할 수 있다.
3. 작업자가 관찰시점을 예견할 수 있을 경우에는 평소와 다른 작업태도를 보여 결과에 왜곡을 초래할 수 있다.
4. 관찰기간 또는 관측시점이 특정기간에 편중되어 있을 때 발생할 수 있다. 예를 들어, 유휴시간은 주초나 주말에 많이 일어나는데 관찰은 수요일과 목요일에만 이루어지는 경우이다.

12.7 기타 워크샘플링의 종류

1. 체계적 워크샘플링(systematic work sampling)

관측시점을 무작위로 하지 않고 등간격으로 하여 관찰하는 기법이다. 작업이 등간격 시점에서 발생하여 편의가 발생할 염려가 있는 작업에는 부적절하다. 매우 긴 기간 동안 관측하거나 무작위 관찰이 큰 의미가 없을 정도로 관측횟수가 많은 경우에 이용하나, 일반적으로 무작위 관찰이 더 낫다.

2. 층별 샘플링(stratified sampling)

모집단을 성격이 다른 층(집단)으로 나누고 각 층 안에서 무작위 관찰하는 방법이다. 층별 샘플링은 모집단에 대한 추정뿐만 아니라 각 층별로도 추정이 가능하며, 규모가 작은 각 층에서 관찰하므로 무작위 관찰을 용이하게 할 수 있다.

많은 경우에 층의 크기에 따라 가중치를 두어 관찰하는 방법을 취한다. 예를 들어, 기계 1의 생산량이 기계 2의 생산량보다 많을 때, 기계 1에 대한 관찰횟수를 더 많게 하는 경우이다. 층별로 관찰한 후에 얻은 자료는 관찰횟수를 가중치로 하여 가중평균치를 구한다.

요약

워크샘플링은 작업의 여러 구성요소에 소요된 시간의 비율을 통계적인 개념을 사용하여 추정하는 기법이다. 긴 기간 동안에 무작위 또는 등간격으로 정해진 시점에서 연구대상을 순간적으로 관찰하여 대상의 상황을 파악한다. 특정요소의 시간비율은 '해당 항목이 관측된 횟수 ÷ 총 관측횟수'로 추정한다. 워크샘플링은 충분히 긴 기간의 관찰이 가능해야 하고, 관찰대상이 하나보다는 여럿인 경우에 주로 적용된다. 그리고 사이클타임이 비교적 긴 작업과 비반복적인 요소가 많은 작업에 적합하다.

워크샘플링의 절차로는 먼저 조사의 목적을 정의하고, 워크샘플링이 수행될 부서 감독자의 승인을 받고, 대상 작업자를 포함한 작업자들에게 조사의 목적을 알리고 이해와 협조를 구한다. 관찰할 항목을 상세히 기술한다. 관찰의 대상이 되는 항목들은 서로 뚜렷이 구별될 수 있어야 한다. 정신적인 요소를 포함하는 항목은 가능하면 배제한다. 자료를 기입할 양식을 제작하고 하루 이틀 정도 예비로 관찰한다. 통계적 신뢰수준 및 허용오차를 고려하여 관찰횟수를 결정할 때는 다음 공식을 사용한다.

$$n \fallingdotseq \left(\frac{Z_{\frac{\alpha}{2}}}{E}\right)^2 \times \hat{p} \times (1 - \hat{p})$$

관찰시점을 무작위로 선정하는 경우에 난수표나 엑셀의 난수발생 기능을 사용한다.

워크샘플링의 장점은 연속적 관찰을 할 필요 없고, 1명의 관찰자가 여러 대상을 관찰할 수 있으며, 작업자의 작업에 방해나 영향을 미치지 않는 점 등이다. 한계점은 표준시간을 설정하는 목적에는 다소 적합하지 않고, 멀리 떨어진 여러 대상을 관측하기에는 어려움이 있다. 그리고 작업방법, 특정 작업요소의 길이, 작업요소 간의 발생순서는 알 수 없다.

워크샘플링은 수행도 평가에 이용될 수 있으며, 작업의 수행 여부를 여러 번 관찰하여 작업의 비율을 추정하므로 정확한 정보를 획득할 수 있다. 또한 워크샘플링은 표준시간을 설정하는 데 응용될 수 있으나, 통계적인 추정치임을 유의한다.

체계적 워크샘플링은 관측 시점을 무작위로 하지 않고 등간격으로 하여 활동을 관찰하는 기법이다. 층별 샘플링은 모집단을 성격이 다른 집단으로 나누고, 각 집단 안에서 단순무작위 관찰을 실시하는 방법이다.

연습문제

1. 워크샘플링에 대한 설명 중 옳지 않은 것은?
   ① 관측할 작업 수가 많은 경우에 표본을 추출하여 시간연구를 수행하는 방법이다.
   ② 정규분포를 이용하여 이론적으로 전개한다.
   ③ 영국에서 처음으로 섬유업에 사용되었다.
   ④ 장기간의 연구를 요하는 작업에 대한 연속관측법의 일종이다.

2. 워크샘플링의 용도로 적절하지 않은 것은?
   ① 여유율 산정 ② 수행도 평가
   ③ 생산량 추정 ④ 정원 설정

3. 워크샘플링에 관한 것으로 맞지 않는 것은?
   ① 충분히 긴 기간의 관찰이 가능해야 한다.
   ② 관찰대상이 하나보다는 여럿인 경우에 주로 적용된다.
   ③ 사이클타임이 비교적 짧은 작업에 적합하다.
   ④ 비반복적인 요소가 많은 작업에 적합하다.

4. 워크샘플링에 관한 것으로 맞지 않는 것은?
   ① 연속적 관찰을 할 필요가 없다.
   ② 조사기간을 길게 하더라도 다양한 작업상황을 관찰하기에 한계가 있다.
   ③ 1명의 관찰자가 여러 대상(기계나 작업자)을 관찰할 수 있다.
   ④ 작업자의 작업을 방해하거나 영향을 덜 미친다.

5. 워크샘플링에 관한 것으로 맞는 것은?

   ① 통계적인 추정기법을 사용하므로 정확한 표준시간을 설정하는 목적에는 적합하지 않다.

   ② 연속관찰이 아니므로 멀리 떨어진 여러 대상을 관측하기에 어려움이 없다.

   ③ 다수를 관찰하므로 작업방법과 작업요소 간의 발생순서를 파악할 수 있다.

   ④ 연구가 종료된 후에 작업방법 또는 조건에 변화가 생기면 기존 워크샘플링의 결과에 어떤 변화가 올지 예측하기 쉽다.

6. 관측 시점을 무작위로 하지 않고 등간격으로 하여 관찰하는 기법은?

   ① 무작위 워크샘플링　　② 체계적 워크샘플링

   ③ 층별 워크샘플링　　④ 수행도 워크샘플링

7. 어떤 작업을 수행하는 작업자를 80회 관찰하였더니 그 중 60회는 작업하는 것으로, 나머지 20회는 작업을 하지 않는 것으로 관찰되었다. 이 작업의 효율은?

8. 유휴율이 10%인 기계의 작업을 50회 관찰할 경우, 이에 포함되어 있는 유휴횟수의 평균값과 분산은?

9. 50회의 예비관찰을 통하여 어떤 기계의 가동률이 60%로 추정되었다. 95%의 신뢰수준과 5%의 허용오차로 가동률을 추정하기 위하여 필요한 관찰횟수는?

13장 PTS법

13장 PTS법

본 장에서는 작업시간을 직접 측정하지 않고도 표준시간을 결정할 수 있는 다양한 종류의 PTS(predetermined time standard)법의 개발 배경과 각각의 특징을 살펴본다.

13.1 PTS 개요

1. PTS 역사

PTS는 인간이 취할 수 있는 기본적인 동작을 몇 가지로 구분하고 각 동작마다 소요되는 시간을 미리 정해놓은 것이다. 따라서 어떤 작업을 수행하는 데 필요한 동작이 무엇인지 안다면 시계로 직접 측정하지 않아도 요소동작들의 소요시간을 PTS에서 찾아 그 소요시간의 합으로 작업의 표준시간을 결정할 수 있다. PTS는 현재 수행 중인 작업의 표준시간을 결정하기 위해 사용되지만, 새로운 작업의 시간을 예측하는 데에도 사용할 수 있다.

PTS는 오랜 기간의 연구결과를 바탕으로 기본동작의 소요시간을 정리한 표준자료라고 할 수 있다. 〈그림 13-1〉과 같이 1924년 세거(A. B. Segur)가 MTA(motion-time-analysis)를 처음 발표한 이후 다양한 PTS법이 개발되었다. 현재 국내에 도입되어 사용하고 있는 PTS는 WF(work factor), MTM(methods-time measurement), MOST(Maynard operation sequence technique), MODAPTS(modular arrangement of predetermined time standards)가 대표적이다.

WF는 1938년 퀵(J. H. Quick), 쉬어(W. J. Shea), 쾰러(R. E. Koehler)가 개발하였다. 이를 기초로 SWF(simplified work factor), AWF(abbreviated work factor), RWF(ready work factor), BWF(brief work factor)와 같이 변형된 WF가 개발되었다. 변형된 WF와 구별하기 위해 처음 개발된 WF를 DWF(detailed work factor)라 부르며, DWF가 정확성에 중점을 두었다면 변형된 WF들은 빠르고 쉽게 사용할 수 있도록 신속성과 사용의 편의성에 중점을 두어 개발되었다. 또한 검사, 읽기, 계산 등 정신 작업(mental process)의 시간을 측정하기 위해 DMF(detailed mento factor)가 개발되었다.

MTM은 1948년 메이나드(H. B. Maynard), 스테그머튼(G. J. Stegemerten), 슈와브(J. L. Schwab)가 개발하였다. 인간이 수행하는 작업을 손 뻗기, 이동, 돌리기, 쥐기, 누르기, 바로 놓기, 내려놓기, 떼어놓기, 눈 시간 등의 기본동작으로 나누어, 각 기본동작의 이동거리, 상황, 유형, 중량 등에 따라 표 형태로 약 1,700개의 시간치를 정해 놓았다. 이후 MTM-2, MTM-3, MTM-V(공작기계), MTM-M(현미경 작업), MTM-C(사무), MTM-B(건설) 등이 개발되었으며, 다른 MTM과 구별하기 위해 처음 개발된 MTM을 MTM-1이라 부른다. MTM은 TMU(time measurement unit)라는 시간 단위를 사용하며, 1 TMU는 0.00001시간, 0.0006분, 0.036초와 같다.

MOST는 MTM-1을 기초로 1972년 잔딘(K. B. Zandin)이 개발하였으며 MTM-1보다 정확도 손실이 거의 없이 5배 이상 신속하게 표준시간을 결정할 수 있

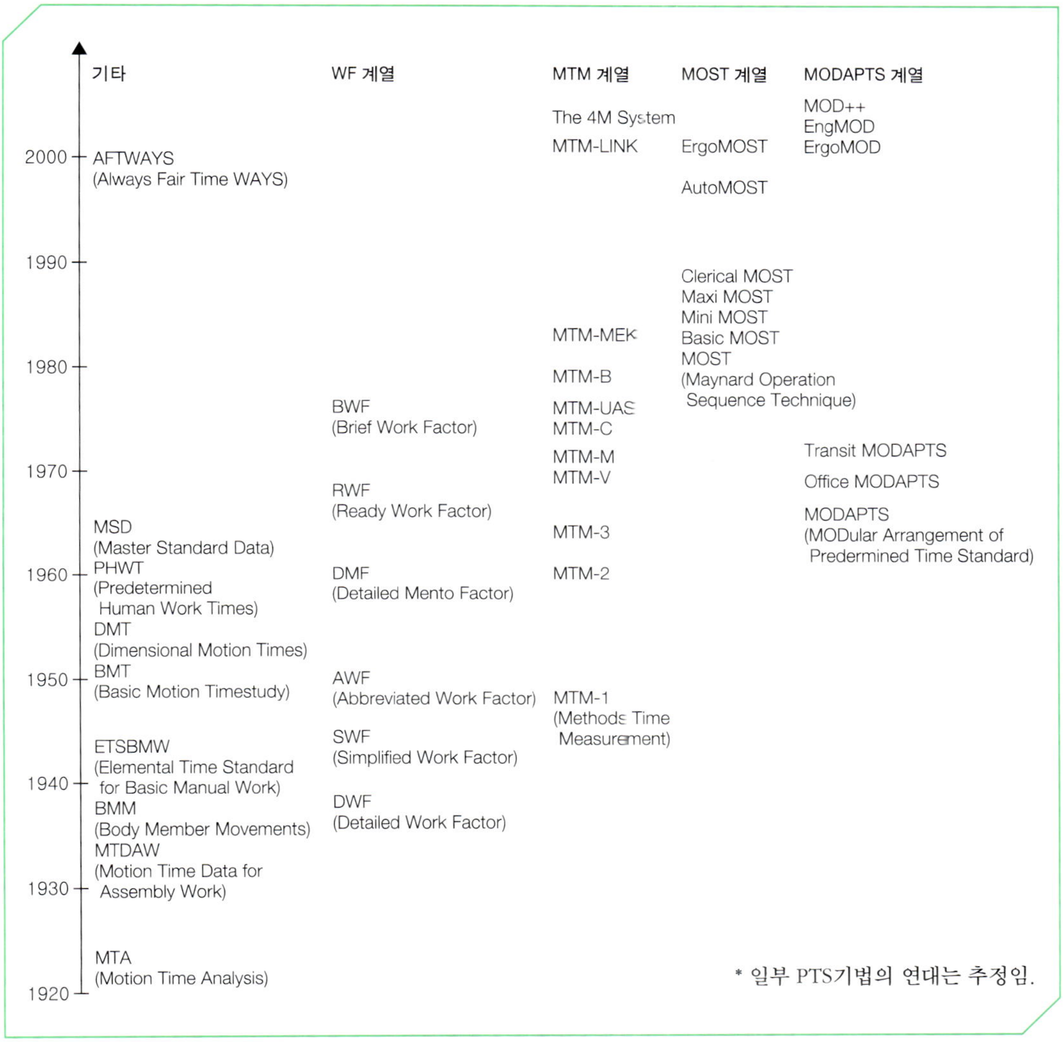

〈그림 13-1〉 PTS법의 연대표

다. 작업 특성에 따라 Basic MOST, Mini MOST, Maxi MOST, Clerical MOST 등의 변형된 MOST가 있다. Basic MOST는 산업현장에서 수행되는 광범위한 수작업을 분석하기에 적당하다. Mini MOST는 조립이나 포장과 같이 반복적인 작업의 분석에 알맞으며, Maxi MOST는 시간이 오래 걸리는 작업, Clerical

MOST는 사무작업의 분석에 적합하다. MOST는 MTM과 같이 TMU라는 시간 단위를 사용한다.

MODAPTS는 1966년 호주의 헤이드(G. C. Heyde)가 개발하였다. 손가락이 움직일 수 있는 거리는 짧고 시간이 적게 걸리나 어깨는 먼 거리를 움직일 수 있으며 시간도 오래 걸리므로, 어느 신체부위를 이용하여 작업을 하는지 관찰하면 쉽게 작업시간을 측정할 수 있다는 개념에서 시작하였다. 즉, 사용하는 신체부위에 따라 이동거리와 시간이 결정된다는 것에 착안하여, 신체부위의 동작거리를 직접 측정하지 않고 신체부위의 움직임 자체에 초점을 두어 개발하였다. 이후에 사무작업용 Office MODAPTS와 창고작업용 Transit MODAPTS가 개발되었다. MODAPTS는 MOD라는 시간 단위를 사용하며, 1 MOD는 0.129초와 같다. 이는 손가락의 평균 동작거리인 1인치(2.54cm)를 움직일 때 소요되는 시간을 의미하며, 2 MOD, 3 MOD와 같이 정수를 곱하여 다른 신체부위 동작의 시간을 표시한다.

2. 여러 PTS의 비교

PTS는 길브레스 부부가 개발한 서어블릭에서 시작되었다고 할 수 있다. 이어 1924년 MTA가 개발된 이래 각 PTS 계열마다 발전을 거듭하였다. 제1세대라고 할 수 있는 DWF와 MTM-1은 기본동작과 작업조건을 세분화하여 정확도는 높지만 사용이 복잡하여 작업분석에 많은 시간이 소요된다. 제2세대라고 할 수 있는 RWF, BWF, MTM-2, MTM-3, MOST, MODAPTS 등은 이러한 단점을 보완하기 위해 여러 기본동작들을 조합하여 시간치의 수를 줄임으로써 신속하게 작업을 분석할 수 있게 되었지만, 제1세대 PTS보다 정확도가 떨어지는 경향이 있다. 제3세대에는 DMF, MTM-V, MTM-M, MTM-C,

MTM-B, Clerical MOST, Office MODAPTS, Transit MODAPTS 등 특정 산업 분야에 특화된 PTS가 개발되었다. 제4세대 PTS인 MTM-LINK, MOD++ 등은 분석의 편의를 위해 컴퓨터 프로그램화하거나, ErgoMOST, ErgoMOD와 같이 인간공학과 접목하여 단순히 작업시간 측정뿐만 아니라 작업난이도, 피로, 스트레스 등을 함께 분석한다.

따라서 산업현장에서 PTS를 적용할 때는 작업의 특성, 기본적인 시간 단위, 소요시간치의 오차 등을 고려하여 〈표 13-1〉에 따라 적절한 기법을 선정해야 한다. 또한 PTS의 기본 개념은 간단하나 사용이 어려워 충분한 교육이 선행되어야 하며, 유의할 것은 PTS에서 제시하고 있는 시간은 모두 정미시간으로 표현되어 있기 때문에 표준시간을 구하려면 여유시간을 추가로 고려해야 한다.

13.2 WF(work factor)

1. 변동 요인

WF에서는 작업을 이동(transport), 쥐기(grasp), 미리 놓기(pre-position), 조립(assemble), 사용(use), 분해(disassemble), 정신 작업(mental process), 놓기(release)의 8개 표준요소 중 하나로 구분한 후, 표준요소별로 작업시간에 영향을 주는 4개 변동 요인으로 시간을 결정한다. 변동 요인으로는 동작 신체부위, 동작거리, 중량 또는 저항, 인위적 조절이 있다. 즉, WF에서는 작업에 사용되는 신체부위, 동작거리, 취급하는 물건의 중량, 인위적 조절에 따라 작업시간이 결정된다. 이 때, 중량물을 취급하지 않으며 인위적 조절이 필요 없는 동작의 경우에는

〈표 13-1〉 여러 PTS법의 비교

PTS	작업 특성	시간 단위(분)	오차(%)*
DWF	사이클타임이 0.15분 이하	0.0001	–
SWF	사이클타임이 1분 이상	0.0001	5
AWF	사이클타임이 12분 이상	0.005	10~12
RWF	사이클타임이 0.1분 이상	0.001	5
MTM-1	반복적인 작업	0.0006	1.7
MTM-2	사이클타임이 1분 이상, 동시동작이 적은 작업		3.8
MTM-3	눈 이동 및 초점이 필요한 작업에 사용 불가		5.2
MTM-V	사이클타임이 긴 기계제작 작업		10.1
MTM-C	사무작업		3.4
MTM-M	현미경을 사용하는 아주 정밀한 작업		2.3
MTM-MEK	사이클타임이 긴 소로트 생산		8
MTM-UAS	주문 생산		3.8
Basic MOST	일주일에 150~1,500회 발생하는 작업		–
Mini MOST	일주일에 1,500회 이상 발생하는 작업		–
Maxi MOST	일주일에 150회 이하 발생하는 작업		–
Clerical MOST	사무작업		–
MODAPTS	사이클타임이 1~5분	0.00215	–

* WF는 DWF 기준의 상대적 오차이며, MTM은 10,000 TMU 수작업 기준.

사용되는 신체부위와 동작거리에 의해서만 작업시간이 결정되며, 이와 같은 작업을 기본동작(basic motion)이라고 한다. 그러나 다루는 물건의 중량이 무거울수록, 동작이 까다로워서 인위적 조절이 다양하게 필요할수록 작업시간도 늘어난다. 따라서 중량과 인위적 조절을 작업시간에 영향을 미치는 요소로 간주하고 이들을 work factor라고 부른다. WF에서는 중량물이 무거워질수록, 인위적 조절이 많이 필요할수록 work factor의 수를 늘려준다.

신체부위는 손가락 또는 손, 팔, 아래팔, 몸통, 발, 다리, 머리의 7개로 나누어 〈표 13-2〉~〈표 13-8〉과 같이 동작거리별 또는 동작크기별로 시간치가 제시된다. 표에 제시된 시간의 단위는 1WFU(work factor unit) = 0.0001분이다. 그 외 걷기와 정신 작업에 대한 시간은 각각 〈표 13-9〉, 〈표 13-10〉에 제시되어 있다.

동작거리는 각 신체부위의 기준점을 이용하여 동작이 시작하는 순간과 끝나는 순간 사이의 직선거리로 나타낸다. 손가락 또는 손의 기준점은 손가락 끝이며, 팔과 아래팔 회전은 주먹 쥔 손끝(knuckle), 몸통은 어깨 끝, 다리는 발목, 발은 발가락 끝을 기준으로 한다. 중량 또는 저항은 토크(torque)로 측정하는 아래팔 회전을 제외하고 파운드(lb, 1lb=0.45kg) 단위를 사용한다. 중량 또는 저항이 높을수록 work factor의 수가 늘어나며 작업시간은 증가한다.

WF에서는 작업의 인위적 조절 정도를 방향 조절, 주의, 방향 변경, 정지로 구별한다.

1. **방향 조절**(S): 바늘에 실을 꿰는 것과 같이 좁은 간격을 통과하거나 작은 목표물을 향해 방향을 조절하는 동작
2. **주의**(P): 깨진 유리를 집는 것과 같이 물건의 손상이나 작업자의 상해를 방지하기 위해 주의하는 동작
3. **방향 변경**(U): 컴퓨터 모니터 뒤에 있는 스위치를 끄기 위해 팔을 뻗는 것과 같이 장애물을 피하기 위해 급격하게 곡선으로 움직이는 동작

4. **정지(D)**: 놓여 있는 물건을 집기 위해 손을 멈추는 것과 같이 의도적으로 정지하는 동작

표준요소별로 분석한 결과를 <표 13-11>의 기호를 이용하여 신체부위, 동작거리, 중량 또는 저항, 인위적 조절의 순서로 기록한다. 예를 들어, 남자가 팔로 4파운드의 부품을 30인치 운반한 후 방향을 맞추어 작업대 위에 놓을 경우에는 A30WSD와 같이 기록한다. 왜냐하면 신체부위 중 팔을 사용하였으므로 A이고, 남자가 4파운드의 부품을 다루었으므로 <표 13-3>에서 work factor 수는 1이 되어 W로 표시하고, 부품의 방향을 조절하였으므로 S, 작업대 위에 놓기 위해 부품을 정지하였으므로 D가 된다.

중량 또는 저항이 커질수록 work factor 수가 증가하므로 work factor 수만큼 W, WW (또는 W^2), WWW(또는 W^3)로 표시한다. 위의 예제에서 10파운드의 부품을 운반하였다면 <표 13-5>에서 work factor 수가 2가 되므로 A30WWSD 또는 A30W^2SD로 표시한다. 다른 신체부위에 대해서도 같은 방법을 사용한다.

WF에서 표준요소의 동작시간은 work factor의 종류와 관계없이 work factor의 개수로만 결정한다. 따라서 팔로 4파운드의 부품을 30인치 운반하는 A30WSD 동작의 소요시간은 work factor가 W, S, D, 3개이므로 <표 13-3>의 30인치의 행에서 work factor 수가 3에 해당하는 142WFU이며, 분으로 나타내면 0.0142분이 된다.

〈표 13-2〉 손가락 또는 손동작의 시간 (단위: 0.0001분)

동작거리(인치)		기본동작	work factor 수			
			1	2	3	4
1		16	23	29	35	40
2		17	25	32	38	44
3		19	28	36	43	49
4		23	33	42	50	58
중량 (파운드)	남자	$\sim\frac{2}{3}$	$\sim 2\frac{1}{2}$	~4	>4	—
	여자	$\sim\frac{1}{3}$	$\sim 1\frac{1}{4}$	~2	>2	—

〈표 13-3〉 팔동작의 시간 (단위: 0.0001분)

동작거리(인치)	기본동작	work factor 수			
		1	2	3	4
1	18	26	34	40	46
2	20	29	37	44	50
3	22	32	41	50	57
4	26	38	48	58	66
5	29	43	55	65	75
6	32	47	60	72	83
7	35	51	65	78	90
8	38	54	70	84	96
9	40	58	74	89	102
10	42	61	78	93	107
11	44	63	81	98	112
12	46	65	85	102	117
13	47	67	88	105	121
14	49	69	90	109	125
15	51	71	92	113	129

〈표 13-3〉 팔동작의 시간 (단위: 0.0001분) (계속)

동작거리(인치)	기본동작	work factor 수			
		1	2	3	4
16	52	73	94	115	133
17	54	75	96	118	137
18	55	76	98	120	140
19	56	78	100	122	142
20	58	80	102	124	144
22	61	83	106	128	148
24	63	86	109	131	152
26	66	90	113	135	156
28	68	93	116	139	159
30	70	96	119	142	163
35	76	103	128	151	171
40	81	109	135	159	179
중량(파운드) 남자	~2	~7	~13	~20	>20
중량(파운드) 여자	~1	$\sim 3\frac{1}{2}$	$\sim 6\frac{1}{2}$	~10	>10

〈표 13-4〉 아래팔 회전의 시간 (단위: 0.0001분)

동작크기(각도)	기본동작	work factor 수			
		1	2	3	4
45	17	22	28	32	37
90	23	30	37	43	49
135	28	36	44	52	58
180	31	40	49	57	65
토크(파운드×인치) 남자	~3	~13	>13	—	—
토크(파운드×인치) 여자	$\sim 1\frac{1}{2}$	$\sim 6\frac{1}{2}$	$>6\frac{1}{2}$	—	—

〈표 13-5〉 몸통동작의 시간 (단위: 0.0001분)

동작거리(인치)		기본동작	work factor 수			
			1	2	3	4
1		26	38	49	58	67
2		29	42	53	64	73
3		32	47	60	72	82
4		38	55	70	84	96
5		43	62	79	95	109
6		47	68	87	105	120
7		51	74	95	114	130
8		54	79	101	121	139
9		58	84	107	128	147
10		61	88	113	135	155
11		63	91	118	141	162
12		66	94	123	147	169
13		68	97	127	153	175
14		71	100	130	158	182
15		73	103	133	163	188
16		75	105	136	167	193
17		78	108	139	170	199
18		80	111	142	173	203
19		82	113	145	176	206
20		84	116	148	179	209
중량 (파운드)	남자	~11	~58	>58	—	—
	여자	~$5\frac{1}{2}$	~29	>29	—	—

〈표 13-6〉 발동작의 시간 (단위: 0.0001분)

동작거리(인치)		기본동작	work factor 수			
			1	2	3	4
1		20	29	37	44	51
2		22	32	40	48	55
3		24	35	45	55	63
4		29	41	53	64	73
중량 (파운드)	남자	~5	~22	>22	–	–
	여자	~$2\frac{1}{2}$	~11	>11	–	–

〈표 13-7〉 다리동작의 시간 (단위: 0.0001분)

동작거리(인치)	기본동작	work factor 수			
		1	2	3	4
1	21	30	39	46	53
2	23	33	42	51	58
3	26	37	48	57	65
4	30	43	55	66	76
5	34	49	63	75	86
6	37	54	69	83	95
7	40	59	75	90	103
8	43	63	80	96	110
9	46	66	85	102	117
10	48	70	89	107	123
11	50	72	94	112	129
12	52	75	97	117	134
13	54	77	101	121	139

〈표 13-7〉 다리의 시간 (단위: 0.0001분) (계속)

동작거리(인치)	기본동작	work factor 수			
		1	2	3	4
14	56	80	103	125	144
15	58	82	106	130	149
16	60	84	108	133	153
17	62	86	111	135	158
18	63	88	113	137	161
19	65	90	115	140	164
20	67	92	117	142	166
22	70	96	121	147	171
24	73	99	126	151	175
26	75	103	130	155	179
28	78	107	134	159	183
30	81	110	137	163	187
35	87	118	147	173	197
40	93	126	155	182	206
중량(파운드) 남자	~8	~42	>42	—	—
중량(파운드) 여자	~4	~21	>21	—	—

〈표 13-8〉 머리 돌림의 시간 (단위: 0.0001분)

동작거리(인치)	회전각(도)	work factor 수			
		기본, 1	2	3	4
>2 ~ 4	$>22\frac{1}{2}$ ~ 45	40	51	58	66
>4 ~ 8	>45 ~ 60	60	76	86	99

〈표 13-9〉 걷기 시간 (단위: 0.0001분)

유형	걸음 수 (보폭 30인치)		
	1	2	3 이상
보통 걷기	다른 동작으로 분석	260	120+80 / 걸음
걷는 데 장애 있음		300	120+100 / 걸음
걷기 시점이나 종점에서 120~180° 회전할 경우 100을 더함			
계단 올라감(높이 8인치, 깊이 10인치)		126 / 계단	
계단 내려감		100 / 계단	

〈표 13-10〉 정신 작업의 시간 (단위: 0.0001분)

정신과정	시간
집중: Focus(Fo)	20
반응: React(Rn)	20
검사: Inspect(I)	30
보통: Mento(Mt)	10

〈표 13-11〉 신체부위와 work factor 기호

신체부위	기호	work factor	기호
손가락(finger)	F	중량 또는 저항(weight or resistance)	W
손(hand)	H	방향 조절(directional control or steering)	S
팔(arm)	A	주의(care or precaution)	P
아래팔 회전(forearm swivel)	FS	방향 변경(change of direction)	U
몸통(trunk)	T	정지(definite stop)	D
발(foot)	FT		
다리(leg)	L		
머리 돌림(head turn)	HT		

2. 표준요소

WF가 제안하는 이동, 쥐기, 미리 놓기, 조립, 사용, 분해, 정신 작업, 놓기의 8개 표준요소에서 변동 요인을 적용할 때 고려해야 할 사항은 다음과 같다.

(1) 이동

신체부위를 편한 자세로 되돌리거나 신호를 보내기 위해 손을 드는 동작과 같이 간단하게 움직이는 동작은 기본동작으로 간주하여 중량 또는 저항(W), 방향 조절(S), 주의(P), 방향 변경(U), 정지(D)와 같은 work factor가 필요없다. 그러나 두 팔로 물건을 이동할 경우에는 중량 또는 저항을 반으로 나눈 W값을 사용해야 하며, 손가락으로 당길 때도 중량을 손가락 수로 나눈 W값을 사용한다. 예를 들어, 24파운드 물건을 두 팔로 들어 상자에 넣을 때, 각 팔은 12파운드의 중량을 들고 있으므로 〈표 13-3〉에서 WW 또는 W^2가 된다.

물건의 너비를 제외하고 남은 여유공간이 〈그림 13-2〉에서 2인치 이상일 때는 물건 이동이 용이하므로 기본동작으로 간주하여 방향 조절 work

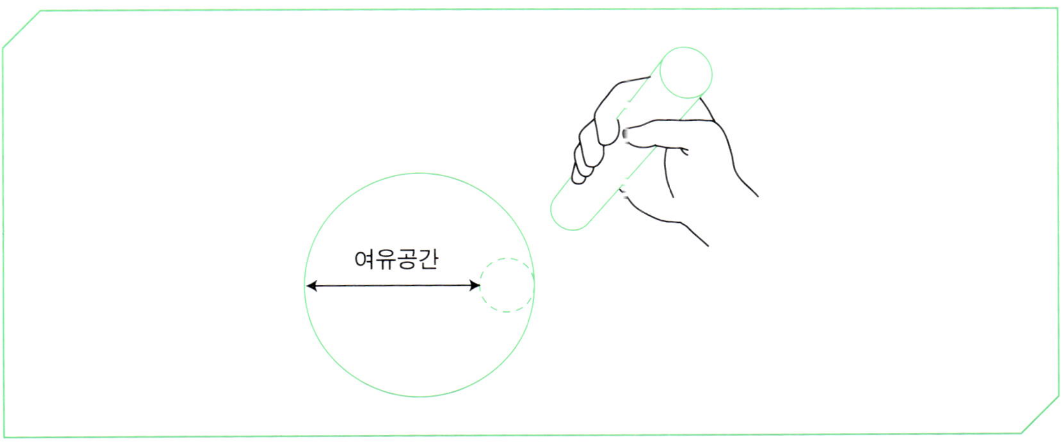

〈그림 13-2〉 물건 이동 시 여유공간

factor인 S가 필요 없으나, 의도적으로 동작을 정지해야 하는 경우에는 정지 work factor인 D를 추가한다. 여유공간이 5/8~2인치 미만으로 좁을 경우에는 물건의 방향 조절과 더불어 정지 D가 필요하므로 S와 D를 함께 추가한다. 예를 들어, 물건의 너비를 제외하고 남은 여유공간이 2인치 이상인 큰 상자에 중량 12파운드의 물건을 넣을 경우에 work factor는 〈표 13-3〉에서 W^2이며, 물건을 상자에 놓는 순간 동작을 정지해야 하므로 D를 추가한다. 그리고 여유공간이 2인치 미만의 작은 상자에 물건을 넣을 경우의 work factor는 W^2SD이다. 5/8인치 미만의 아주 좁은 여유공간으로 물건을 이동할 경우에는 SD와 함께 조립으로 간주한다.

위험한 물건 옆으로 1인치 간격 이내로 이동해야 하거나, 뚜껑에서 1.5인치 이내까지 액체가 가득 찬 용기를 이동하거나, 또는 정해진 경로에서 0.5인치 이상 벗어나지 않도록 이동해야 하는 경우에는 주의가 필요하므로 주의 work factor인 P를 추가한다.

방향 변경 work factor인 U는 〈그림 13-3〉과 같이 장애물의 길이 BD가 AD의 1/3~1배 미만이면 방향 변경으로 취급하지 않는다. 그러나 BD가 AD의 1~3배 미만이면 방향 변경으로 취급하여 U를 추가해야 한다. BD가 AD의 3배 이상일 때는 AB 동작과 BC 동작을 나누어 그 특성을 분석하며, 두 동작 모두 U를 고려하지 않는다. 그리고 움직인 거리의 측정에 있어서 WF법은 움직인 경로의 형태(직선 또는 곡선)에 관계없이 직선거리를 고려함을 주의한다. 예를 들어, 〈그림 13-3〉에서 AB가 15인치, BC가 20인치일 때, BD가 AD의 1/3~1배 미만인 경우에는 A35D로 기록하고, BD가 AD의 1~3배 미만인 경우에는 A35UD로 표기한다. BD가 AD의 3배 이상인 경우에는 AB와 BC에 대하여 A15와 A20D를 각각 표기한다.

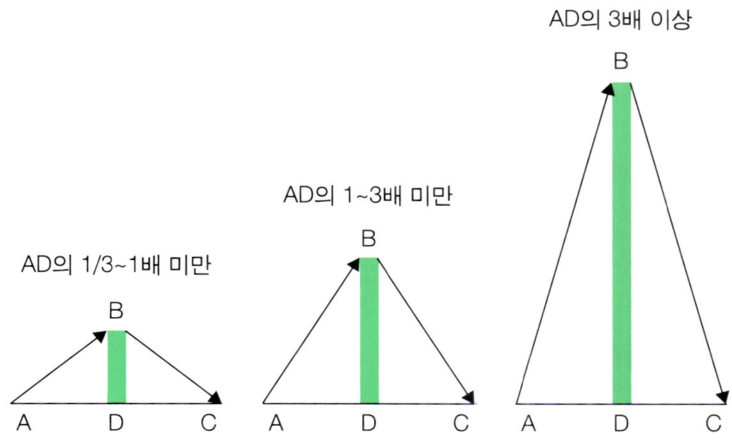

〈그림 13-3〉 방향 변경 work factor U의 구분

(2) 쥐기

WF에서는 손가락 또는 손으로 물건을 쥐는 동작을 단순한 쥐기, 정교한 쥐기, 복잡한 쥐기, 특수한 쥐기로 나눈다. 단순한 쥐기는 〈그림 13-4〉와 같이 다시 접촉형 쥐기(contact grasp), 집게형 쥐기(pinch grasp), 감싸기형 쥐기(wrap

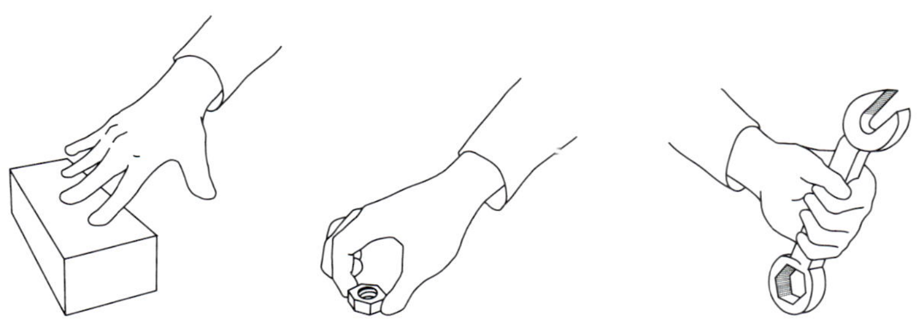

(a) 접촉형 쥐기 (b) 집게형 쥐기 (c) 감싸기형 쥐기

〈그림 13-4〉 단순한 쥐기

around grasp)로 구분된다. 특수한 쥐기는 옮기기형 쥐기(transfer grasp), 정확한 개수 쥐기(exact quantity grasp), 여러 개 쥐기(group grasp)로 나눈다.

WF는 쥐기의 종류, 손가락 또는 손의 동작거리, 물체의 두께와 길이, 지름, 물체의 가시성 여부 등을 고려하여 세분화된 시간을 별도의 표로 제공하고 있으며, 본 서에서는 생략한다.

(3) 미리 놓기

물체를 미리 올바른 위치에 놓아 다음 동작을 원활히 수행할 수 있도록 손가락이나 손목으로 미리 물체의 방향을 돌리거나 바꾸는 동작(그림 13-5)으로, 다른 동작과 동시에 이루어질 경우에는 시간을 부여하지 않는다.

(4) 조립

WF에서는 삽입물과 목표물 두 물체를 결합하는 표준요소인 조립을 크게 단순한 기계적 조립, 복잡한 기계적 조립, 표면 조립으로 나눈다. 쥐기와 비슷하게 목표물의 형태, 물체의 치수, 삽입물과 목표물의 치수 비율 등을 고려하여 세분화된 시간을 별도의 표 형태로 제공하고 있으며, 본 서에서는 생략한다.

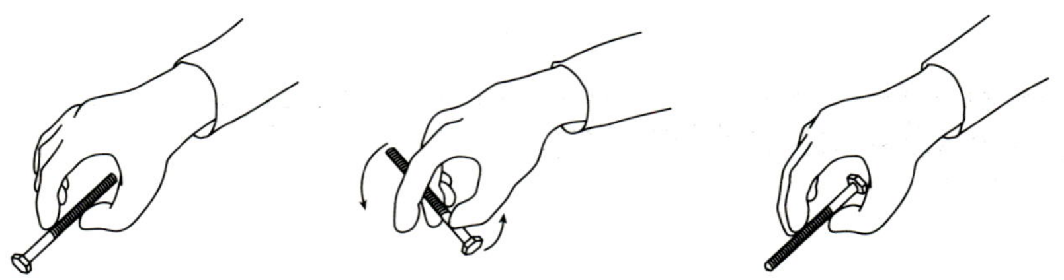

〈그림 13-5〉 미리 놓기

(5) 사용

장비나 도구를 사용하여 작업할 때 소요되는 시간은 1) 사람이 작업을 통제할 경우에는 앞에서 설명한 WF법을 응용하여 작업시간을 결정하고, 2) 기계가 작업을 통제하는 경우에는 별도의 시간연구을 수행하여 소요시간을 결정한다.

(6) 분해

분해는 조립의 반대동작으로 이미 결합된 물체를 분리시키는 동작이다. 분해는 꽉 낀 두 물체를 풀기, 손에 힘을 주어 두 물체를 떼어내기, 힘을 주고 있던 손의 힘을 풀기, 목표물에서 삽입물을 떼어내기로 구성된다. 이에 대한 설명은 생략한다.

(7) 정신 작업

정신 작업은 동시(concurrent) 정신 작업과 연속(sequential) 정신 작업으로 구분한다. 연속 정신 작업은 집중(focus), 검사(inspect), 반응(react), 기억(memorize), 회상(recall), 계산(compute)으로 나눈다. 검사 작업의 시간은 30WFU(0.0030분)이며, 나머지 정신 작업은 모두 20WFU(0.0020분)을 부여한다.

(8) 놓기

일반적으로 쥐기 이후에 수행되는 놓기는 접촉형 놓기(contact release), 중력형 놓기(gravity release), 풀기형 놓기(unwrap release)로 구분한다. 접촉형 놓기는 일반적으로 시간을 부여하지 않으나, 2파운드 이상의 힘을 유지하다 놓을 경우 1/2 (신체부위)1W를 산정한다. 중력형 놓기는 2파운드 이하는 1/2 F1, 2파운드 이상은 1/2 F1W로 시간을 정한다. 풀기형 놓기도 2파운드 이하는

F1, 2파운드 이상은 F1W를 산정하며, 손가락이 1인치 이상 움직일 경우에는 손가락 동작거리를 고려한다.

3. 작성 예

WF로 작업을 분석할 때는 작업 수행에 사용한 모든 동작을 나열하고, 관련된 신체부위, 동작거리, work factor를 구해야 한다. 동작거리 측정 시 소수점은 사용하지 않으므로 가장 가까운 정수를 구한다. 제시된 표에서 신체부위, 동작거리, work factor 수에 따른 작업시간을 산정한다.

〈표 13-12〉는 남성 작업자가 철판을 가져와 프레스로 절단하여 조각을 만드는 프레스 작업을 WF로 분석한 예이며, 각 동작에 대한 설명은 다음과 같다.

1. A20D: 왼팔을 20인치 뻗어 철판을 집기 위해 정지한다.
2. F1W^2: 왼손가락을 1인치 구부려 무게 3파운드의 철판을 집는다.
3. A20W^{2}SD: 집은 철판을 프레스 작업대(press die)에 놓기 위해 조절하며 20인치 옮긴다.
4. F3W^2: 왼손가락을 3인치 펴서 작업대에 철판을 놓는다.
5. A10과 A40D: 왼팔은 10인치 옮겨 작업대에서 손을 빼고, 오른팔은 40인치 뻗어 프레스 손잡이를 잡기 위해 정지한다.
6. F1W^3: 오른손가락을 1인치 구부려 5파운드의 힘으로 프레스 손잡이를 잡는다.
7. A10W^{3}D: 오른팔로 프레스 손잡이를 15파운드 힘으로 10인치 당긴다.
8. F1: 오른손가락을 1인치 펴서 프레스 손잡이를 놓는다.

〈표 13-12〉 work factor 작성 예

왼팔/손가락 동작	분석	시간	번호	시간	분석	오른팔/손가락 동작
팔을 뻗음	A20D	80	1			
철판을 집음	$F1W^2$	29	2			
작업대로 철판 옮김	$A20W^2SD$	144	3			
작업대에 철판 놓음	$F3W^2$	36	4	289	BD	기다림
작업대에서 팔을 뺌	A10	42	5	109	A40D	손잡이로 뻗음
			6	35	$F1W^3$	손잡이를 잡기
			7	93	$A10W^3D$	손잡이를 당김
기다림	BD	211	8	16	F1	손잡이를 놓음
팔을 뻗음	A10D	61	9			
조각을 집음	F1W	23	10			
조각을 옮김	A20WD	102	11			
조각을 놓음	F1W	23	12	209	BD	기다림
누적시간		751	13	751		누적시간

9. A10D: 프레스 후 철판 조각을 잡기 위해 왼팔을 10인치 뻗어 정지한다.
10. F1W: 왼손가락을 1인치 구부려 2파운드 철판 조각을 집는다.
11. A20WD: 상자에 놓기 위해 왼팔로 철판 조각을 20인치 옮겨 정지한다.
12. F1W: 왼손가락을 1인치 펴 철판 조각을 상자에 놓는다.
13. 기다림 BD는 Balancing Delay의 약자로 왼손이나 오른손의 지체시간을 의미한다.

13.3 MTM

1. 기본동작

MTM의 가장 기본적인 형태인 MTM-1은 인간의 기본동작을 손 뻗기, 이동, 돌리기, 쥐기, 누르기, 바로 놓기, 놓기, 떼어놓기, 눈 시간 등 9개로 나누어 각 기본동작의 이동거리, 상황, 동작 유형, 중량 등에 따라 시간치를 제공한다. MTM은 TMU(time measurement unit)라는 시간 단위를 사용하며, 1 TMU는 0.00001시간, 0.0006분, 0.036초와 같다.

(1) 손 뻗기(reach: R)

물건을 잡고 있지 않은 손가락이나 손을 특정 위치까지 이동하는 동작으로, 이동거리, 상황, 동작 유형에 따라 시간치가 달라진다.

이동거리는 이동이 시작하는 순간과 끝나는 순간 간의 직선거리를 사용하는 WF와는 다르게, 실제 이동한 거리를 인치 단위로 측정한다.

상황은 손을 이동할 때 어느 정도의 제어(control)가 필요한지에 따라 다섯 가지로 나뉜다. 상황 A는 가장 쉬운 뻗기로, 정지해 있는 물건을 집기 위해 뻗거나 다른 손에 놓인 물건을 집기 위해 손을 뻗는 경우이다. 상황 B는 집을 때마다 위치가 조금씩 달라지는 물건을 집기 위해 손을 뻗는 경우이다. 상황 C는 뒤섞여 있는 물건 중에서 원하는 물건을 찾고 선택하면서 집기 위해 손을 뻗는 경우이다. 상황 D는 물체의 크기가 아주 작거나, 정확히 집기 위해 손을 뻗는 경우이다. 상황 C와 상황 D는 시간치가 같다. 상황 E는 몸의 균형이나 다음 동작을 위해, 또는 안전한 곳으로 이동하기 위해 적당한 위치로 손을 뻗는 경우이다. 즉, 목적물을 향하여 움직이는 것이 아니라 불특정한 위치로 뻗는 경우이다.

동작 유형은 이동이 시작하는 순간과 끝나는 순간에 손이 정지한 상태인지, 움직이는 상태인지에 따라 세 가지로 구별한다. 유형 I은 정지한 손을 움직이기 시작하여 손을 뻗은 후에 움직임이 끝났을 때도 손이 정지해 있는 경우를 의미한다. 유형 II는 손 뻗기를 시작하는 순간과 끝나는 순간 중 어느 한 순간에서는 손이 정지해 있고 다른 순간에는 손이 움직이고 있는 경우이다. 예를 들어 〈그림 13-6〉의 전체 동작은 오른쪽에서 물건을 집어 중간에 내려놓고 이어서 왼쪽으로 손을 뻗는 경우이다. 여기서 중간에 물건을 놓은 이후부터 유형 II의 손 뻗기 동작이 된다. 유형 III은 손 뻗기의 시작과 끝나는 순간에 모두 손이 움직이고 있는 경우이다.

손 뻗기 동작은 뻗기 기호인 R과 이동거리, 상황과 동작 유형을 기록해야 하며, 〈표 13-13〉을 이용한 시간치 결정법은 다음과 같다.

1. **R10A:** 정지 상태에서 손 뻗기를 시작하여 10인치 이동 후에 고정된 위치

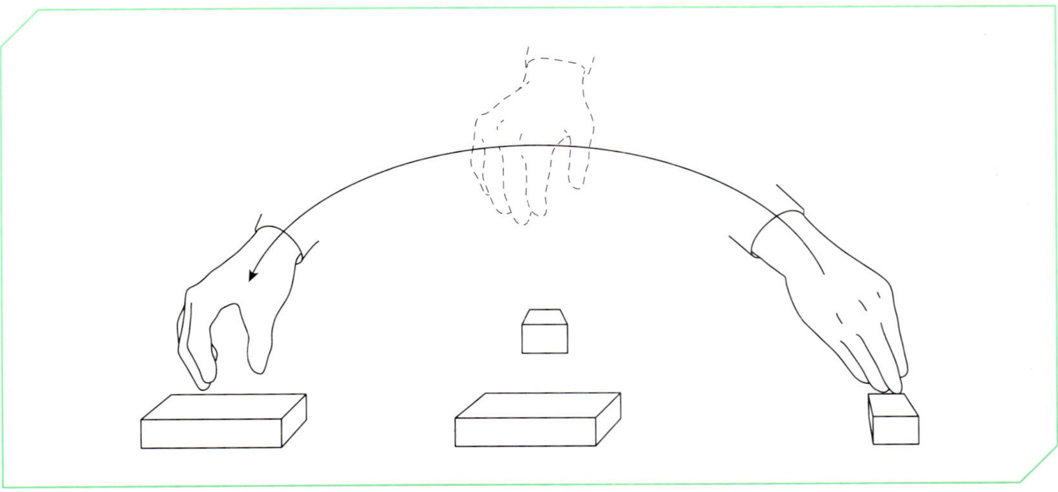

〈그림 13-6〉 유형 II의 손 뻗기 예시

〈표 13-13〉 손 뻗기 동작의 시간치

이동거리 (인치)	시간 (TMU)					
	유형 I				유형 II, III	
	상황 A	상황 B	상황 C, D	상황 E	상황 A	상황 B
3/4 이하	2.0	2.0	2.0	2.0	1.6	1.6
1	2.5	2.5	3.6	2.4	2.3	2.3
2	4.0	4.0	5.9	3.8	3.5	2.7
3	5.3	5.3	7.3	5.3	4.5	3.6
4	6.1	6.4	8.4	6.8	4.9	4.3
5	6.5	7.8	9.4	7.4	5.3	5.0
6	7.0	8.6	10.1	8.0	5.7	5.7
7	7.4	9.3	10.8	8.7	6.1	6.5
8	7.9	10.1	11.5	9.3	6.5	7.2
9	8.3	10.8	12.2	9.9	6.9	7.9
10	8.7	11.5	12.9	10.5	7.3	8.6
12	9.6	12.9	14.2	11.8	8.1	10.1
14	10.5	14.4	15.6	13.0	8.9	11.5
16	11.4	15.8	17.0	14.2	9.7	12.9
18	12.3	17.2	18.4	15.5	10.5	14.4
20	13.1	18.6	19.8	16.7	11.3	15.8
22	14.0	20.1	21.2	18.0	12.1	17.3
24	14.9	21.5	22.5	19.2	12.9	18.8
26	15.8	22.9	23.9	20.4	13.7	20.2
28	16.7	24.4	25.3	21.7	14.5	21.7
30	17.5	25.8	26.7	22.9	15.3	23.2
30인치 이상일 때 인치당 우측 값 추가	0.4	0.7	0.7	0.6		

A. 고정된 위치에 있는 목적물, 다른 손이 쥐고 있는 목적물, 다른 손 아래에 놓여 있는 목적물에 손을 뻗음

B. 작업의 반복 시, 매 사이클마다 위치가 조금씩 바뀌는 단일 목적물에 손을 뻗음

C. 서로 뒤섞여 있는 대상물 중 한 개에 손을 뻗는 경우로서, 찾기와 선택이 발생함

D. 크기가 매우 작거나 정확하게 잡아야 되는 목적물에 손을 뻗음

E. 신체의 균형을 잡기 위해, 다음 동작을 위해, 또는 손을 안전한 곳으로 피하기 위해 손을 적당한 곳으로 뻗음

에 있는 물건을 집기 위해 손을 뻗는 경우이다. 이동거리는 10인치, 상황 A, 유형 I 동작에 해당한다. 유형 I 동작은 기호로 표시하지 않는다. 소요시간은 〈표 13-13〉에서 10인치 행과 유형 I A열이 만나는 점의 값인 8.7 TMU이다. 상황 B, C, D, E도 같은 방법으로 구한다.

2. **R19B:** 유형 I 동작으로서 집을 때마다 위치가 조금씩 바뀌는 물건을 집기 위해(상황 B) 19인치만큼 손을 뻗는 경우이다. 이동거리가 19인치이므로 〈표 13-13〉의 유형 I B열에서 18인치 행과 20인치 행의 평균값을 취하여 (17.2 + 18.6)/2 = 17.9 TMU가 소요시간이 된다. 상황 A, C, D, E도 같은 방법으로 계산한다.
3. **R35C:** 유형 I 동작이며 여러 물건 중 하나의 물건을 집기 위해(상황 C) 35인치만큼 손을 뻗는 경우이다. 30인치 이상 뻗을 경우에 상황 C는 인치당 0.7 TMU를 추가하므로 소요시간은 30인치 행과 유형 I C열에 해당하는 26.7 TMU에 (35 − 30) × 0.7 = 3.5 TMU를 더한 30.2 TMU이다. 상황 A, B, D, E도 같은 방법으로 계산한다.
4. **mR10A:** 유형 II 동작으로서 m으로 시작하는 것은 뻗기 시작하는 순간에 손이 움직이고 있는 상태를 의미한다. 만약 끝나는 순간에 손이 움직이고 있었다면 마지막에 m을 표기한다. 〈표 13-13〉의 유형 II의 A열에서 10인치 행에 해당하는 7.3 TMU가 소요시간이며, 시작하는 순간에 정지하는 시간이 없기 때문에 R10A의 8.7 TMU보다 소요시간이 단축되는 것을 알 수 있다. 상황 B도 같은 방법으로 계산한다.
5. **mR10C:** 유형 II 동작이며 〈표 13-13〉에 상황 C는 유형 II, III에 해당하는 값이 없으므로 유형 II, III의 B열 시간을 이용하여 소요시간을 계산한다. 즉, 유형 I C열, 10인치 행의 12.9 TMU에서 (유형 I B열 − 유형 II, III B열)인 11.5 − 8.6 = 2.9 TMU를 뺀 10.0 TMU가 소요시간이다. 상황 D와 E도

동일하게 B열의 차이를 이용하여 계산한다.

6. **mR10Am**: 유형 III 동작으로서 시작하는 순간과 끝나는 순간 모두에 손이 움직이고 있으므로 앞뒤에 모두 m이 표기된다. 소요시간은 {유형 I A열 - 2×(유형 I A열 - 유형 II, III A열)}로 계산한다. mR10A와의 차이점은 시작하는 순간과 끝나는 순간에 모두 손이 움직이고 있으므로 B열의 차이를 2배하여 빼주는 것이다. 따라서 8.7 - 2×(8.7 - 7.3) = 5.9 TMU이다. 여기서 1.4 TMU는 손이 움직이고 있어 정지 상태보다 줄어드는 소요시간을 의미한다. 상황 B도 같은 방법으로 계산한다.
7. **mR10Cm**: 유형 III 동작으로서 소요시간은 {유형 I C열 - 2×(유형 I B열 - 유형 II, III B열)}로 계산한다. 따라서 12.9 - 2×(11.5 - 8.6) = 7.1 TMU이다. 상황 D와 E도 동일하게 B열의 차이를 이용하여 계산한다.

(2) 이동(move: M)

손 뻗기 R이 빈손 이동이라면 이동 M은 물건을 쥔 손의 움직임이다. 따라서 이동거리, 상황, 동작 유형과 더불어 물건의 중량(또는 저항)을 고려하여 시간을 정한다. 이동거리와 동작 유형은 손 뻗기 R과 동일하며, 상황은 세 가지이다.

상황 A는 가장 쉬운 동작으로서 물건을 다른 손으로 옮기거나 정지를 위해 이동하는 동작이다. 상황 B는 대략적인 위치로 물건을 옮기는 동작이고, 상황 C는 정확한 위치로 물건을 옮기는 동작이다.

중량은 정적 요소(static component)와 동적 요소(dynamic component)로 구분한다. 정적 요소는 근육이 대상물을 잡고 운반이 시작되기까지 준비하는데 필요한 시간이며, 동적 요소는 대상물을 움직이기 시작하여 목적지까지 운반하는데 소요되는 시간이다. 이동거리는 동적 요소에만 적용된다. 두 손으로 물건을 이동할 경우에는 중량을 반으로 나눈 값을 왼손과 오른손에 각각 표기한다. 물건을 밀거나 끄는 동작의 저항은 중량×마찰계수를 중량으로 간주하며, 두 손으로 밀거나 끄는 경우도 저항을 반으로 나눈 값을 각 손에 적용한다.

이동 기호인 M과 더불어 4개 요소를 기록하며, 〈표 13-14〉를 이용한 시간치 결정법은 다음과 같다.

1. **M10A15:** 15파운드의 물건을 10인치만큼 다른 손으로 옮기거나 정지를 위해 이동하는 동작이다. 이동거리는 10인치, 상황은 A, 중량은 15파운드, 동작 유형은 I이다. 손 뻗기 R과 동일하게 유형 I 동작은 따로 표시하지 않는다. 소요시간은 〈표 13-14〉에서 중량 15파운드의 동적 요소에 해당하는 1.17 TMU와 10인치 행과 유형 I A열의 11.3 TMU를 곱한 값에 중량 15파운드의 정적 요소 5.6 TMU을 더하여 구한다. 즉, 5.6 + (1.17 × 11.3) = 18.821 TMU이다. 15파운드 물건의 중량으로 인하여 빈손을 뻗는 R10A의 8.7 TMU보다 소요시간이 10.121 TMU만큼 증가한 것을 알 수 있다. 상황 B와 C도 같은 방법으로 계산한다.
2. **mM10A15:** 유형 II 동작으로서 m으로 시작하는 것은 이동하기 시작하는 순간에 손이 움직이고 있는 상태를 의미한다. 만약 끝나는 순간에 손이 움직이고 있었다면 마지막에 m을 추가한다. 손 뻗기 R의 유형 II 동작과 비슷하게 소요시간은 중량 15파운드의 정적 요소 5.6 TMU + 중량 15파운드의 동적 요소 1.17 TMU × {10인치 행 유형 I A열 11.3 TMU − (10인치 행 유형 I B열 12.2 TMU − 10인치 행 유형 II, III B열 8.6 TMU)} = 5.6 + 1.17 × {11.3 − (12.2 − 8.6)} = 14.609 TMU이다. 상황 B와 C도 동일하게 B열의 차이를 이용하여 계산한다.

〈표 13-14〉 이동 동작의 시간치

이동거리 (인치)	시간 (TMU)			
	유형 I			유형 II, III
	상황 A	상황 B	상황 C	상황 B
3/4 이하	2.0	2.0	2.0	1.7
1	2.5	2.9	3.4	2.3
2	3.6	4.6	5.2	2.9
3	4.9	5.7	6.7	3.6
4	6.1	6.9	8.0	4.3
5	7.3	8.0	9.2	5.0
6	8.1	8.9	10.3	5.7
7	8.9	9.7	11.1	6.5
8	9.7	10.6	11.8	7.2
9	10.5	11.5	12.7	7.9
10	11.3	12.2	13.5	8.6
12	12.9	13.4	15.2	10.0
14	14.4	14.6	16.9	11.4
16	16.0	15.8	18.7	12.8
18	17.6	17.0	20.4	14.2
20	19.2	18.2	22.1	15.6
22	20.8	19.4	23.8	17.0
24	22.4	20.6	25.5	18.4
26	24.0	21.8	27.3	19.8
28	25.5	23.1	29.0	21.2
30	27.1	24.3	30.7	22.7
30인치 이상 일 때 인치당 우측 값 추가	0.8	0.6	0.85	

중량		
중량(파운드)	동적 요소	정적 요소
~12.5	1.11	3.9
~17.5	1.17	5.6
~22.5	1.22	7.4
~27.5	1.28	9.1
~32.5	1.33	10.8
~37.5	1.39	12.5
~42.5	1.44	14.3
~47.5	1.50	16.0

A. 목적물을 다른 손으로 옮기거나 목적지까지 이동

B. 목적물을 대략적 또는 불확정적인 위치로 이동

C. 목적물을 정확한 위치에 이동

3. **mM10A15m**: 유형 III 동작으로 시작하는 순간과 끝나는 순간에 손이 움직이고 있으므로 앞뒤에 모두 m을 표기하며, 소요시간을 계산할 때 B열의 차이를 2배하여 빼준다. 따라서 소요시간은 중량 15파운드의 정적 요소 5.6 TMU + 중량 15파운드의 동적 요소 1.17 TMU × {10인치 행 유형 I A열 11.3 TMU − 2(10인치 행 유형 I B열 12.2 TMU−10인치 행 유형 II, III B열 8.6 TMU)} = 5.6 + 1.17 × {11.3 − 2 × (12.2 − 8.6)} = 5.6 + 1.17 × (11.3 − 2 × 3.6) = 10.39 7 TMU이다. 상황 B와 C도 동일하게 B열의 차이를 이용하여 계산한다.

(3) 돌리기(turn: T)

돌리기 T는 손, 손목, 아래팔을 돌리는 동작으로서 〈그림 13-7〉과 같이 문의 손잡이를 돌리거나 나사를 조이기 위해 드라이버를 돌리는 동작이 이에 해당한다. 〈표 13-15〉와 같이 돌리기 각도와 힘 또는 중량에 따라 시간이 결정되며, 힘은 S(small), M(medium), L(large)로 구분한다. 표기는 T120S = 6.8 TMU, T30M = 4.4 TMU, T45L = 10.5 TMU와 같이 돌리기를 의미하는 기호 T, 돌리기 각도, 힘의 정도 순으로 표기한다.

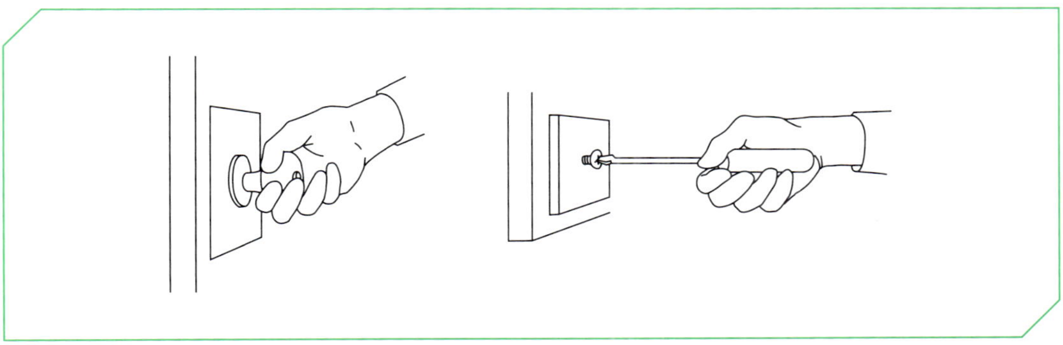

〈그림 13-7〉 돌리기 동작

〈표 13-15〉 돌리기 동작의 시간치

힘, 중량 (파운드)	돌리기 각도별 시간치(TMU)										
	30°	45°	60°	75°	90°	105°	120°	135°	150°	165°	180°
S(0~2)	2.8	3.5	4.1	4.8	5.4	6.1	6.8	7.4	8.1	8.7	9.4
M(2.1~10)	4.4	5.5	6.5	7.5	8.5	9.6	10.6	11.6	12.7	13.7	14.8
L(10.1~35)	8.4	10.5	12.3	14.4	16.2	18.3	20.4	22.2	24.3	26.1	28.2

(4) 쥐기(grasp: G)

다음 기본동작을 수행하기 위해 손가락이나 손으로 하나 이상의 물건을 충분히 장악하는 동작이다. 물건을 쥐는 형태에 따라 보통 쥐기(pick-up grasp), 다시 쥐기(regrasp), 옮기기형 쥐기(transfer grasp), 선택 쥐기(select grasp), 접촉형 쥐기(contact grasp)로 나누며, 〈표 13-16〉과 같이 쥐기 쉬운 정도와 물체 크기에 따라 다시 11가지 동작으로 세분한다. 표기는 G1A, G2와 같이 쥐기 기호 G 다음에 상황 기호를 추가한다.

(5) 누르기(apply pressure: AP)

근육의 힘으로 물건에 압력을 가하는 동작으로, 뚜껑을 꽉 조이거나 드라이버로 나사를 조일 때 마지막에 힘을 주는 작업이 이에 해당한다. 〈표 13-17〉과 같이 누르기 AP는 힘을 주는 상태인 AF(apply force), 힘을 준 후 잠시 멈추는 상태인 DM(dwell minimum), 힘을 푸는 상태인 RLF(release force)의 세 가지 요소로 나눈다. 그리고 이 구성요소가 모두 필요한 작업을 상황 A라 하여 APA로 표기하고, 여기에 다시 쥐기 동작인 G2 5.6 TMU가 필요하면 상황 B라 하여 APB로 표기한다.

〈표 13-16〉 쥐기 동작의 시간치

쥐기 형태	상황	시간(TMU)	설명(인치)	
보통 쥐기	1A	2.0	쥐기 쉬운 크기의 물건	
	1B	3.5	평평한 면에 놓여 있거나 매우 작은 물건	
	1C1	7.3	직경 1/4 초과	원통형 물건이 나란히 있거나 구석에 있어 쥐기 어려움
	1C2	8.7	직경 1/4~1/2	
	1C3	10.8	직경 1/4 미만	
다시 쥐기	2	5.6	쥐고 있는 물건을 고쳐 쥐기	
옮기기형 쥐기	3	5.6	한 손에서 다른 손으로 옮김	
선택 쥐기	4A	7.3	1×1×1 초과	다른 물건과 섞여 있어 찾기와 선택이 필요한 물건
	4B	9.1	1/4×1/4×1/4~1×1×1	
	4C	12.9	1/4×1/4×1/4 미만	
접촉형 쥐기	5	0	물건에 손을 대거나 밀기	

〈표 13-17〉 누르기 동작의 시간치

전체 사이클		
기호	TMU	설명
APA	10.6	AF+DM+RLF
APB	16.2	APA+G2

구성요소		
기호	TMU	설명
AF	3.4	힘을 줌
DM	4.2	잠시 멈춤
RLF	3.0	힘을 풂

(6) 바로 놓기(position: P)

물체를 다른 물체와 결합하거나 방향을 맞추는 동작으로서 이동거리가 1인치 이내로 조립하는 동작이 이에 해당한다. 바로 놓기 P의 소요시간은 〈표 13-18〉과 같이 맞춤(fit)의 정도, 대칭성, 취급의 난이도로 결정한다.

〈표 13-18〉 바로 놓기 동작의 시간치 (단위: TMU)

맞춤 정도		대칭성	취급 난이도	
			용이함(E)	곤란함(D)
1	느슨함 (누를 필요 없음)	대칭	5.6	11.2
		반대칭	9.1	14.7
		비대칭	10.4	16.0
2	꼭 맞춤 (가볍게 눌러야 함)	대칭	16.2	21.8
		반대칭	19.7	25.3
		비대칭	21.0	26.6
3	정밀한 맞춤 (세게 눌러야 함)	대칭	43.0	48.6
		반대칭	46.5	52.1
		비대칭	47.8	53.4

맞춤 정도는 세 가지로 구분한다. 등급 1(느슨함: loose fit)은 두 물체 간의 간격이 1/4~1/16인치로 여유가 있어 누르지 않아도 물건의 자체 중량으로 자연스럽게 결합할 수 있는 경우이다. 등급 2(꼭 맞춤: close fit)는 간격이 1/16~1/64인치로 약간의 힘으로 누르는 경우이며, 등급 3(정밀한 맞춤: exact fit)은 간격이 거의 없어 세게 누르면서 조립하는 경우이다.

대칭성도 세 가지로 구분되며 대칭(symmetrical: S)은 원통형 물건처럼 방향에 상관없이 어느 방향으로든 조립이 가능한 물건을 말하며, 비대칭(non-symmetricla: NS)은 오직 한 방향으로만 조립이 가능한 물건을 의미한다. 반대칭(semi-symmetrical: SS)은 대칭과 비대칭의 중간으로 두 방향 이상으로 조립을 해야 하는 물건을 가리킨다(그림 13-8).

취급의 난이도는 두 가지로 구분되며, 취급 용이(easy: E)는 물건을 다루기 쉬운 경우를 의미하고, 취급 곤란(difficult: D)은 바로 놓기 시에 물건을 다시 쥘

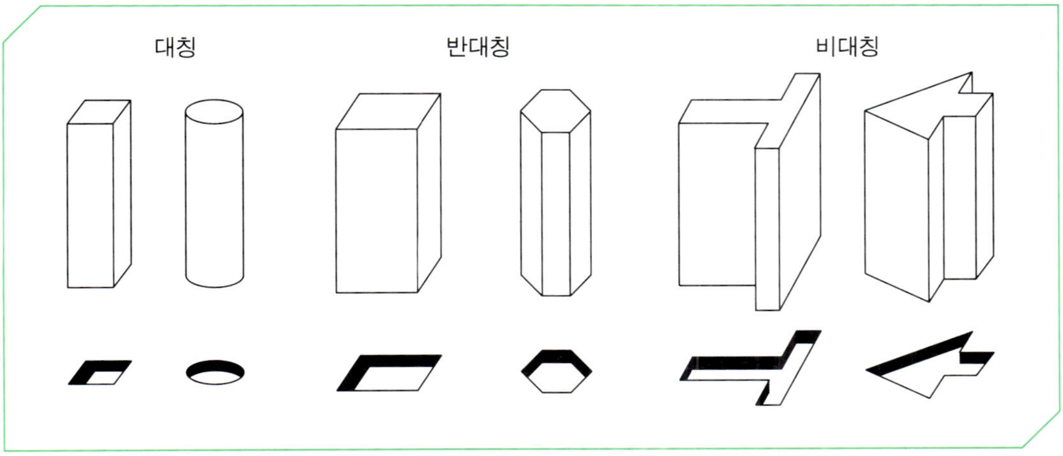

〈그림 13-8〉 바로 놓기의 대칭성

필요가 있는 경우이다. 표기법은 P1SE, P3SSD처럼 바로 놓기 기호인 P, 맞춤의 난이도, 대칭성, 취급의 난이도 순서로 기록하고 〈표 13-18〉에서 해당 시간치를 찾는다.

(7) 놓기(release: RL)

손가락이나 손으로 제어하던 물건을 놓는 동작으로, 상황 1인 보통 놓기(normal release)와 상황 2인 접촉형 놓기(contact release)로 구분한다. 보통 놓기는 잡고 있던 물건을 단지 손가락을 벌려 물건을 놓는 동작이며, 접촉형 놓기는 물건에 대고 있던 손을 떼는 동작이다. 놓기는 상황에 따라 RL1 또는 RL2로 표기하며, 해당 시간은 〈표 13-19〉와 같다.

(8) 떼어놓기(disengage: D)

붙어있는 두 물체를 분리하는 동작으로 바로 놓기와 비슷하게 맞춤 정도와 취급 난이도로 구분하여 소요시간을 결정한다.

〈표 13-19〉 놓기 동작의 시간치

상황	시간(TMU)	설명
1	2.0	손가락을 벌리는 보통 놓기
2	0	접촉형 놓기

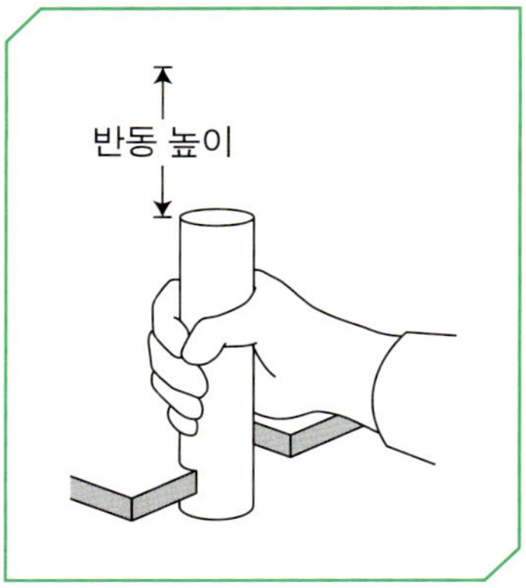

〈그림 13-9〉
떼어놓기의 맞춤 정도

맞춤 정도는 세 가지로 나눈다. 등급 1(느슨함: loose fit)은 매우 적은 힘으로 물건을 뗄 수 있는 경우를 말하여, 이때 물건을 뗀 후 손의 반동 높이(그림 13-9)가 보통 1인치 이하이다. 등급 2(꼭 맞춤: close fit)는 물건을 뗄 때 중간 정도의 힘이 필요하며, 손의 반동 높이가 1~5인치 사이가 되는 경우이며, 등급 3(단단히 꽉 맞춤: tight fit)은 상당한 힘으로 물건을 떼는 경우로 손의 반동 높이가 5~12인치이다.

취급의 난이도는 용이함(easy: E)과 곤란함(difficult: D)으로 구분된다. 용이함은 물건을 처음 잡았을 때의 손동작으로 물건을 뗄 수 있는 경우이며, 곤란함은 물건을 떼기 위해 여러 가지 쥐는 동작이 필요한 경우이다. 기록 방법은 D1E, D2D처럼 떼어놓기 기호인 D, 맞춤 정도, 취급 난이도 순서로 표기하며, 〈표 13-20〉에서 해당 시간치를 찾는다.

(9) 눈 시간(eye times)

눈과 관련된 시간으로 눈의 이동(eye travel: ET) 시간과 눈의 초점(eye focus: EF) 시간이 있다. 눈의 이동 시간은 눈동자를 움직이는 시간으로 〈그림 13-10〉과 식 (13.2)처럼 한 지점에서 다른 지점으로 눈동자를 이동한 거리(travel: T)와 눈

〈표 13-20〉 떼어놓기 동작의 시간치 (단위: TMU)

맞춤 정도		취급 난이도	
		용이함(E)	곤란함(D)
1	느슨함: 반동 높이가 1인치 이하, 매우 적은 힘 필요	4.0	5.7
2	꼭 맞춤: 반동 높이가 1~5인치, 중간 정도 힘 필요	7.5	11.8
3	단단히 꽉 맞춤: 반동 높이가 5~12인치, 상당한 힘 필요	22.9	34.7

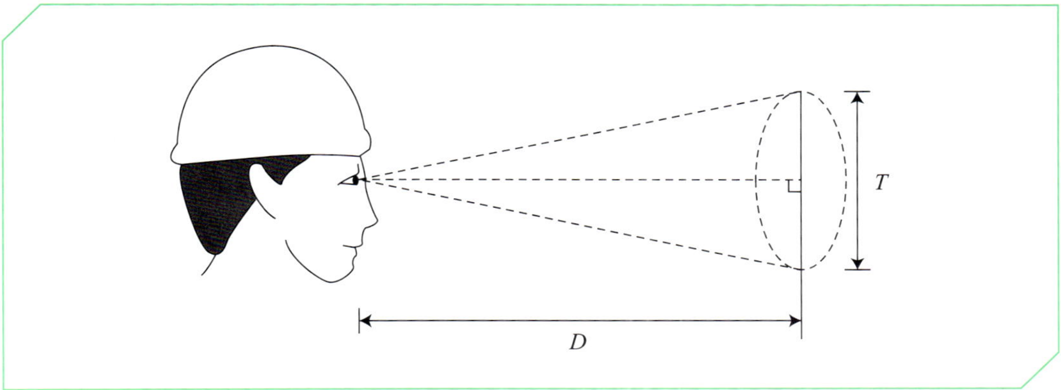

〈그림 13-10〉 눈의 이동

으로부터 이 두 지점을 이은 선까지의 수직거리(distance: D)를 측정하여 소요시간을 계산한다. 눈의 이동 시간은 최대 20 TMU까지 가능하다.

$$\text{눈의 이동 시간} = 15.2 \times \frac{T}{D} \tag{13.2}$$

눈의 초점 시간은 눈동자의 이동이 없이 물체를 식별하기 위해 쳐다보는 시간으로 7.3 TMU이다.

(10) 회전하기(crank: C)

이 기본동작은 MTM-1에는 없으나 MTM-2에 포함되어 있다. 물체를 회전하기 위해 팔꿈치를 축으로 손가락, 손, 아래팔을 돌리는 동작으로, 회전수, 회전의 유형, 회전 직경, 물체의 저항으로 소요시간을 결정한다. 회전 유형은 1회전마다 정지하는 정지형 회전과 중단 없이 계속 회전하는 연속형 회전으로 구분된다. 〈표 13-21〉에 나타나 있듯이 둘째손가락 관절(knuckle)을 기준으로 신체를 돌린 회전 직경이 커질수록 소요시간이 증가한다. 물체의 저항은 파운드로 측정하며, 이동 동작 M의 정적 요소와 동적 요소(표 13-14)를 사용한다.

회전 수, 기호 C(정지형은 C앞에 −1 표기), 직경, 저항(−로 표시하되, 2.5 파운드 이하는 표기하지 않음)의 순서로 표기하며, 시간치 결정법은 다음과 같다.

〈표 13-21〉 회전 동작의 시간치

직경(인치)	시간(TMU)	직경(인치)	시간(TMU)
1	8.5	9	14.0
2	9.7	10	14.4
3	10.6	11	14.7
4	11.4	12	15.0
5	12.1	14	15.5
6	12.7	16	16.0
7	13.2	18	16.4
8	13.6	20	16.7

① **정지형 회전**

1. 저항이 2.5파운드 이하일 때: 회전 수×(1회전당 시간치+5.2)
2. 저항이 2.5파운드 이상일 때: 회전 수×{(1회전당 시간치+5.2)×이동 동작 M의 동적 요소+운반 동작 M의 정적 요소}

② **연속형 회전**

1. 저항이 2.5파운드 이하일 때: 회전 수×1회전당 시간치+5.2
2. 저항이 2.5파운드 이상일 때: (회전 수×1회전당 시간치+5.2)×이동 동작 M의 동적 요소+이동 동작 M의 정적 요소
3. 5-1C8: 회전 직경이 8인치, 저항이 2.5파운드 이하인 정지형 회전하기 5회로, 소요시간은 회전 수×(1회전당 시간치+5.2)=5×(13.6+5.2)=94 TMU이다.
4. 5-1C8-15: 회전 직경이 8인치, 저항이 15파운드인 정지형 회전하기 5회로, 소요시간은 회전 수×{(1회전당 시간치+5.2)×이동 동작 M의 동적 요소+이동 동작 M의 정적 요소}=5×{(13.6+5.2)×1.17+5.6}=137.98 TMU이다.
5. 5C8: 회전 직경이 8인치, 저항이 2.5파운드 이하인 연속형 회전하기 5회로, 소요시간은 회전 수×1회전당 시간치+5.2=(5×13.6)+5.2=73.2 TMU이다.
6. 5C8-15: 회전 직경이 8인치, 저항이 15파운드인 연속형 회전하기 5회로, 소요시간은 (회전 수×1회전당 시간치+5.2)×이동 동작 M의 동적 요소+이동 동작 M의 정적 요소=(5×13.6+5.2)×1.17+5.6=91.244 TMU이다.

(11) 신체, 다리, 발의 동작

위에서 언급한 기본동작 이외에 신체, 다리, 발과 관련된 동작을 〈표 13-22〉에 정리하였다.

〈표 13-22〉 신체, 다리, 발 동작의 시간치

동작		기호	TMU	거리	설명
다리-발 동작		FM	8.5	4인치까지	발목을 축으로 사용
		FMP	19.1	4인치까지	발로 강하게 누르기
		LM	7.1	6인치까지	엉덩이나 무릎을 축으로 사용
			1.2	1인치마다 추가	
수평동작	옆걸음	SS_C1	*	<12인치	*12인치 이내는 손 뻗기 또는 이동 시간치로 계산함. 움직인 발이 바닥에 닿을 때 동작이 완료됨
			17.0	12인치	
			0.6	1인치마다 추가	
		SS_C2	34.1	12인치	다음 동작을 하기 전에 나중에 움직인 발이 바닥에 닿을 때 완료됨
			1.1	1인치 초과 시 마다 추가	
	방향 전환	TBC1	18.6	—	움직인 발이 바닥에 닿을 때 동작이 완료됨
		TBC2	37.2	—	다음 동작을 하기 전에 나중에 움직인 발이 바닥에 닿을 때 완료됨
	걷기	W_FT	5.3	1피트마다	진로방해 없음
		W_P	15.0	1피트마다	진로방해 없음
수직 동작		SIT	34.7	—	서 있는 자세에서 앉기
		STD	43.4	—	앉은 자세에서 서기
		B, S, KOK	29.0	—	허리 굽히기, 무릎 굽히기, 한쪽 무릎 꿇기
		AB, AS, AKOK	31.9	—	허리 펴기, 무릎 펴기, 한쪽 무릎 꿇기에서 펴기
		KBK	69.4	—	양쪽 무릎 꿇기
		AKBK	76.7	—	양쪽 무릎 꿇기에서 펴기

다리-발 동작(foot motion: FM)은 페달을 밟는 동작과 같이 발목을 축으로 발을 움직이는 동작으로서, 발이 4인치 이상 움직이는 경우는 제외한다. 강하게 누르는 발동작(foot motion with heavy pressure: FMP)은 발에 힘을 주어 누르는 동작이다. 다리 동작(leg motion: LM)은 앉아 있거나 서서 다리를 앞으로 들어 올리는 동작으로서, 발목을 기준으로 이동거리를 측정한다. 예를 들어, 발목을 기준으로 발을 10인치 들었다면 LM10이 된다.

옆걸음(side step: SS)은 신체의 방향을 바꾸지 않고 옆으로 이동하는 동작으로서 등급 1과 등급 2로 나눈다. 등급 1은 한 발만 움직여서 옆으로 이동하는 동작으로, 발이 바닥에 닿았을 때 동작이 완료된다. 발의 이동거리가 12인치 이내인 경우는 손 뻗기 R 또는 운반 M의 시간치를 이용하여 소요시간을 계산하나, 표기는 SS로 한다. 등급 2는 두 발을 움직여 옆으로 이동하는 동작으로서, 다음 동작을 하기 전에 나중에 움직인 발이 바닥에 닿았을 때 동작이 완료된다. 만약 오른발만 옆으로 12인치 움직였다면 SS12C1로 표기하고 소요시간은 17.0 TMU이다. 두 발을 번갈아 움직여 옆으로 12인치 움직였다면 SS12C2로 표기하며 소요시간은 34.1 TMU이 된다.

신체의 방향 전환(turn body: TB)도 옆걸음 SS와 유사하게 한 발을 움직여 신체의 방향을 바꾸는 등급 1과 두 발을 움직여 방향을 바꾸는 등급 2로 구분한다.

걷기(walk: W)는 길이의 단위인 피트(feet)나 걸어간 걸음 수로 이동거리를 측정한다. 이동거리가 5피트일 경우는 W5FT로, 10걸음일 경우 W10P로 기록하며, 소요시간은 각각 5.3×5=26.5 TMU와 10×15=150 TMU이다. W_FT와 W_P 모두 걸어가는 방향에 장애물이 없거나 중량물을 들지 않고 걷는 경우에 적용한다.

앉기(sit: SIT)는 서 있는 자세에서 앉는 동작이며, 반대로 서기(stand: STD)는 앉아 있는 자세에서 서는 동작이다.

이 외에 허리 굽히기(bend: B)와 허리 펴기(arise from bend: AB), 엉덩이와 무릎을 동시에 구부려 쪼그려 앉거나 일어서는 무릎 굽히기(stoop: S)와 무릎 펴기(arise from stoop: AS), 한쪽 무릎을 바닥에 대고 꿇거나 일어나는 한쪽 무릎 꿇기(kneel on one knee: KOK)와 한쪽 무릎 펴기(arise from kneel on one knee: AKOK), 양쪽 무릎을 바닥에 대로 꿇거나 일어나는 양쪽 무릎 꿇기(kneel on both knees: KBK)와 양쪽 무릎 펴기(arise from kneel on both knees: AKBK) 동작이 있다.

(12) 동작의 조합(motion combination)

대부분의 작업은 하나의 신체부위가 하나의 기본동작을 순서대로 수행하는 연속동작이며, 동작분석 시에 동작이 일어난 순서대로 기록한다. 하지만 경우에 따라서는 하나의 신체부위가 두 가지 이상의 기본동작을 동시에 수행하는 결합동작일 경우도 있고, 두 가지 이상의 신체부위가 각각 하나의 기본동작을 동시에 수행하는 동시동작일 경우도 있다. 또한 결합동작과 동시동작을 합친 복합동작일 경우도 있다.

연속동작은 위에서 설명한 방법대로 각 동작에 대한 소요시간을 해당 기본동작의 표에서 찾아 계산하면 되나, 결합동작, 동시동작, 복합동작의 소요시간은 시간이 가장 오래 걸린 기본동작을 제한동작(limiting motion)으로 간주하여 소요시간을 결정한다. 예를 들어, 이동 M의 기본동작을 설명할 때 오른손으로 15파운드의 물건을 10인치 옮기는 기본동작은 M10A15로 표기하며 소요시간은 18.821 TMU가 된다고 하였다. 만약 오른손으로 그 물건을 이동하는 중에 다시 쥐기 G2를 수행하였다면 이는 M10A15와 G2가 동시에 일어났으므로 결합동작이 된다. 이 결합동작의 소요시간은 G2의 소요시간 5.6 TMU를 18.821 TMU에 합한 24.421 TMU가 아니라, 두 기본동작이 동시에 일어났으므로 소요시간이 긴 M10A15를 제한동작으로 취급하여 18.821 TMU가 된다. 이때 다시 쥐기 G2를 피제한동작(limited motion)이라고 한다.

동시동작의 소요시간도 같은 방법으로 두 신체부위의 기본동작을 제한동작과 피제한동작으로 구별하여 결정한다. 만약 오른손이 위의 결합동작을 수행하는 동시에 왼손을 10인치 이동하여 고정된 위치에 있는 물건을 집기 위해 뻗었다면 이는 복합동작이 되며, 왼손의 기본동작은 R10A로 기록한다. R10A의 소요시간은 손 뻗기 R에서 설명하였듯이 8.7 TMU이나, 18.821 TMU가 소요되는 오른손의 결합동작이 제한동작이 되고 R10A는 피제한동작이 되어 M10A15, G2, R10A가 일어난 복합동작의 소요시간은 18.821 TMU가 된다.

인간이 모든 기본동작들의 조합을 동시에 수행할 수 없기 때문에 MTM은 〈표 13-23〉과 같이 작업자의 숙련도, 정상시야, 작업 난이도에 따라 동시동작이 가능한 기본동작 조합을 제안하고 있다.

2. 작성 예

〈표 13-24〉는 왼손과 오른손으로 책상 위에 놓여 있는 종이를 각각 집어와 두 종이를 포개어 클립을 꼽고 다시 책상 위에 내려놓는 작업을 MTM으로 분석한 예이며, 각 동작에 대한 설명은 다음과 같다.

1. **R5B와 R8B**: 집을 때마다 위치가 조금씩 바뀌는 종이를 집기 위해 왼손은 5인치 뻗고, 동시에 오른손은 8인치 뻗는다. 이때 왼손을 뻗는 시간이 오른손을 뻗는 시간보다 적게 걸리므로 왼손 뻗는 동작이 피제한동작이 되며, 제한동작인 오른손 뻗는 동작 R8B의 소요시간을 구하여 기록한다.

〈표 13-23〉 동시동작

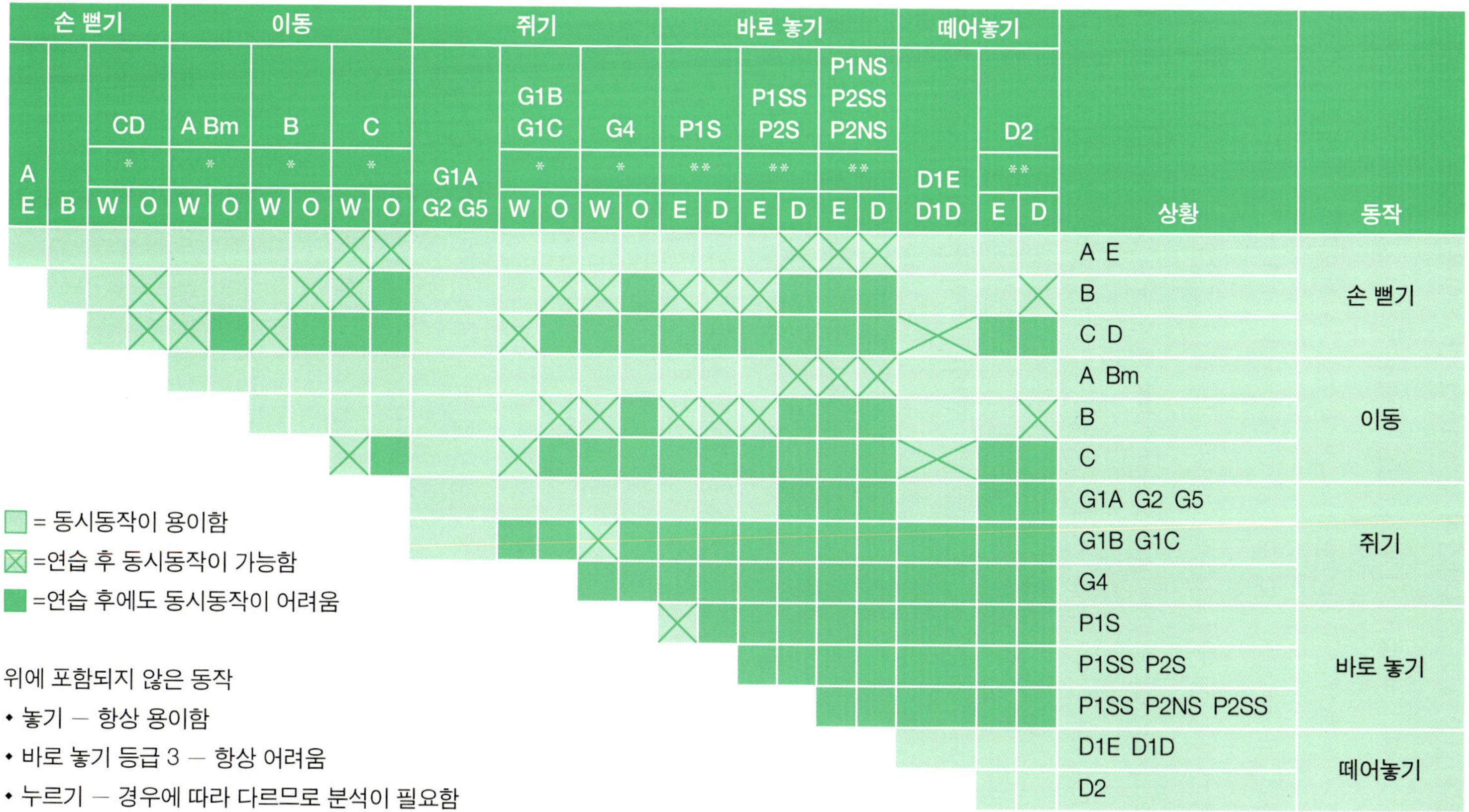

□ = 동시동작이 용이함

⊠ =연습 후 동시동작이 가능함

■ =연습 후에도 동시동작이 어려움

* W = 정상시야 영역 이내

O = 정상시야 영역 밖

** E = 취급 용이

D = 취급 곤란

위에 포함되지 않은 동작

- 놓기 – 항상 용이함
- 바로 놓기 등급 3 – 항상 어려움
- 누르기 – 경우에 따라 다르므로 분석이 필요함
- 돌리기 – 주의가 필요한 돌리기나 떼어놓기 이외의 모든 동작과 용이함
- 떼어놓기 등급 3 – 일반적으로 어려움
- 떼어놓기 – 물건의 손상이나 상해를 피하기 위해 주의가 필요한 경우 어떤 등급도 어려울 수 있음

〈표 13-24〉 MTM 작성 예

번호	왼손	동작	TMU	동작	오른손
1	손을 뻗음	(R5B)	10.1	R8B	손을 뻗음
2	종이 집음	G1B	3.5		
3			3.5	G1B	종이 집음
4	종이를 들어 올림	(M4B)	11.1	M7C	왼쪽으로 옮김
5			9.1	P1SSE	두 종이의 위치를 확인함
6	종이 구석을 잡가	G3	5.6	G3	종이를 놓음
7			12.2	R9C	손을 뻗음
8			9.1	G4A	클립을 집음
9			12.7	M9C	클립을 옮김
10			25.3	P2SSD	클립을 종이에 꼽음
11			2.0	RL1	클립 놓음
12	종이를 옮김	M14B	14.6	(R4E)	책상에 손을 놓음
13	박스에 종이를 놓음	RL1	2.0		
14	총 TMU		120.8		

피제한동작은 보통 괄호나 동그라미로 표시한다.

2. **G1B:** 왼손으로 평평한 책상 위에 놓인 종이를 보통 쥐기로 쥔다.
3. **G1B:** 오른손으로 평평한 책상 위에 놓인 종이를 보통 쥐기로 쥔다. 이때 〈표 13-23〉의 동시동작에서 G1B는 왼손과 오른손이 동시에 수행할 수 없는 동작이므로 2열과 3열처럼 두 열에 걸쳐 연속동작으로 표기한다.
4. **M4B와 M7C:** 왼손은 집어온 종이를 위로 4인치 올리며, 오른손은 집어온 종이를 왼손에 있는 종이 아래로 포개기 위해 왼쪽으로 옮긴다. 두 손의 동작이 동시에 발생하였으며 왼손 동작이 피제한동작이므로 괄호로 표

시한다. 제한동작인 오른손의 시간치를 구하여 기록한다.

5. **P1SSE**: 두 장의 종이를 정확히 포개는 동작으로 힘이 거의 필요하지 않으므로 등급 1이고, 반대칭의 취급이 용이한 바로 놓기 P이다.
6. **G3과 G3**: 왼손이 오른손에 있는 종이를 옮겨 잡는 것과 동시에 오른손은 왼손에 종이를 옮겨주고 종이를 놓는 동작으로서 모두 G3이다.
7. **R9C**: 클립이 들어있는 박스에서 하나의 클립을 집기 위해 오른손을 9인치 뻗으므로 상황 C이다.
8. **G4A**: 오른손으로 집으려고 하는 클립을 박스에서 찾아 선택해야 하므로 선택 쥐기의 상황 중 4A가 된다.
9. **M9C**: 종이에 클립을 꼽기 위해 오른손을 9인치 움직여 클립을 종이의 구석까지 정확하게 이동한다.
10. **P2SSD**: 종이와 클립을 두 손으로 가볍게 쥐고 결합하는 동작으로 2등급, 반대칭의 취급이 곤란한 바로 놓기 P이다.
11. **RL1**: 종이에 꼽은 클립을 놓는 작업으로서 손가락으로 쥐고 있던 클립을 손가락을 벌려 놓았으므로 상황 1이다.
12. **M14B와 R4E**: 왼손으로 클립을 꼽은 두 장의 종이를 박스에 놓기 위해 14인치 움직이는 동작으로서, 박스 위 임의의 위치에서 정지하므로 상황 B이다. 이와 동시에 오른손은 빈손으로 4인치 움직여 다음 동작을 위해 책상 위에 적당한 위치에 놓으므로 상황 E이다. 이때 R4E는 6.8 TMU이므로 피제한동작이며 M14B가 제한동작이 된다.
13. **RL1**: 오른손으로 잡고 있던 종이를 손가락을 펴서 종이를 박스에 놓으므로 상황 1이다.
14. 이 작업의 총 소요시간은 120.8 TMU로 0.07248분이다.

요약

PTS법은 인간의 기본적인 동작에 필요한 시간을 다양한 작업 상황에 따라 측정하여 놓은 자료라 할 수 있으며, 이 자료를 이용하여 스톱워치로 작업시간을 직접 측정하지 않고 작업에 필요한 동작과 작업 상황을 분석하여 표준시간을 결정할 수 있는 기법이다.

길브레스 부부의 서어블릭을 근간으로 1924년에 개발된 MTA를 시작으로 지금까지 다양한 PTS법이 개발되었으나, 크게 WF 계열, MTM 계열, MOST 계열, MODAPTS 계열로 구분할 수 있다. 이러한 PTS법은 표준시간의 정확도, 작업분석의 신속성, 작업 특성, 산업 분야, 인간공학의 접목 등에 따라 그 특성이 다르므로, 적절한 기법을 선정하여 사용해야 한다.

WF 계열의 제1세대라고 할 수 있는 DWF는 모든 작업을 이동, 쥐기, 미리놓기, 조립, 사용, 분해, 정신 작업, 놓기의 여덟 가지 표준요소로 구분하여 분석하며, 각 표준요소의 소요시간을 결정하기 위해 신체부위, 동작거리, 중량 또는 저항, 인위적 조절 등 네 가지 변동 요인을 고려한다.

DWF와 비슷하게 MTM 계열의 제1세대라고 할 수 있는 MTM-1은 인간의 동작을 손 뻗기, 이동, 돌리기, 쥐기, 누르기, 바로 놓기, 놓기, 떼어놓기, 눈 시간 등의 기본동작으로 나누어 분석하며, 각 동작의 소요시간을 결정하기 위해 이동거리, 상황, 동작 유형, 중량(또는 저항), 회전각도, 맞춤 정도, 대칭성, 취급 난이도 등을 고려한다.

연습문제

1. 사람이 행하는 기본동작의 표준시간을 정리한 방법은?

① 수행도 평가 ② 여유시간
③ 워크샘플링 ④ PTS

2. PTS의 특징이라 할 수 없는 것은?

① 수행도 평가와 여유시간을 고려해야 한다.
② 새로운 생산설비의 표준시간 산정 시 효과적이다.
③ 작업 특성에 따라 적절한 기법을 선택할 수 있다.
④ 기법 사용에 대한 교육과 훈련이 필요하다.

3. 표준시간 산출을 위한 PTS에 속하지 않는 것은?

① work factor ② MTM ③ MOST ④ CALS

4. 처음 개발된 PTS법은?

① MTA ② work factor ③ MTM ④ MODAPTS

5. MOST 개발의 기초가 된 PTS는?

① 실적 자료 ② DWF ③ MTM-1 ④ MODAPTS

6. 정확도는 높지만 분석시간이 오래 걸리는 1세대 PTS법은?

① DWF ② ErgoMOST ③ MTM-LINK ④ MODAPTS

7. 사이클타임이 12분 이상으로 긴 작업에 적합한 work factor는?

① DWF ② SWF ③ AWF ④ RWF

8. work factor의 변동 요인이 아닌 것은?

① 동작의 신체부위 ② 동작거리

③ 중량 또는 저항 ④ 동작유형

9. MTM에서 사용하는 시간 단위는?

① 초, 분, 시간 ② WFU ③ TMU ④ MOD

10. work factor의 8개 표준요소를 나열하라.

11. work factor의 인위적 조절 요인 4개는 무엇인가?

12. 작업대에 놓여 있는 물건을 집기 위해 팔을 20인치 뻗는 동작을 work factor로 표현하고, 소요시간을 결정하라.

13. 손 뻗기 동작은 동작 유형에 따라 R10A, mR10A(또는 R10Am), mR10Am으로 표현할 수 있다. 소요시간이 짧은 동작부터 긴 동작 순서로 정리하라. 소요시간의 차이가 나는 이유는 무엇인가?

14. 작업대의 일정한 위치에 놓여 있는 물건을 집기 위해 팔을 20인치 뻗는 동작을 MTM으로 표현하고, 소요시간을 결정하라.

14장 MOST와 MODAPTS

14장 MOST와 MODAPTS

본 장에서는 13장에 이어 제1세대 PTS법에서 사용하는 기본동작의 수를 줄여 시간분석의 신속성을 높인 MOST와 이동거리를 측정하지 않고 동작만을 기준으로 시간치를 제시하고 있는 MODAPTS를 구체적으로 설명한다.

14.1 MOST

MOST(Maynard operation sequence technique)에는 Basic MOST, Min iMOST, Max iMOST, Admin MOST 등이 있으며, 여기에서는 Basic MOST에 대하여 설명한다. MOST는 MTM과 같이 TMU라는 시간 단위를 사용한다.

1. Basic MOST

Basic MOST는 물체의 이동 유형에 따라 일반 이동(general move)과 제한 이동(controlled move)으로 구분하며, 필요에 따라 도구 사용(tool use)을 적용한다.

(1) 일반 이동

일반 이동은 물체를 공간에서 자유롭게 이동시키는 경우로, 이동 중에 다른 물체와 접촉해 있거나 제한받는 경우는 해당되지 않는다. 작업자가 몸을 구부려 물건을 집어 들고 몸을 펴서 다른 위치에 그 물체를 놓는 경우로, 산업 현장에서 흔히 발생하는 형태이다.

일반 이동에는 A, B, G, P 등 4개의 변수가 있으며, 각 변수의 상세한 값은 〈표 14-1〉과 〈표 14-2〉에 나타나 있다.

1. A: 거리(action distance)
2. B: 동작(body motion)
3. G: 조절(gain control)
4. P: 바로 놓기(placement)

MOST에서 일반 이동의 절차는 크게 물건을 잡기(get), 놓기(put), 돌아오기(return)의 단계를 거친다. 잡기는 변수 A, B, G로 구성된다. 놓기는 A, B, P로 구성되며, 돌아오기는 A로 이루어진다. 예를 들어, 박스에서 부품을 집어 작업대에 놓거나 부품을 박스에 넣는 작업과 같은 이동 절차는 ABG ABP A로 나타낼 수 있다.

MOST에서 시간치를 구하기 위해서 작업을 분석한 후에 잡기, 놓기, 돌아오기 각각에 대하여 A, B, G, P의 해당하는 속성을 〈표 14-1〉에서 찾아서 지수 0, 1, 3, 6, 10, 16 중 하나를 결정한다. 이동거리가 11걸음 이상일 경우에는 〈표 14-2〉를 참조한다. 각 지수를 더한 후에 10을 곱하면 해당 작업의 시간치(TMU 단위)가 된다.

예를 들어, 작업자가 3걸음을 걸어가 허리를 굽혀 바닥에 있는 볼트를 집고 다시 허리를 편 후, 팔을 뻗어 앞에 있는 구멍에 볼트를 꿉고 제자리에 있는 작

〈표 14-1〉 일반 이동의 변수와 설명

<table>
<tr><th>지수</th><th>A
거리</th><th>B
동작</th><th colspan="2">G
조절</th><th>P
바로 놓기</th></tr>
<tr><td>0</td><td>≤2인치(5cm)</td><td>—</td><td colspan="2">—</td><td>• 들고 있기
• 던지기</td></tr>
<tr><td>1</td><td>팔 뻗기 범위 이내</td><td>—</td><td>쥐기</td><td>하나의 가벼운 물건 또는 가벼운 물건들을 동시에 쥐기</td><td>• 옆에 놓기
• 가볍게 놓기</td></tr>
<tr><td rowspan="2">3</td><td rowspan="2">1~2걸음</td><td rowspan="2">• 앉기 또는 서기(손, 발 지지되지 않음)
• 몸통 굽히고 펴기가 동작 중 50% 이내 발생</td><td>잡기</td><td>• 가벼운 물건들을 시간차를 두고
• 무겁거나 부피가 있는 물건
• 시야가 가려진 경우</td><td rowspan="2">• 시야가 가려진 채로 놓기
• 조종하기
• 가볍게 누르기
• 이중으로 배치하기(예: 두 물체를 관통하는 나사)</td></tr>
<tr><td colspan="2">• 떼어놓기
• 맞물린 물건의 분리
• 물건들을 모으기</td></tr>
<tr><td>6</td><td>3~4걸음</td><td>몸통(허리) 굽히고 펴기</td><td colspan="2">—</td><td>• 주의 또는 섬세함이 요구됨
• 세게 누르기
• 시야가 가려진 채로 바로 놓기
• 여러 단계 이동</td></tr>
<tr><td>10</td><td>5~7걸음</td><td>조절하며 앉기 또는 서기</td><td colspan="2">—</td><td></td></tr>
<tr><td>16</td><td>8~10걸음</td><td>• 서서 굽히기
• 굽히고 앉기
• 오르기 또는 내려가기
• 문 통과</td><td colspan="2">—</td><td></td></tr>
</table>

※ 시간치(TMU)는 지수 값에 10을 곱함.

업을 생각해보자. 잡기(A, B, G로 구성됨)에서는 3걸음을 걸어 물건에 도달하였으므로 A6, 허리를 굽히고 폈으므로 B6, 볼트와 같은 가벼운 물건을 잡았으므로 G1이 된다. 놓기(A, B, P로 구성됨)에서는 팔을 뻗었으므로 A1, 허리나 다리를 움직이지 않고 팔만 움직여서 몸체의 상하 이동이 일어나지 않았으므로 B0, 볼

〈표 14-2〉 **거리 확장값(A24 이상)**

거리(확장치)			
지수	걸음	거리(피트)	거리(미터)
24	11 ~ 15	38	12
32	16 ~ 20	50	15
42	21 ~ 26	65	20
54	27 ~ 33	83	25
67	34 ~ 40	100	30
81	41 ~ 49	123	38
96	50 ~ 57	143	44
113	58 ~ 67	168	51
131	68 ~ 78	195	59
152	79 ~ 90	225	69
173	91 ~ 102	255	78
196	103 ~ 115	288	88
220	116 ~ 128	320	98
245	129 ~ 142	355	108
270	143 ~ 158	395	120
300	159 ~ 174	435	133
330	175 ~ 191	478	146

※ 시간치(TMU)는 지수 값에 10을 곱함.

트의 방향을 조종하여 구멍에 넣었으므로 P3이 된다. 마지막으로 돌아오기(A로만 구성)는 작업자가 볼트를 구멍에 삽입 후에 제자리에 있었으므로 동작거리가 발생하지 않아 A0가 된다. 즉, 이 작업의 일반 이동 절차는 A6B6G1A1B0P3A0이 된다. 소요시간은 모든 지수의 합에 10을 곱한 (6+6+1+1+0+3+0)×10=17×10=170 TMU이며, 170 TMU×0.036초=6.12초가 된다.

(2) 제한 이동

제한 이동은 작업대에 놓인 물건을 밀거나 핸들을 돌리는 작업과 같이 다른 물건에 부착되어 있는 물건을 제한된 경로에 따라 이동시키는 것을 의미한다. 만약 이동하려는 물건이 다른 물건과 떨어져 공간상에서 자유로운 경로로 이동할 수 있다면 이는 일반 이동이 된다.

제한 이동에는 A, B, G, M, X, I, A 등 7개의 변수가 있으며, 각 변수의 구분과 상세한 값은 〈표 14-3〉에 나타나 있다. 단 A, B, G의 소요시간은 〈표 14-1〉과 〈표 14-2〉를 참조한다.

1. A: 거리(action distance)
2. B: 동작(body motion)
3. G: 조절(gain control)
4. M: 이동 제한(move controlled)
5. X: 처리시간(process time)
6. I: 정렬하기(align)

제한 이동은 물건을 잡기(get), 이동 또는 작동하기(move or actuate), 돌아오기(return)의 단계를 거친다. 잡기와 돌아오기 단계는 일반 이동과 마찬가지로 ABG와 A로 구성되며, 제한된 경로로 물건을 이동하거나 작동하는 동작은 MXI로 구성된다. 따라서 제한 이동은 ABG MXI A로 나타낸다. 여기서 제한된 경로를 따라 물건을 움직이는 작업은 주로 M과 I 속성으로 나타나며, 스위치나 핸들 조작과 같이 장비를 작동하는 작업은 주로 M과 X 속성으로 나타난다.

잡기의 ABG와 돌아오기 A의 소요시간은 일반 이동의 〈표 14-1〉과 〈표 14-2〉를 이용하여 결정하며, 이동의 제한 또는 작동하기의 소요시간은 〈표

〈표 14-3〉 **제한 이동의 변수와 설명**

지수	M 이동의 제한		X 처리시간			I 정렬하기
	밀기/당기기/돌리기	회전하기 (회전수)	초	분	시간	물체
1	• ≤12인치(30cm) • 버튼(누르기)/스위치(움직이기)/꼭지(돌리기)	—	≤ 0.5	0.01	0.0001	1지점
3	• >12인치(30cm) • 저항 있음 • 장착하기 또는 떼어내기 • 미세한 조정 • 2단계≤12인치(30cm)	1	≤ 1.5	0.02	0.0004	2지점≤4인치(10cm)
6	• 2단계〉12인치(30cm) 1~2걸음	2~ 3	≤ 2.5	0.04	0.0007	2지점>4인치(10cm)
10	3~4단계 3~5걸음	4~ 6	≤ 4.5	0.07	0.0012	—
16	6~9걸음	7~11	≤ 7.0	0.11	0.0019	정밀함, 여러 지점

※ 시간치(TMU)는 지수 값에 10을 곱함.

14-3〉과 〈표 14-4〉에서 해당 지수를 찾아 결정한다. 예를 들어, 드릴링 작업자가 2걸음을 걸어가 레버를 잡고 3초간 레버를 4인치 당겨 드릴링 작업을 하는 작업을 생각해보자. 잡기(A, B, G로 구성됨)에서는 2걸음을 걸어 드릴링 머신에 다가갔으므로 A3, 위 또는 아래 방향으로 신체의 굽힘이 없으므로 B0, 고정된 레버를 잡았으므로 G1이 된다. 이동의 제한 또는 작동하기(M, X, I로 구성됨)에서는 레버를 4인치 당겼으므로 M1, 3초간 레버를 당겼으므로 X10, 드릴링 작업에서 물건을 다른 물건에 맞추는 동작이 없으므로 I0이 된다. 돌아오기는 작업 후 작업자의 이동이 없으므로 동작거리가 발생하지

〈표 14-4〉 이동의 제한과 처리시간의 확장값

밀기/당기기	
지수	걸음
24	10~13
32	14~18
42	19~24
54	25~31
67	32~39

회전하기	
지수	회전수
24	12~16
32	17~21
42	22~28
54	29~36

처리시간			
지수	초	분	시간
24	9.5	0.16	0.0027
32	13.0	0.21	0.0036
42	17.0	0.28	0.0047
54	21.5	0.36	0.0060
67	26.0	0.44	0.0073
81	31.5	0.52	0.0088
96	37.0	0.62	0.0104
113	43.5	0.72	0.0121
131	50.5	0.84	0.0141
152	58.0	0.97	0.0162
173	66.0	1.10	0.0184
196	74.5	1.24	0.0207
220	83.5	1.39	0.0232
245	92.5	1.54	0.0257
270	102.0	1.70	0.0284
300	113.0	1.88	0.0314
330	124.0	2.06	0.0344

※ 시간치(TMU)는 지수 값에 10을 곱함.

않아 A0이 된다. 따라서 이 작업의 제한 이동 절차는 A3B0G1M1X10I0A0이 되고, 소요시간은 모든 지수의 합에 10을 곱한 (3+0+1+1+10+0+0)×10=15×10=150 TMU이며, 150 TMU×0.036초=5.4초가 된다.

(3) 도구 사용(tool use)

다양한 수공구를 사용하는 동작을 나타낸다. 수공구를 집고 놓는 동작을 분석하기 위해 일반 이동과 더불어 조이기(fasten: F), 풀기(loosen: L), 자르기(cut: C), 표면처리(surface treat: S), 측정하기(measure: M), 기록하기(record: R), 생각하기(think: T)의 7개 변수를 고려한다. 도구 사용은 수공구 또는 물건 잡기(get tool or object), 수공구 또는 물건 놓기(put tool or object in place), 수공구 사용(use tool), 수공구 또는 물건 치우기(put tool or object aside), 돌아오기(return)의 5단계를 거친다. 수공구 사용 단계를 제외한 나머지 단계는 일반 이동과 같이 ABG, ABP, A를 사용하며, 수공구 사용 단계는 FLCSMRT 중 하나를 사용한다. 따라서 도구 사용은 ABG ABP * ABP A의 절차로 나타낼 수 있으며, *는 FLCSMRT 중 하나를 의미한다.

수공구 또는 물건 잡기 ABG, 수공구 또는 물건 놓기 ABP, 수공구 또는 물건 치우기 ABP, 돌아오기 A의 소요시간은 〈표 14-1〉의 일반 이동을 이용하여 결정하며, 수공구 사용 FLCSMRT의 소요시간은 〈표 14-5〉에서 해당 지수를 찾아 결정한다.

예를 들어, 작업자가 팔을 뻗어 작은 드라이버를 집어와 손가락으로 드라이버를 7회 돌려 나사를 조인 후, 10인치 옆에 드라이버를 내려놓는 작업을 생각해보자. 우선, 수공구 또는 물건 잡기(A, B, G로 구성)는 일반 이동의 잡기에 해당하며, 걸어가지 않고 손만 뻗어 드라이버를 집었으므로 A1, 신체의 굽힘이 없었으므로 B0, 가벼운 드라이버를 집었으므로 G1이 된다. 수공구 또는 물건 놓기(A, B, P로 구성)도 마찬가지로 일반 이동의 놓기에 해당하며, 뻗은 손을 굽혀 드라이버를 나사가 있는 곳으로 옮겼으므로 A1, 신체의 굽힘이 없었으므로 B0, 드라이버를 나사에 맞추기 위해 조종이 필요하므로 P3이 된다. 이때 〈표 14-1〉의 일반 이동을 사용하는 것이 원칙이지만

〈표 14-5〉 도구 사용

지수	F 조이기 L 풀기										
	손가락 동작	손목 동작				팔 동작					동력 수공구
	돌리기	돌리기	치기	회전하기	두드리기	돌리기		치기	회전하기	치기	나사 지름
	손가락 드라이버	손 드라이버 래칫 T-렌치	렌치	렌치 래칫	손 망치	래칫	T-렌치 두 손	렌치	렌치 래칫	망치	파워렌치
1	1	—	—	—	1	—	—	—	—	—	—
3	2	1	1	1	3	1	—	1	—	1	1/4인치(6mm)
6	3	3	2	3	6	2	1	—	1	3	1인치(25mm)
10	8	5	3	5	10	4	—	2	2	5	—
16	16	9	5	8	16	6	3	3	3	8	—
24	25	13	8	11	23	9	6	4	5	12	—
32	35	17	10	15	30	12	8	6	6	16	—
42	47	23	13	20	39	15	11	8	8	21	—
54	61	29	17	25	50	20	15	10	11	27	—

P 도구 장착	
도구	지수
망치	0(1)
손가락/손	1(3, 6)
플라이어	1(3)
가위	1(3)
칼	1(3)
표면처리도구	1
계측도구	1
필기도구	1
드라이버	3
래칫	3
T-렌치	3
렌치	3
동력공구	3
조절렌치	6(3)

〈표 14-5〉 도구 사용 (계속)

지수	C 자르기				S 표면처리			M 측정하기	R 기록하기			T 생각하기		
	잘라내기	고정하기	자르기	썰기	공기청소	솔 청소	닦기	측정하기	쓰기		표시	검사	읽기	
	플라이어		가위	칼	노즐	솔	천	계측도구	연필/펜		마커	눈 손가락	눈	
	철사	—	절단	조각	피트^2 ($0.1m^2$)	피트^2 ($0.1m^2$)	피트^2 ($0.1m^2$)	—	숫자	단어	숫자	지점	숫자 단어	문장
1	—	쥐기	1	—	—	—	—	—	1	—	마크하기	1	1	3
3	부드러움	—	2	1	—	—	1/2	—	2	—	1 선긋기	3	3 게이지	8
6	중간	비틀기 동그란 고리 만들기	4	—	1	1	—	—	4	1	2	5 열감지	6 날짜, 시간	15
10	강함	—	7	3	—	—	1	프로필게이지	6	—	3	9 결함감지	12 부척(vernier)	24
16	—	고정핀	11	4	3	2	2	고정눈금 캘리퍼≤12인치(30cm)	9 서명, 날짜	2	5	14	— 표 수치	38
24	—	—	15	6	4	3		필러게이지	13	3	7	19	—	54
32	—	—	20	9	7	5	5	강철테이프≤6피트(2m) 깊이측정용 마이크로미터	18	4	10	26	—	72
42	—	—	27	11	10	7	7	외측마이크로미터≤4인치(10cm)	23	5	13	34	—	94
54	—	—	33	—	—	—	—	내측마이크로미터≤4인치(10cm)	29	7	16	42	—	119

※ 시간치(TMU)는 지수 값에 10을 곱함.

〈표 14-5〉의 도구 장착 P를 사용할 수도 있다. 〈표 14-5〉의 P에서 드라이버 장착의 지수는 P3으로 일반 이동의 지수와 같다. 수공구 사용은 드라이버를 손가락으로 7회 돌렸으므로 조이기 F10이 된다.

수공구 또는 물건 놓기(A, B, P로 구성)는 일반 이동으로서 나사를 조인 후에 드라이버를 10인치 옆으로 이동하였으므로 A1, 신체의 상하 이동이 없었으므로 B0, 드라이버를 옆에 놓았으므로 P1이 된다. 돌아오기는 작업 후에 작업자의 이동이 없으므로 동작거리가 발생하지 않아 A0이 된다. 따라서 이 작업의 절차는 A1B0G1A1B0P3F10A1B0P1A0이며 소요시간은 모든 지수의 합에 10을 곱한 (1+0+1+1+0+3+10+1+0+1+0)×10=18×10=180 TMU, 또는 180 TMU×0.036초=6.48초가 된다.

2. 작성 예

〈표 14-6〉은 복사기로 서류를 복사하는 작업을 MOST로 분석한 예이며, 각 동작에 대한 설명은 다음과 같다.

1. **A1B10G1 A10B0P0 A0:** 의자에 앉아 있던 작업자가 서류를 집은 후에 일어서서 복사기로 걸어가는 동작이다. 팔을 뻗어 가벼운 서류를 집고 일어섰으므로 잡기는 A1B10G1이 되며, 5~7걸음을 걸어 복사기에 도달한 후 서류 놓기는 A10B0P0이 된다. 서류를 복사하기 위해 복사기 앞에 서 있으므로 돌아오기가 없어 A0이 된다. 소요시간은 모든 지수의 합에 10을 곱한 220 TMU이다.
2. **A1B0G1 M3X0I0 A0:** 복사기 커버를 잡고 들어 올리는 동작으로, 팔을 뻗어 커버를 잡으므로 잡기는 A1B0G1이고, 잡은 커버를 30cm 이상 들

〈표 14-6〉 MOST 작성 예

번호	작업내용	절차	TMU
1	서류를 집어 복사기로 걸어감	A1B10G1 A10B0P0 A0	220
2	복사기 커버를 잡고 들어 올림	A1B0G1 M3X0I0 A0	50
3	서류를 유리 위의 정해진 위치에 놓음	A0B0G0 A1B0P3 A0	40
4	복사기 커버를 내림	A0B0G0 M3X0I0 A0	30
5	버튼을 눌러 복사할 장수를 설정함	A1B0G1 M1X0I0 A0	30
6	시작 버튼을 누르기(처리시간 9초)	A1B0G1 M1X24I0 A0	270
7	복사기 커버를 잡고 들어 올림	A1B0G1 M3X0I0 A0	50
8	유리 위의 서류를 집어 올림	A1B0G1 A1B0P0 A0	30
9	복사기 커버를 내림	A0B0G0 M3X0I0 A0	30
10	버튼을 눌러 복사기를 초기화함	A1B0G1 M1X0I0 A0	30
11	다시 의자에 앉아 종이를 놓음	A1B0G1 A10B10P1 A0	230
합계			1,010

어 올리므로 이동 또는 작동하기는 M3X0I0이다. 돌아오기는 발생하지 않았으므로 A0이다. 소요시간은 50 TMU이다.

3. **A0B0G0 A1B0P3 A0:** 서류를 유리 위에 놓는 동작으로, 서류를 들고 있었으므로 잡기는 발생하지 않아 A0B0G0이며, 팔을 뻗어 유리 위의 정해진 위치에 서류를 배열해야 하므로 놓기는 A1B0P3이다. 돌아오기는 발생하지 않아 A0이다. 소요시간은 40 TMU이다.
4. **A0B0G0 M3X0I0 A0:** 복사기 커버를 내리는 동작으로, 커버를 들어 올린 후 계속 잡고 있었으므로 잡기는 발생하지 않아 A0B0G0이며, 30cm 이상 커버를 내려 원위치시키므로 이동 또는 작동하기는 M3X0I0이다. 돌

아오기는 발생하지 않아 A0이다. 소요시간은 30 TMU이다.

5. **A1B0G1 M1X0I0 A0:** 버튼을 눌러 복사할 부수를 설정하는 동작이다. 팔을 뻗어 버튼에 손가락을 대는 동작인 잡기는 A1B0G1이며, 버튼을 누르는 동작인 이동 또는 작동하기는 M1X0I0이다. 돌아오기는 발생하지 않아 A0이다. 소요시간은 30 TMU이다.
6. **A1B0G1 M1X24I0 A0:** 시작 버튼을 눌러 복사하는 동작이다. 팔을 뻗어 시작 버튼에 손가락을 대는 동작인 잡기는 A1B0G1이며, 시작 버튼을 누르고 복사를 하는 시간이 9초이므로 이동 또는 작동하기는 M1X24I0이다. 돌아오기는 발생하지 않아 A0이다. 소요시간은 30 TMU이다.
7. **A1B0G1 M3X0I0 A0:** 복사를 마친 후 커버를 들어 올리는 동작으로 2번과 동일하다.
8. **A1B0G1 A1B0P0 A0:** 유리 위에 놓여 있는 서류를 집는 동작으로, 팔을 뻗어 가벼운 서류를 집는 동작인 잡기는 A1B0G1이며, 팔을 굽혀 서류를 들어 올리는 동작인 놓기는 A1B0P0이다. 돌아오기는 발생하지 않아 A0이다. 소요시간은 30 TMU이다.
9. **A0B0G0 M3X0I0 A0:** 서류를 빼내고 복사기 커버를 닫는 동작으로 4번과 동일하다.
10. **A1B0G1 M1X0I0 A0:** 버튼을 눌러 복사기를 초기화하는 동작으로, 팔을 뻗어 초기화 버튼에 손가락을 대는 동작인 잡기는 A1B0G1이며, 초기화 버튼을 누르는 동작인 이동 또는 작동하기는 M1X0I0이다. 돌아오기는 발생하지 않아 A0이다. 소요시간은 30 TMU이다.
11. **A1B0G1 A10B10P1 A0:** 복사한 종이를 집어 복사기에서 다시 의자로 걸어와 앉은 후 종이를 책상 위에 놓는 동작이다. 팔을 뻗어 복사한 종이를 집는 동작인 잡기는 A1B0G1이며, 5~7걸음을 걸어와 의자에 앉은 후 종

이를 책상 위에 가볍게 놓으므로 놓기는 A10B10P1이다. 돌아오기는 발생하지 않아 A0이다. 소요시간은 230 TMU이다.

12. 따라서 이 작업의 총소요시간은 1,010 TMU이며, 0.606분과 같다.

14.2 MODAPTS

MODAPTS(modular arrangement of predetermined time standard)는 MOD라는 시간 단위를 사용하며, 1 MOD는 0.129초와 같다. 이는 손가락의 평균 동작 거리인 1인치(2.54cm)를 움직일 때 소요되는 시간을 의미하며, 2 MOD, 3 MOD와 같이 정수를 곱하여 신체부위의 동작 시간을 표시한다.

1. 동작 분류

MODAPTS는 〈표 14-7〉과 같이 작업자의 동작을 크게 이동 동작(movement activity), 끝 동작(terminal activity), 기타 동작으로 나누며, 총 21가지 세부동작에 대하여 시간치(단위: MOD=0.129초)를 제시하고 있다. 이동 동작(기호 M)은 빈손을 뻗거나 물건을 운반하는 동작이며, 끝 동작(기호 G 또는 P)은 물건을 집거나 놓는 동작이다. 따라서 MODAPTS의 동작분석은 일반적으로 이동 동작과 끝 동작의 조합(기호 MGMP)으로 기본동작을 나타낸다.

예를 들어, 아래팔로 물건을 집어 작업대로 가져와 놓는 동작은 M3G1M3P0로 표시하며, 이 동작의 소요시간은 단순하게 각 동작의 MOD를 합한 3+1+3+0=7 MOD가 되며, 이는 7 MOD×0.129초=0.903초가 된다.

MODAPTS는 동작 분류 기호의 숫자와 해당 시간치가 일치하므로(예:

〈표 14-7〉 MODAPTS의 동작 분류

분류	동작		기호	시간(MOD)
이동 동작	손가락		M1	1
	손		M2	2
	아래팔		M3	3
	위팔과 팔 전체		M4	4
	어깨와 몸통		M5	5
끝 동작	잡기(Get: G)	접촉 잡기	G0	0
		단순 잡기	G1	1
		복잡 잡기	G3	3
	놓기(Put: P)	접촉 놓기	P0	0
		주의하여 놓기	P2	2
		결합 놓기	P5	5
기타 동작	누르기(Apply pressure: A)		A4	4
	허리 굽힘(Bend: B)		B17	17
	회전하기(Crank: C)		C4	4
	판단과 반응(Decide and react: D)		D3	3
	눈 사용(Eye use: E)		E2	2
	발 동작(Foot: F)		F3	3
	중량 인자(Load factor: L)		L1	4kg마다 1
	고쳐 쥐기(Re-grasp: R)		R2	2
	앉았다 일어남(Sit and stand: S)		S30	30
	보행(Walk: W)		W5	5

M5는 5 MOD) 사용하는 신체부위와 동작, 중량을 알면 다른 PTS법보다 쉽게 작업시간을 구할 수 있다.

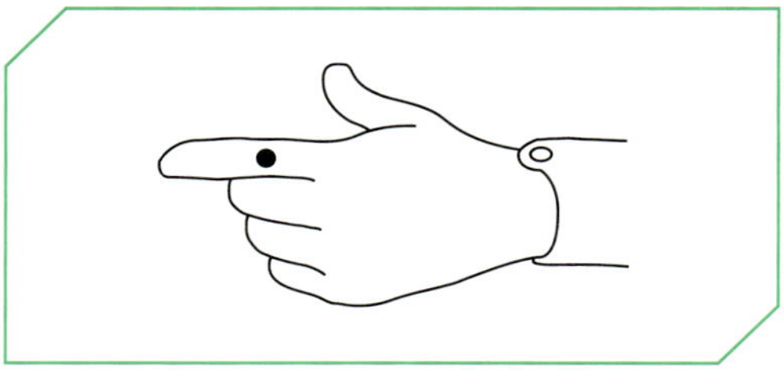

〈그림 14-1〉 M1 동작

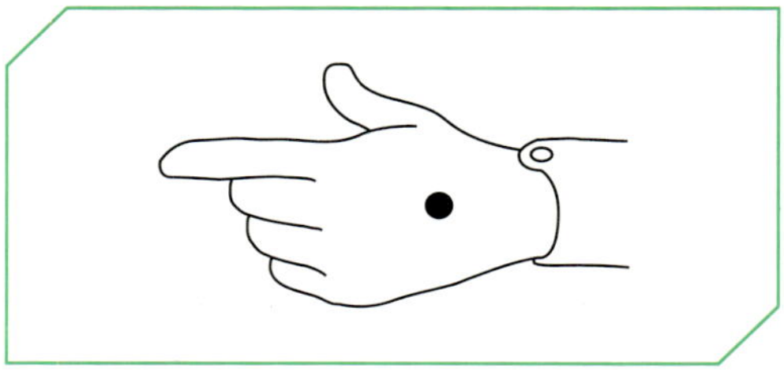

〈그림 14-2〉 M2 동작

1. **M1**: 손가락만으로 1회 행하는 동작(그림 14-1)으로서 약 2.5cm만큼 움직임을 의미한다. 손가락을 여러 번 사용할 경우에는 사용횟수만큼 M1을 추가한다. 너트를 손가락으로 회전하는 동작이나 손가락으로 스위치를 켜거나 끄는 동작이 이에 해당한다.
2. **M2**: 손가락과 함께 손 전체를 움직이는 동작(그림 14-2)으로, 약 5cm만큼 움직임을 의미한다. 손목 회전도 포함하며, 손을 움직인 횟수만큼 M2를 추가한다. 스위치를 돌리는 동작이 이에 해당한다.
3. **M3**: 손가락 및 손과 함께 아래팔을 1회 움직이는 동작(그림 14-3)으로, 약 15cm만큼 움직임을 의미한다. M3은 주로 정상 작업영역(그림 8-2, 그림 14-6)에서 일어나며 팔꿈치가 전후좌우로 조금 움직여도 M3로 간주한다. 아래팔이 움직인 횟수만큼 M3을 추가한다. 부품을 집기 위해 부품통으로 아래팔을 움직이는 동작이 이에 해당한다.

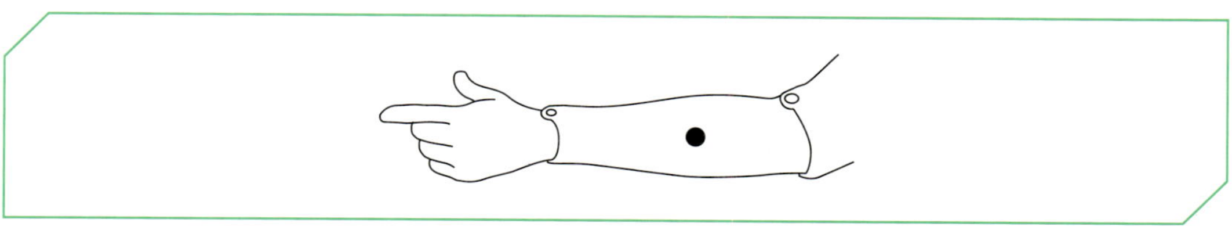

〈그림 14-3〉 M3 동작

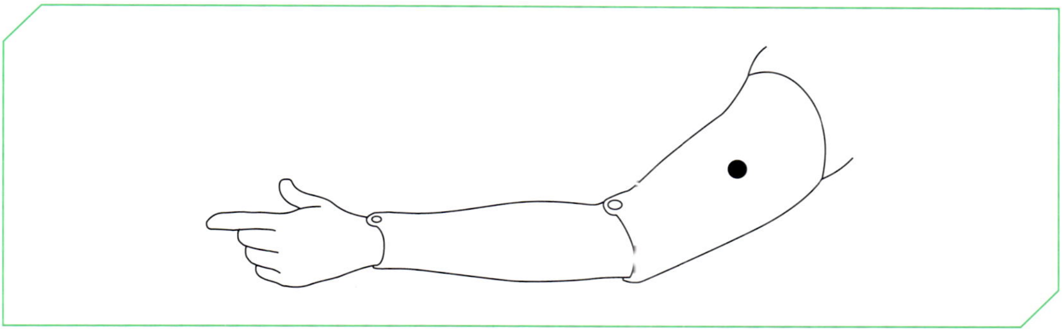

〈그림 14-4〉 M4 동작

4. **M4:** 어깨를 중심으로 아래팔과 함께 위팔을 움직이는 동작(그림 14-4)으로, 약 30cm 정도 움직임을 의미한다. 어깨가 약간 움직여도 M4로 간주하며, 위팔이 움직인 횟수만큼 M4를 추가한다. 〈그림 14-6〉과 같이 몸통 앞쪽으로 좌우 약 45도 이내에서 위팔을 움직이는 동작이 이에 해당한다.
5. **M5:** 팔로만 행하기 어려운 동작으로 몸통의 움직임을 수반한다(그림 14-5). 약 45cm의 움직임을 의미하며 주로 최대작업영역에서 일어난다. 왼쪽 끝에 있는 물건을 오른팔로 집는 동작과 같이 몸통을 구부리거나 회전하면서 팔을 뻗는 동작에 이에 해당한다(그림 14-6).

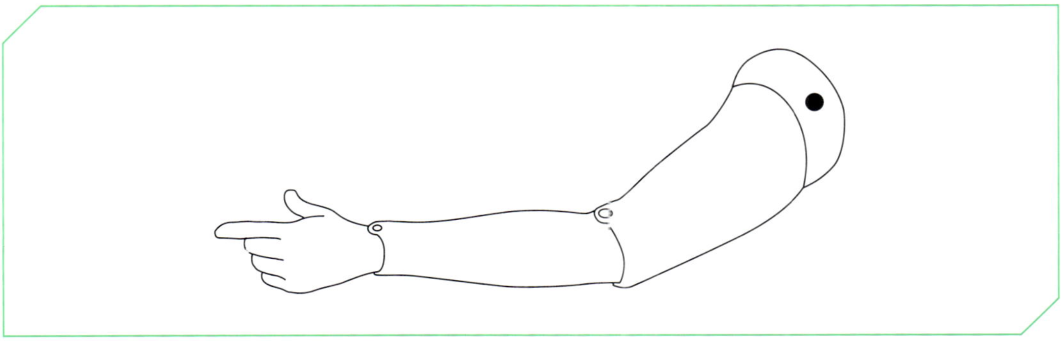

〈그림 14-5〉 M5 동작

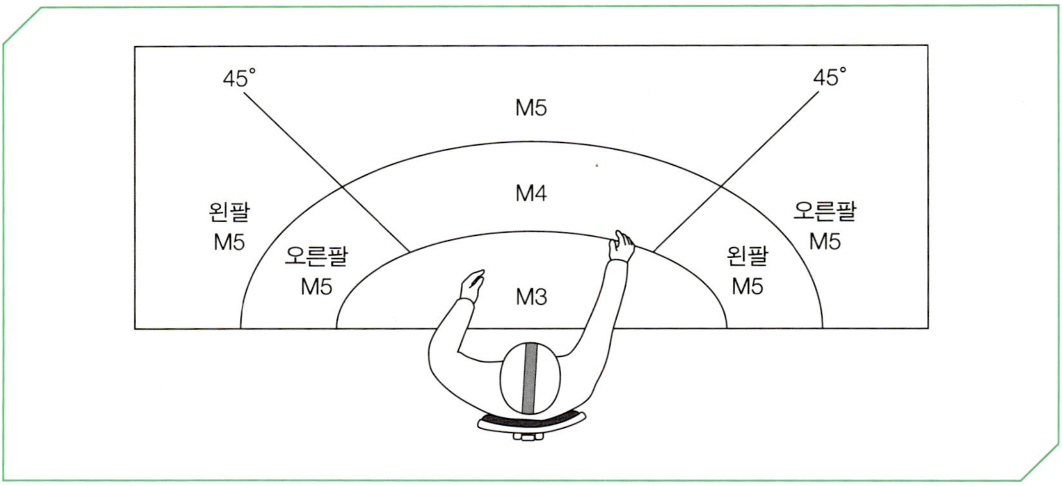

〈그림 14-6〉 M3, M4, M5의 작업범위

6. **G0**: 손가락이나 손으로 물건을 쥘 목적이 아닌 단순히 닿는 동작(그림 14-7)으로서 시간치는 주어지지 않는다. 누르기 버튼(Push button)에 손가락을 대는 동작이 이에 해당한다.
7. **G1**: 주위에 장애물이 없어 편하게 손가락을 구부려 물건을 잡는 동작(그림 14-8)으로, 정렬된 볼트를 집는 동작이 이에 해당한다.

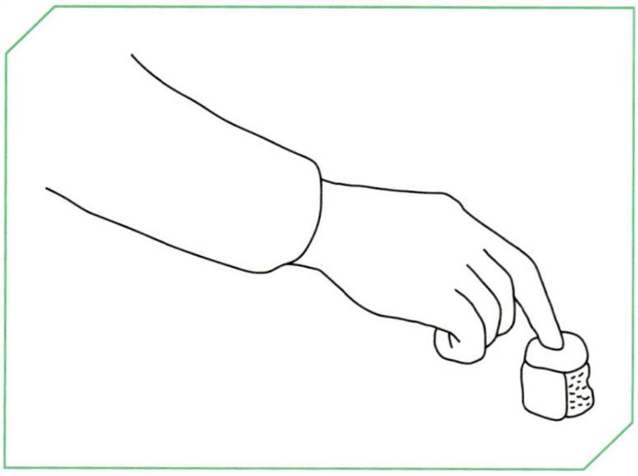

〈그림 14-7〉 G0 동작

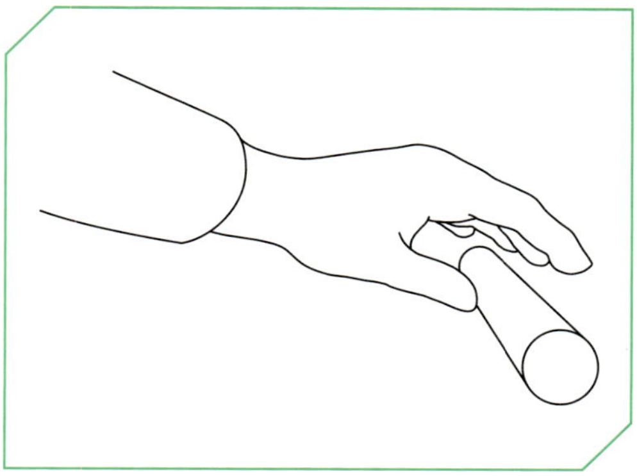

〈그림 14-8〉 G1 동작

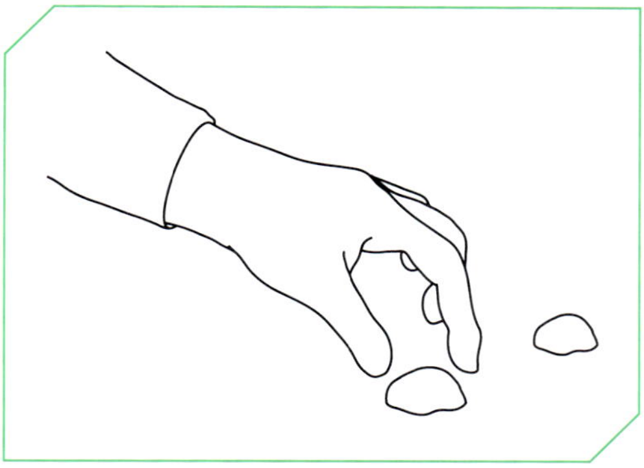

〈그림 14-9〉 G3 동작

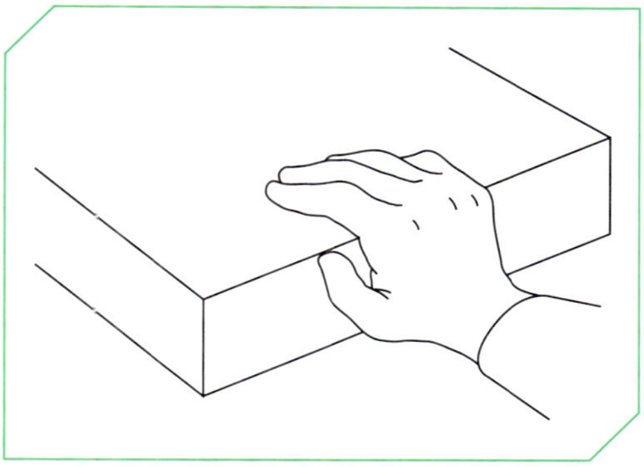

〈그림 14-10〉 P0 동작

8. **G3:** 물건 잡기가 어려워 눈으로 보면서 주의하여 잡는 동작(그림 14-9)으로, 여러 가지가 섞여 있는 부품 통에서 하나의 부품을 집거나, 작업대에 놓인 납작한 와셔를 집거나, 손바닥으로 감싸서 집어야 하는 동작이 이에 해당한다.
9. **P0:** 물건을 놓는 위치가 정해져 있지 않아 특별히 주의하지 않고 물건을 놓을 수 있는 동작(그림 14-10)으로, 시간치는 0이다. 작업을 마친 후에 공구를 작업대에 놓거나, 한 손에서 다른 손으로 물건을 옮겨놓는 동작이 이에 해당한다.
10. **P2:** 물건을 놓는 위치가 대략적으로 정해져 있어 눈으로 보면서 주의하여 물건을 놓는 동작으로, 볼트에 와셔를 끼우는 동작(그림 14-11)이 이에 해당한다.
11. **P5:** 네 방향 중 세 방향 이상을 고려하면서 신중하게 물건을 놓는 복잡한 동작(그림 14-12)으로, 물건을 놓기 전에 방향을 바꾸거나 위치를 수정하는 등의 조정동작이 필요하다.

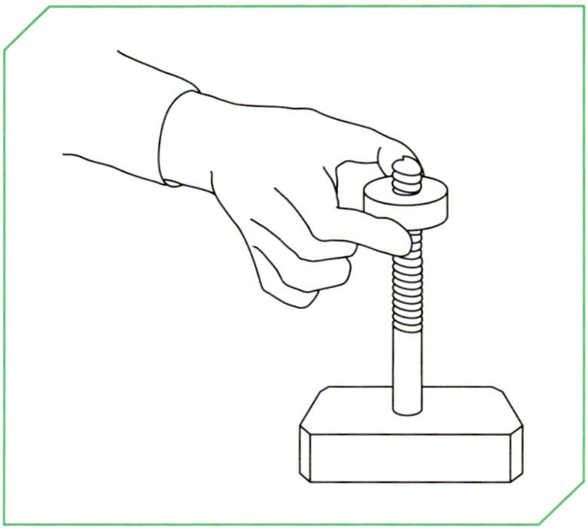

〈그림 14-11〉 P2 동작

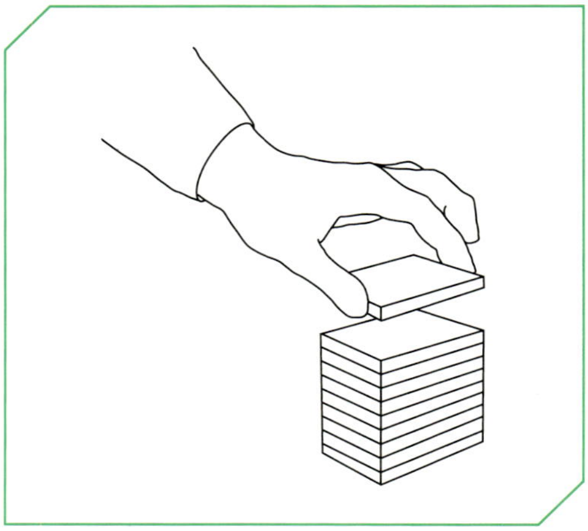

〈그림 14-12〉 P5 동작

그리고 쥐기와 놓기의 끝 동작을 주의가 필요 없는 동작(low conscious control: LCC)인 G0, G1, P0과 주의가 필요한 동작(high conscious control: HCC)인 G3, P2, P5로 나눌 수 있다. MTM의 동시동작과 유사하게 〈표 14-8〉과 같이 두 손 모두 주의가 필요 없거나 한 손만 주의가 필요한 동작은 두 손 동시에 수행이 가능하며, 두 손 모두 주의가 필요한 동작은 동시에 수행할 수 없다. 두 손 동시동작이 수행되는 경우, 두 손 가운데 시간이 더 많이 소요되는 동작의 시간치가 전체 동작의 소요시간이 된다.

〈표 14-8〉 MODAPTS 동시동작

왼손 동작	오른손 동작	동시동작
LCC	LCC	가능
LCC	HCC	가능
HCC	LCC	가능
HCC	HCC	불가능

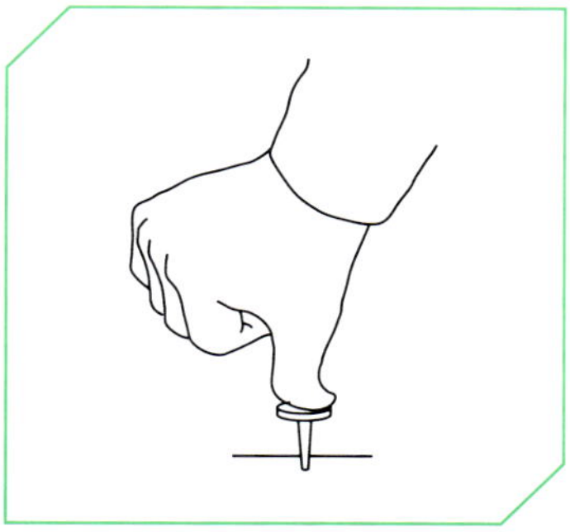

〈그림 14-13〉 A4 동작

12. **A4**: 힘을 주어 압력을 가하거나 저항을 버티기 위해 힘을 주는 동작(그림 14-13)으로, 일반적으로 물체를 누르거나 조이는 동작을 의미한다. 드라이버로 나사를 조일 때 마지막에 힘을 주어 나사를 꽉 조이는 동작이 이에 해당한다.
13. **B17**: 서서 작업할 때 상체를 구부렸다 펴는 동작으로, 손이 무릎 아래로 내려가거나 상체를 90° 이상 구부리는 동작(그림 14-14)을 의미한다. 소요시간은 17 MOD이며, 이 시간은 상체를 구부리고 펴는 1회 동작 시간을 나타낸다. 작업자가 상체를 구부려 바닥에 놓인 상자를 집은 후, 다시 상체를 펴는 동작이 이에 해당한다.
14. **C4**: 손이나 팔을 회전하는 동작(그림 14-15)으로, 1회전마다 C4를 추가한다. 밸브를 돌리거나 공작기계의 핸들을 돌리는 동작이 이에 해당한다.

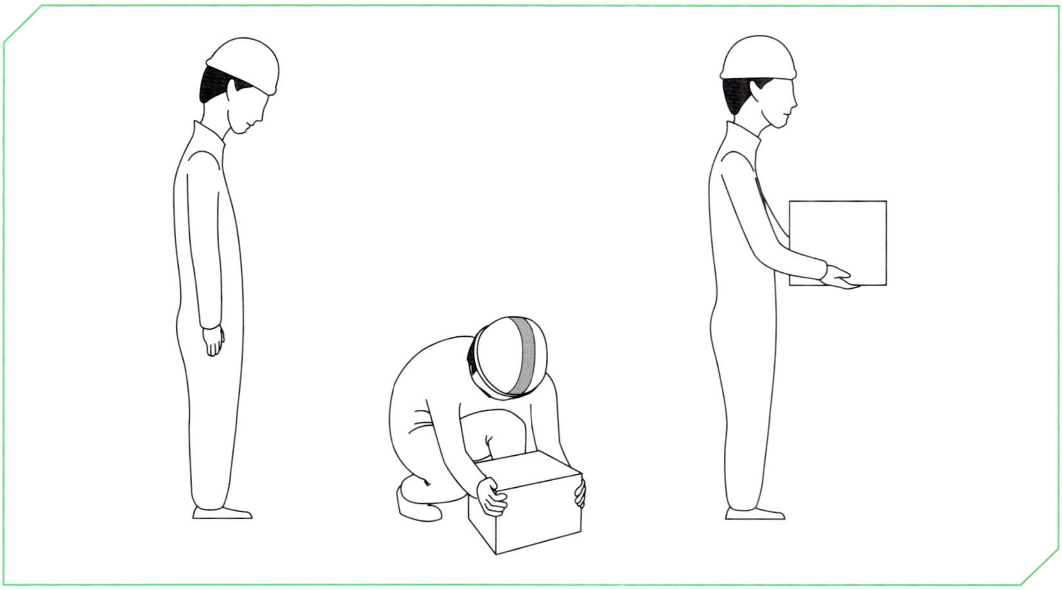

〈그림 14-14〉 B17 동작

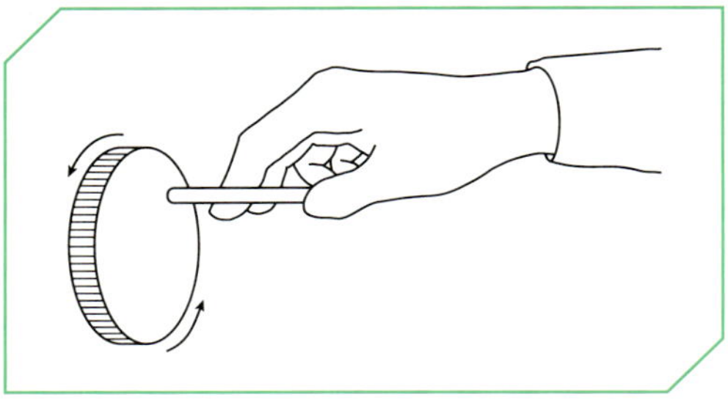

〈그림 14-15〉 C4 동작

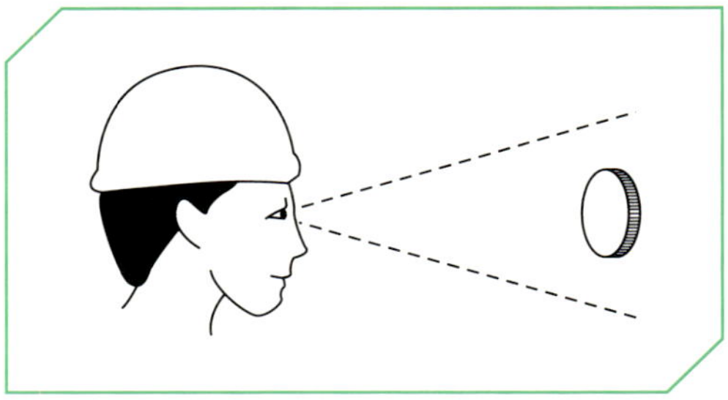

〈그림 14-16〉 E2 동작

15. **D3**: 순간적으로 판단을 내릴 때 필요한 시간으로, 검사 시에 단순히 양품인지 불량품인지 판단이 필요한 경우가 이에 해당한다.
16. **E2**: 다른 동작을 동시에 수행하지 않는 상태에서 순수하게 눈을 이동하는 동작과 눈으로 초점을 맞추는 동작 두 가지를 의미한다(그림 14-16). 어느 동작이든 1회 발생 시 E2를 추가한다. 계기판의 눈금을 읽거나 다음 동작을 하기 전에 시선을 움직이는 동작이 이에 해당한다.
17. **F3**: 발뒤꿈치를 바닥에 붙인 상태에서 발을 움직이는 동작(그림 14-17)으로, 자동차의 페달을 1번 밟는 동작이 이에 해당한다. 발뒤꿈치가 바닥에서 떨어진 상태에서 발을 움직이는 동작은 W5로 간주한다.

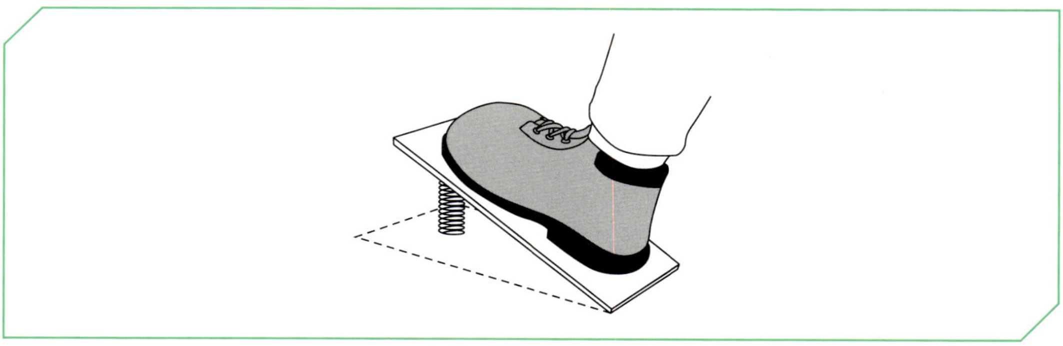

〈그림 14-17〉 F3 동작

〈표 14-9〉 MODAPTS 중량 보정

중량	중량 인자
2kg 미만	0
2kg ~ 6kg 미만	L1×1
6kg ~ 10kg 미만	L1×2
10kg ~ 14kg 미만	L1×3
14kg ~ 18kg 미만	L1×4
18kg ~ 20kg 미만	L1×5

18. **L1**: 운반하는 물건의 중량을 보정해주기 위한 것으로서, 물건을 놓는 동작 이후에 L1을 추가한다. 〈표 14-9〉과 같이 2kg 미만은 중량 보정이 필요 없으며, 2kg부터 4kg 증가할 때마다 L1을 추가한다. 두 손으로 물건을 운반할 때는 중량을 반으로 나누어 보정한다.
19. **R2**: 손가락이나 손으로 물건을 고쳐 잡는 동작(그림 14-18)으로, 다른 동작과 동시에 일어날 때는 고려하지 않는다. 손에 있는 드라이버의 방향을 바꾸거나, 손에 있는 여러 개의 나사 중에 하나를 손가락 끝으로 옮기는 동작이 이에 해당한다.

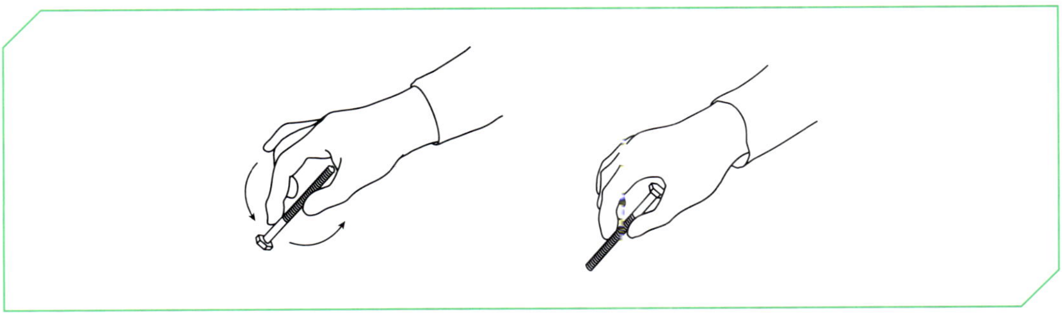

〈그림 14-18〉 R2 동작

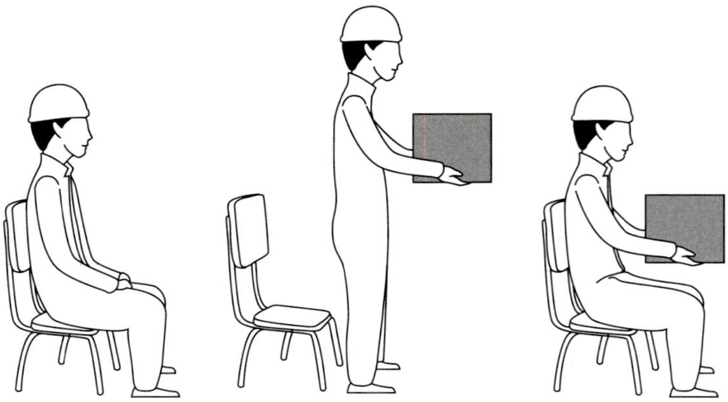

〈그림 14-19〉 S30 동작

20. **S30**: 의자에서 일어나고 다시 앉거나 반대로 앉았다 다시 일어나는 동작(그림 14-19)으로, 일어나고 앉는 1회 동작에 소요되는 시간이 30 MOD이다.
21. **W5**: 발꿈치를 바닥에서 떼면서 걷는 동작으로서, 걸음 수마다 W5를 추가한다. 신체를 회전하거나 이동하기 위해 전후좌우로 어느 방향이든 걷는 동작도 이에 해당한다.

2. 작성 예

〈표 14-10〉은 합판을 일정한 크기로 절단하는 작업을 MODAPTS로 분석한 예이며, 각 동작에 대한 설명은 다음과 같다.

〈표 14-10〉 MODAPTS 작성 예

번호	왼손 내용	동작	MOD	동작	오른손 내용
1			17	B17	허리를 굽힘
2	합판을 집음	M4G1	5	M4G1	합판을 집음
3			(17)	(B17)	허리를 폄
4			10	W5×2	2걸음만큼 걸음
5	작업대에 합판 놓음	M4P2	6	M4P2	작업대에 합판 놓음
6	중량 보정	L1×1	1	L1×1	중량 보정
7	레버를 내림	M3G1M3	7	G0	합판을 쥠
8	보조작업대 간격 맞춤	M3	3		
9	합판을 밀어 절단함	M3G1M4	8	M3G1M4	합판을 밀어 절단함
10			6	M4P2	절단된 합판을 옆에 놓음
	누적 MOD		63		

1. **B17:** 바닥에 놓인 6kg 합판을 집기 위해 허리를 굽힌다.
2. **M4G1과 M4G1:** 왼손과 오른손 모두 팔을 쭉 뻗어 합판을 집는다.
3. **(B17):** 합판을 집고 허리를 펴는 동작이다. B17에서 17 MOD는 허리를 굽히고 펴는 데 걸리는 시간을 의미하므로 1번에서 이미 17 MOD를 고려하였기 때문에 여기에서는 시간을 다시 계산하지 않는다. 여기서는 단지 허리를 펴는 동작을 나타내기 위해 괄호 안에 B17을 다시 기록하였다.
4. **W5×2:** 합판을 들고 작업대로 걸어가는 동작이다. 2걸음을 걸었기 때문에 W5에 2를 곱한다.
5. **M4P2와 M4P2:** 두 손으로 들고 온 합판을 팔을 쭉 뻗어 작업대에 놓는 동작이다.

6. **L1×1:** 6kg의 합판을 두 손으로 집어 내려놓았으므로 각 손에 3kg의 중량을 고려하여 보정한다.
7. **M3G1M3과 G0:** 보조작업대를 움직여 합판의 절단 간격을 조절하기 위해 왼손의 팔꿈치를 구부려 레버를 잡고 15cm 정도 내린다. 이와 동시에 오른손은 작업대에 놓인 합판을 접촉 쥐기로 잡고 있다. 이때 왼손의 동작시간이 오른손보다 더 소요되므로 왼손 동작의 시간을 기록한다.
8. **M3:** 왼손으로 잡고 있던 레버를 움직여 보조작업대의 간격을 조절한다.
9. **M3G1M4와 M3G1M4:** 두 손의 팔꿈치를 구부려 작업대 위의 합판을 잡고, 동시에 팔을 뻗어 합판을 절단한다.
10. **M4P2:** 절단한 합판을 팔을 쭉 뻗어 이동하여 옆에 놓는다.
11. 따라서 이 작업의 총소요시간은 63 MOD이며, 8.127초가 된다.

요약

MOST는 제1세대 PTS법인 MTM-1을 기초로 개발되어 MTM-1과 같이 TMU를 시간 단위로 사용하며, 인간의 동작보다 물건의 움직임에 중점을 두어 개발되었다. Basic MOST는 공간에서 자유롭게 움직이는 물건의 이동을 일반 이동이라고 정의하고, 거리(A), 동작(B), 조절(G), 바로 놓기(P)의 4개 변수를 고려하여 소요시간을 결정한다. 물건 이동 시 제약을 받는 경우를 제한 이동이라 구분하고, 거리(A), 동작(B), 조절(G), 이동 제한(M), 처리시간(X), 정렬하기(I), 거리(A)의 7개 변수를 고려하여 소요시간을 결정한다. 또한 일반 이동과 더불어 도구를 사용하는 소요시간을 결정하기 위해 조이기(F), 풀기(L), 자르기(C), 표면처리(S), 측정하기(M), 기록하기(R), 생각하기(T)의 7개 변수를 제공한다.

MODAPTS는 WF나 MTM과는 다르게 동작거리를 측정하는 대신 동작을 수행하는 신체부위에 따라 소요시간을 결정한다. 0.129초에 해당하는 MOD라고 하는 시간 단위를 사용하며, 팔의 이동 동작(M)과 끝 동작에 해당하는 잡기(G)와 놓기(P)의 조합으로 기본동작(MGMP)을 구성한다, 이 외에 누르기(A), 허리 굽힘(B), 회전하기(C), 판단과 반응(D), 눈 사용(E), 발동작(F), 중량인자(L), 고쳐쥐기(R), 앉았다 일어남(S), 보행(W)의 총 21가지 기본동작에 대한 시간치를 제공한다.

연습문제

1. 사람의 기본동작보다 물체의 이동에 초점을 맞추어 개발된 PTS는?

   ① work factor ② MTM
   ③ MOST ④ MODAPTS

2. MOST의 종류가 아닌 것은?

   ① Baisc MOST ② Mini MOST
   ③ Maxi MOST ④ Mobile MOST

3. MOST에서 사용하는 시간 단위는?

   ① 초, 분, 시간 ② WFU
   ③ TMU ④ MOD

4. MOST에서 놓기에 해당하는 이동 절차는?

   ① ABG ② ABP ③ MXI ④ A

5. MODAPTS에서 사용하는 시간 단위는?

   ① 초 ② WFU
   ③ TMU ④ MOD

6. 일반 이동을 나타내기 위해 MOST에서 사용하고 있는 4개 변수는?

7. Basic MOST에서 잡기, 놓기, 돌아오기의 일반 이동 절차를 나타내기 위해 사용하는 기호는?

8. 작업대의 놓여 있는 가벼운 물건을 집기 위해 팔을 20인치 뻗는 동작을 MOST로 표현하고, 소요시간을 결정하라.

9. Basic MOST에서 일반 이동과 제한 이동의 차이를 설명하라.

10. Basic MOST에서 잡기, 이동 또는 작동하기, 돌아오기의 제한 이동 절차를 나타내기 위해 사용하는 기호는?

11. Basic MOST에서 수공구 또는 물건 잡기, 수공구 또는 물건 놓기, 수공구 사용, 수공구 또는 물건 치우기의 도구 사용 절차를 나타내기 위해 사용하는 기호는?

12. MODAPTS의 세 가지 동작 분류는 무엇인가?

13. 이동 동작과 끝 동작으로 이루어진 MODAPTS의 기본동작의 기호는?

14. MODAPTS로 기록한 M3G1M3P0 동작의 소요시간을 MOD와 초로 나타내라.

15. 작업대의 놓여 있는 집기 쉬운 물건을 집기 위해 위팔을 뻗는 동작을 MODAPTS로 표현하고, 소요시간을 결정하라.

15장 산업심리

15장
산업심리

산업심리학(industrial psychology)은 심리학의 방법과 지식을 이용하여 산업 활동에서 일어나는 행동을 연구하는 실천과학으로서 응용심리학의 한 부분이다. 즉, 산업심리학은 산업체, 공공기관 등 다양한 형태의 조직에서 일어나는 인간의 행동을 심리학적 지식을 활용하여 설명하고 해결하는 심리학의 응용분야라고 할 수 있다. 초기 산업심리학에서는 근로자의 선발, 교육·훈련, 성과 평가 등과 같은 분야를 다루는 인사심리학이 주를 이루었으나, 1960년대 이후 조직활동, 리더십, 동기부여, 직무만족 등과 같은 조직심리학의 내용이 추가되었다.

본 장에서는 작업관리와 관련이 깊은 직무순환 및 직무확대, 동기부여, 작업자 훈련, 직무 스트레스 등을 다룬다.

15.1 직무순환 및 직무확대

1. 직무순환

많은 사업장에서 작업자의 동기부여와 생산성 향상을 위해 시도하고 있는 방법 중의 하나가 직무순환(job rotation)이다. 직무순환이란 세분화된 업무를 일정한 시간적 간격을 두고 교대로 수행하게 하여, 업무의 단조로움, 무의미성 및 특정 신체부위의 피로, 산업안전 및 보건 상의 문제 등을 감소시키는 것을 주 목적으로 한다. 예를 들어, TV 조립공장의 작업라인에서 일하는 작업자가 단순하고 반복적인 작업을 하루 종일 하게 된다면 곧 지루함을 느끼고, 작업에 대한 의욕이 떨어지고 동기부여가 되지 않아 궁극적으로 제품의 품질도 저하될 것이다. 그러므로 적절한 직무순환을 통해 단순한 작업에 대한 무료함이나 특정 신체부위의 지속적 사용으로 인한 피로 등을 회복시켜 주어야 한다. 다만, 잘못 설계된 직무순환은 오히려 작업자 스트레스를 증가시킬 수 있기 때문에 직무순환 설계 시 주의하여야 한다. 직무순환은 경력이 많은 작업자에게 특히 필요하며, 3개월에서 2년에 걸쳐 직무를 순환할 때 그 효과가 크게 나타난다.

특정 신체부위의 집중적인 피로를 예방하기 위해 직무순환을 실시하는 경우, 성공 여부는 생체역학적인 스트레스 요인을 신체부위에 얼마나 균형적으로 분배하는가에 달려있다. 만약 허리에 과도한 스트레스를 받는 작업에서 같은 부위에 스트레스를 받는 작업으로 순환한다면 이 직무순환 계획은 허리의 질환을 예방하는 면에서 비효과적이다. 따라서 직무순환 계획은 이전 작업에서 주로 사용하는 신체부위와는 다른 부위를 사용하는 작업으로 순환하여야 한다. 그러나 이러한 작업순환을 구체적으로 어떻게 설계하며, 실제 현장에서 어떻게 사용되고 있는지에 대한 연구는 매우 부족하다. 직무순환 설계 시에 작업 관련 질환 및 상해 감소, 생산성에 영향을 미치는 정도, 순환하는 직무들 간의 근접성, 작업자 수준, 다른 신체부위 사용 등을 고려하여야 한다.

이러한 요소들을 바탕으로 직무순환은 일반적으로 관리감독자의 결정과 인간공학적 직무평가에 근거하여 이루어진다. 특히 신체적으로 장애가 있거나 문제가 있는 작업자의 순환이 어렵고, 산업 현장에서 순환의 대상이 되는 작업이 많지 않다는 것 등은 직무순환 시행의 장애물로 작용한다.

직무순환의 장점은 다음과 같다.

1. 작업자들이 기업의 직무 전반을 이해하게 되고 직무 관련 지식, 기술, 경험이 풍부하게 된다.
2. 작업과 관련된 질환 및 상해의 발생이 줄어든다.
3. 작업자의 근로 의욕과 직무만족도가 높아진다.

직무순환의 단점은 다음과 같다.

1. 생산성이나 품질이 떨어질 수 있다.
2. 새로운 직무에 적응하기 위한 작업자의 노력이 요구된다.

직무순환 설계 절차를 미국의 한 식품회사(Jerom Foods)의 예를 통하여 설명한다.

1. 직무 스트레스 평가: 작업부하를 정량적으로 평가하여 스트레스 정도를 지수로 표현한다. 평가요소로는 사이클타임의 크기, 작업 수행에 요구되는 최대 힘의 정도, 어깨, 팔꿈치, 손목 등과 같은 신체부위별 부하, 환경요인 등을 들 수 있다.
2. 직무순환 설계: 평가된 스트레스 점수에 작업시간을 반영하여 점수화하고, 이를 작업자 개인별 및 신체부위별로 합산하여 각 신체부위에 대한 1일 스트레스 점수를 계산한다. 개인별 및 신체부위별 스트레스 점수를 그 크기에 따라 세 가지 등급 즉, '낮음', '중간', '높음'으로 구분한다. 스트

레스 점수 또는 등급이 정해진 기준을 초과하면 이를 낮추는 방향으로 직무순환을 설계한다. 직무순환의 설계 시에 다음 지침을 참조한다.

1) 연속적으로 높은 스트레스의 직무를 배정하지 않는다.
2) 하루 동안 중간 이상의 스트레스의 직무를 세 번 이상 배정하지 않는다.
3) 하루 동안 높은 스트레스 직무는 한 번만 배정하여야 한다.
4) 높은 스트레스 직무의 이전과 이후에는 낮은 스트레스 직무를 배정한다.
5) 한 작업자의 직무순환에 연속적으로 중간 또는 높은 스트레스 직무를 배정하지 않는다.

2. 직무확대 및 직무충실화

직무확대(job enlargement)는 수평적으로 직무를 다양하게 넓혀주어 단순작업의 되풀이에 따른 권태감을 없애고 작업에 보다 흥미를 가질 수 있도록 하는 것이다. 직무확대는 관련 있는 몇 개의 일을 묶어서 각자에게 분담시키는 것이 아니라 공동으로 담당하게 하는 형태를 취할 때가 많으며, 다기능공 제도를 그 예로 들 수 있다. 예를 들어, 10개의 부품으로 구성되어 있는 제품을 조립하는 작업을 생각해보자. 한 작업자의 기존 직무가 7개 부품으로 구성된 반제품에 3개의 부품을 추가로 조립하는 일이었다면, 이 작업자에게 10개 부품 전체를 완성하는 일을 부여하는 것을 직무확대라고 할 수 있다. 이렇게 되면 단순히 3개의 부품을 조립할 때보다 더 많은 다양성을 가진 작업을 하게 되어 직무에 대해 흥미가 높아짐과 동시에 직무에 대한 만족도도 함께 높아지게 된다.

직무확대가 수평적인 확대인 것에 반해 IBM과 디트로이트 에디슨(Detroit Edison) 등의 회사에 의해 처음 시도되었던 직무충실화(job enrichment) 또는 직무확충은 작업자의 직무를 새롭게 설계하는 과정이다. 이는 수직적인 확대로서, 상급자의 업무 영역의 일부를 하급자가 수행하도록 하여 하급자의 책임을 넓혀주어 작업만족도를 높여주는 것이다.

효과적인 직무충실화 실행을 위해 다음을 참고한다.

1. 작업자에게 더 넓은 범위의 책임을 제공한다.
2. 단순한 부품에 대한 작업보다는 전체 제품을 완성하는 작업을 부여한다.
3. 작업을 수행하는 방법을 작업자가 자유롭게 결정하게 한다.
4. 작업자가 새롭거나 좀 더 어려운 작업을 시도할 수 있게 한다.
5. 작업자가 특정 작업에 대한 전문가가 될 수 있는 기회를 제공한다.

15.2 동기

조직을 성공적으로 유지하기 위해서는 각 구성원이 그 조직에 소속되어 있다는 소속감만으로는 부족하며 적극적으로 참여할 수 있는 동기가 필요하다. 직무에 대한 동기(motivation)란 작업자가 생산적 활동을 위해 자신의 노력과 에너지를 쏟아 붇는 의지를 의미한다. 동기부여가 된 작업자는 자신의 작업을 보다 효율적으로 수행하기 위해 작업의 방법과 절차 등을 향상시키려 하며, 이는 그 조직이 지향하는 목표나 목적을 달성하는 데 공헌하게 된다. 또한 높은 수준의 작업만족도와 함께 다른 작업자들과의 원활한 인간관계를 통해 보다 긍정적인 작업 분위기를 형성할 수 있다.

1. 동기의 세 가지 기능

동기는 인간이 행동을 하는 이유를 설명하기 위하여 심리학자들이 고안한 개념이다. 그러나 특정한 행동을 실행하도록 만든 원인들을 모두 동기라고 부르지는 않는다. 동기는 다음 세 가지 기능이 있다.

1. 활성화(energize): 행동을 촉발시키는 힘을 활성화시킴
2. 지향(direct): 노력의 투입을 한 방향으로 지향하게 함
3. 유지(sustain): 일정한 강도와 방향을 지닌 행동을 지속적으로 유지함

2. 동기부여의 과정

동기부여는 '불안정 상태'로부터 시작된다. 예를 들어, 좋은 옷을 사고 싶다거나 보수가 좋은 직장으로 옮기고 싶은 마음이 있으면 편안하지 못한 불안정한 상태, 즉 상대적 욕구결핍 상태에 놓이게 된다. 욕구는 행동을 활성화 또는 촉진하는 역할을 한다. 이때부터 동기부여가 시작되며 욕구를 충족시킬 수 있는 방안을 모색하게 되고, 그 결과로 어떤 행동이 선택된다. 이때 선택된 행동은 목표 지향적이어서 그 목표가 달성될 때까지 유지된다. 다음은 욕구결핍을 재평가하여 피드백 과정을 통해 행동이 수정되고, 이는 다른 불안정 상태를 만들어내는 순환과정을 이룬다. 이상의 과정이 〈그림 15-1〉에 요약되어 있다.

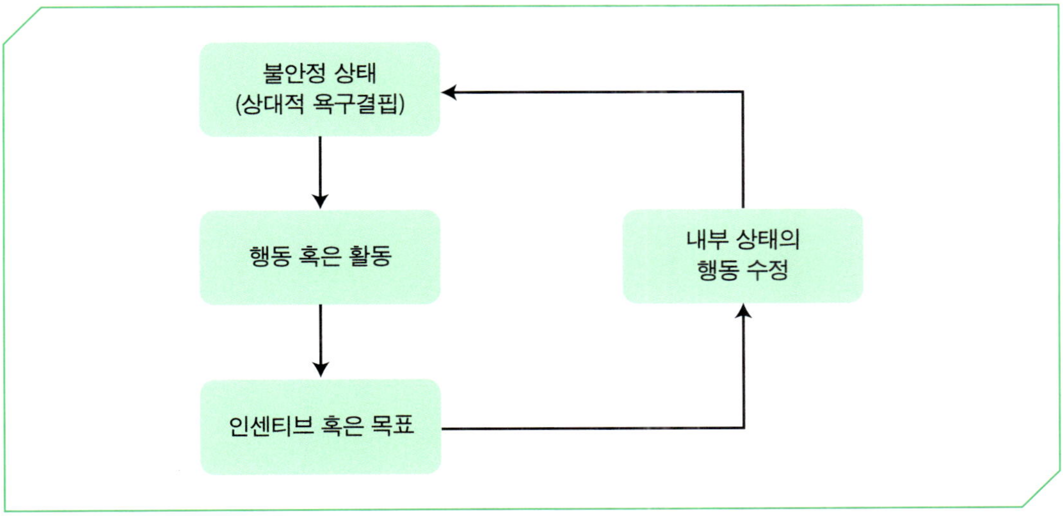

〈그림 15-1〉 동기부여의 순환적 과정

3. 동기이론

인간의 동기에 대하여 수많은 이론들이 개발되어 왔으며, 여기에서는 전통적인 두 가지 이론을 소개하고자 한다.

(1) 매슬로우(Maslow)의 욕구 5단계 이론

1940년대 초에 발표된 가장 잘 알려진 이론이다. 인간은 5단계의 기본 욕구를 충족시키고자 하며, 이러한 욕구들은 계층적 순서로 구성되어 있다고 설명하고 있다. 즉, 하위 단계의 욕구가 충족되면 그 단계의 욕구를 충족하고자 하는 동기가 부여되지 않으며, 그보다 상위 단계의 조건만이 동기부여의 조건이 된다.

1. **1단계 생리적 욕구**: 인간에게 있어 가장 기본이라 할 수 있는 생리적 욕구이다. 즉, 목마름, 배고픔, 잠 등에 대한 욕구이다.

2. **2단계 안전에 대한 욕구**: 신체적 및 감정적인 위험으로부터 보호되고 안전해지기를 바라는 욕구이다.
3. **3단계 소속감과 애정에 대한 욕구**: 다른 사람들로부터의 사랑과 친밀감을 얻고자 하는 사회적 욕구이다.
4. **4단계 존경에 대한 욕구**: 내적으로 자존과 자율을 성취하려는 욕구 및 외적으로 타인으로부터 주목을 받고, 인정받으며, 집단 내에서 지위를 확보하려는 욕구이다.
5. **5단계 자아실현 욕구**: '나의 능력을 발휘하고 싶다', '자기계발을 계속하고 싶다' 등의 자신이 이룰 수 있는 것을 성취하려는 욕구이다. 즉, 계속적인 자기발전을 통하여 성장하고, 자신의 잠재력을 극대화하여 자아를 완성시키려는 욕구이다.

(2) 허즈버그(Herzberg)의 2요인 이론

허즈버그는 약 1,700명의 작업자를 대상으로 연구한 결과, 사람의 동기부여에는 크게 외래 요인과 내재적 요인이 있다고 제안했다. 외래 요인은 직무 외적인 것으로부터 시작된 요인으로서 작업의 불만족으로 이어진다고 하였으며, 불만 요인이라고도 한다(예: 임금, 회사정책, 감시감독, 작업환경, 개인적 생활 등). 내재적 요인은 직무내용 자체와 관련된 것으로, 만족의 기본이 된다(예: 직무만족도, 성취감 등).

이 이론에 의하면 만족의 반대가 불만족이 아니며, 직무로부터 불만족 요소를 제거했다고 해서 직무가 좀 더 만족스럽게 되지는 않는다. 즉, 직무만족을 이끌어내는 요인들은 직무불만족을 이끌어내는 요인들로부터 분리되어 있고 전혀 다르다는 것이다. 따라서 직무불만족을 일으키는 요인들을 없애고자 시도하는 관리자는 작업장에 평화를 가져올 수는 있으나 동기부여가 향상되지는 않는다. 이들 직무불만족을 일으키는 외래요인들이 충족되면 사람들은 불만족하지 않게 되지만 만족되지는 않는다. 따라서 자신의 일에 대해 직원들을 동기부여하려면 직무만족을 일으키는 내재적 요인인 만족 요인을 중요시할 것을 제안했다.

4. 동기부여의 한계

(1) 동기부여와 능력

직무수행은 동기부여와 능력과의 함수, 즉 직무수행 = 동기부여 × 능력으로 표현된다. 이는 하나의 과업을 성공적으로 수행하기 위해서는 동기부여와 더불어 과업수행에 필요한 지식, 기술, 경험과 같은 능력이 있어야 함을 의미한다. 예를 들어, 좋은 직장에 취업하고 싶은 의욕과 열의가 매우 높더라도 그 직장에서 요구하는 자격, 지식, 기술이 없으면 성공할 수 없는 것이다.

(2) 동기의 개인차

사람마다 추구하는 목표가 다르듯이 동기도 각양각색이다. 어떤 사람은 동기 수준이 높고, 어떤 사람은 그렇지 못하다. 따라서 조직이 주어진 목표를 효율적으로 달성하려면 동기 수준이 낮은 사람은 높이고, 동기 수준이 높은 사람은 계속 유지하도록 새로운 동기를 심어주어야 한다.

(3) 동기부여의 추상성

행동은 생산성, 이직, 결근과 같은 척도로 측정이 가능하나, 동기는 개인의 심리적 상태를 나타내기 때문에 측정이 어렵다. 따라서 동기부여 수준은 직접적으로 관찰되지 못하는 변수이며 추론될 수밖에 없다.

(4) 동기의 역동성

동기는 시간이 흐름에 따라 계속 변하기 때문에 관리자들은 직원들의 욕구를 충족시킬 방안을 지속적으로 찾아야 한다.

15.3 작업자 훈련

교육(education) 및 훈련(training)은 인력개발을 위한 중요한 수단이다. 여기서 교육은 이해력과 지적 활동을 활성화시킴으로써 지식 및 기능을 습득하는 과정이고, 훈련은 주로 반복적인 연습을 통해 지식 및 기능을 습득하는 과정으로 정의된다. 그러나 많은 경우에 지식 및 기능의 습득과정이 교육인지 또는 훈련인지 정확하게 구분되지 않으므로 본 장에서는 훈련으로 용어를 통일한다.

효과적인 훈련을 위해서는 다음과 같은 5단계를 거쳐 훈련이 진행되어야 한다. 첫째, 누구를 훈련시킬 것인가, 또는 무엇을 훈련시킬 것인가에 대한 요구분석 단계이다. 둘째, 훈련의 목표를 설정하는 단계로서 훈련의 결과로 달성하고자 하는 목표를 명확하게 설정하는 단계이다. 셋째, 훈련의 설계 단계로서 구체적인 훈련 프로그램을 개발하고 언제, 어디서, 누구를 대상으로, 어떻게 실시할 것인지를 계획한다. 넷째, 실시 단계로서 요구분석에서 파악된 대상에게 설계된 훈련을 실시한다. 마지막으로 평가 단계에서는 목표에 부합되는 훈련이 이루어졌는가를 점검한다. 이러한 훈련 프로그램의 5단계가 〈그림 15-2〉에 묘사되어 있다.

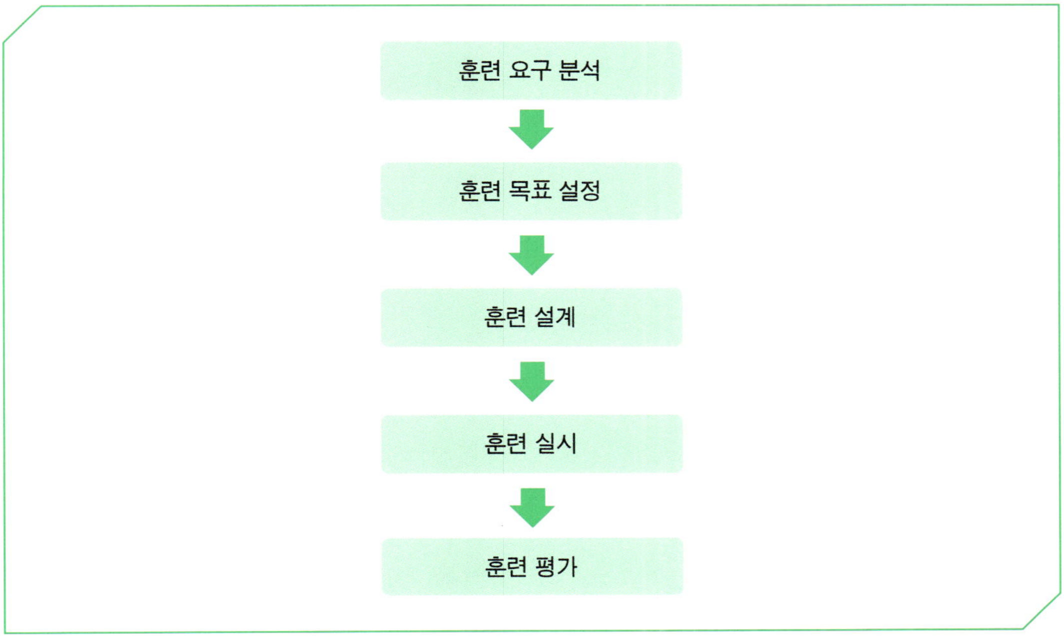

〈그림 15-2〉 훈련 프로그램의 5단계

1. 훈련 요구 분석

훈련 요구 분석은 훈련이 왜 필요한지, 구성원 전체에게 필요한지 또는 특정 부서나 개인에게만 필요한지, 또 무엇을 훈련시킬 것인지를 결정하는 것이다. 요구분석 단계는 훈련 프로그램의 실행과정에서 가장 중요한 단계임에도 불구하고 종종 무시되는 경우가 있다. 〈그림 15-3〉은 환경변화에 따

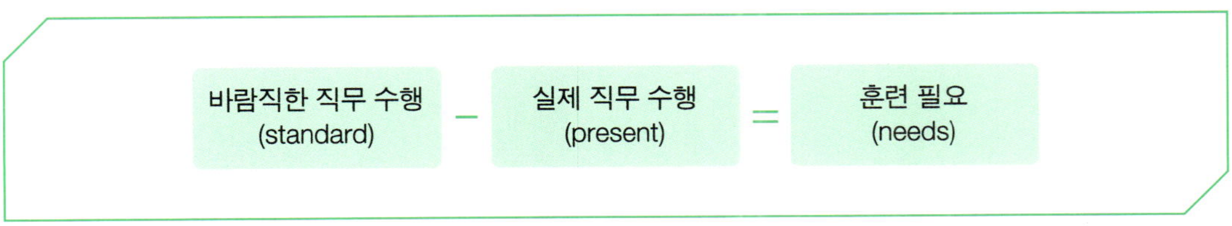

〈그림 15-3〉 훈련의 필요성

라 요구되는 훈련의 필요성에 대한 방정식으로서, 바람직한 직무수행을 위해서 현재 수행하고 있는 직무에서 추가로 요구되는 것들을 교육해야 된다는 것을 나타내고 있다. 훈련의 필요성은 조직, 과업, 또는 개인적인 차원에서 검토되어야 한다.

2. 훈련 목표 설정

훈련을 받는 사람들이 훈련의 목표를 제대로 알지 못하면 훈련에서 얻고자 하는 소기의 목적을 달성할 수 없다. 그러므로 훈련의 목표는 훈련 이후에 습득되어야 하는 지식, 기술, 능력의 정도를 훈련 받는 사람들이 깨닫거나 언급할 수 있는 구체적 결과에 근거하여야 한다.

3. 훈련 설계

설정된 훈련 목표를 달성하기 위하여 훈련을 구체적으로 설계하는 단계로서 훈련의 내용, 대상자, 훈련 기법, 훈련 실시자 등을 정한다. 훈련은 다른 사람에게 전파되어야 하는데 이를 훈련의 전이(transfer of training)라 한다. 한번 훈련된 것은 그대로 끝나지 않고 추가적인 훈련의 밑거름이 되어 새로운 훈련으로 계속 발전될 수 있다.

여러 연구자들이 제안한 훈련의 전이를 극대화하기 위한 방안을 정리하면 다음과 같다.

1. 훈련 부서, 훈련 대상자, 관리부서, 생산부서 등 여러 부문을 대상으로 훈련에 대한 요구분석을 철저히 한다.

2. 경영층 및 관리자로부터 훈련에 대한 전폭적인 지원이 있어야 한다.
3. 훈련 대상자에게 훈련의 전반적 과정에 대한 충분한 사전 안내가 있어야 한다.
4. 훈련결과가 직무수행 평가에 반영될 수 있게 한다.
5. 훈련상황이 실제 직무상황과 유사할수록 전이 효과가 높다.
6. 새로 학습하는 과제에 대해 가급적 많은 실례를 제공하고 연습기회를 준다.
7. 훈련과제의 중요 부분에 대해 학습 요점(learning point)을 제공한다.
8. 문제에 대한 경험적 접근보다는 문제해결에 필요한 원리를 습득할 수 있게 한다.
9. 훈련에서 학습한 내용을 실제 직무에서 어떻게 적용할 것인지에 대해 각자 실천계획을 수립하게 한다.
10. 훈련결과 직무에서 새로운 행동을 나타내는 직원에게 보상이 주어지게 한다.

훈련의 전이는 훈련의 유지(maintenance)와 관련되어 있는데, 이는 직무에 복귀한 훈련 참가자가 얼마나 훈련된 지식과 기술을 보유하고 있느냐의 문제이다. 훈련유지 곡선은 〈그림 15-4〉와 같다. 이 중 A유형이 가장 흔한 형태로서 어느 기간까지는 천천히 훈련효과가 감소하다 이후에는 급격하게 훈련효과가 사라지는 형태이다. B유형은 훈련 초반에만 반짝 효과가 나타났다가 시간이 조금 지나면 거의 없어지는 형태이고, C와 D 유형은 어느 정도 유지되던 훈련효과가 시간이 흐름에 따라 반감되는 형태이다. E유형은 단순한 기술이나 정보를 훈련 받은 뒤에 시간이 지나면서 훈련 참가자의 지속적인 학습이 밑받침이 되어, 시간이 지난 후에도 상당한 응용능력을 보유하게 되는 형태이다.

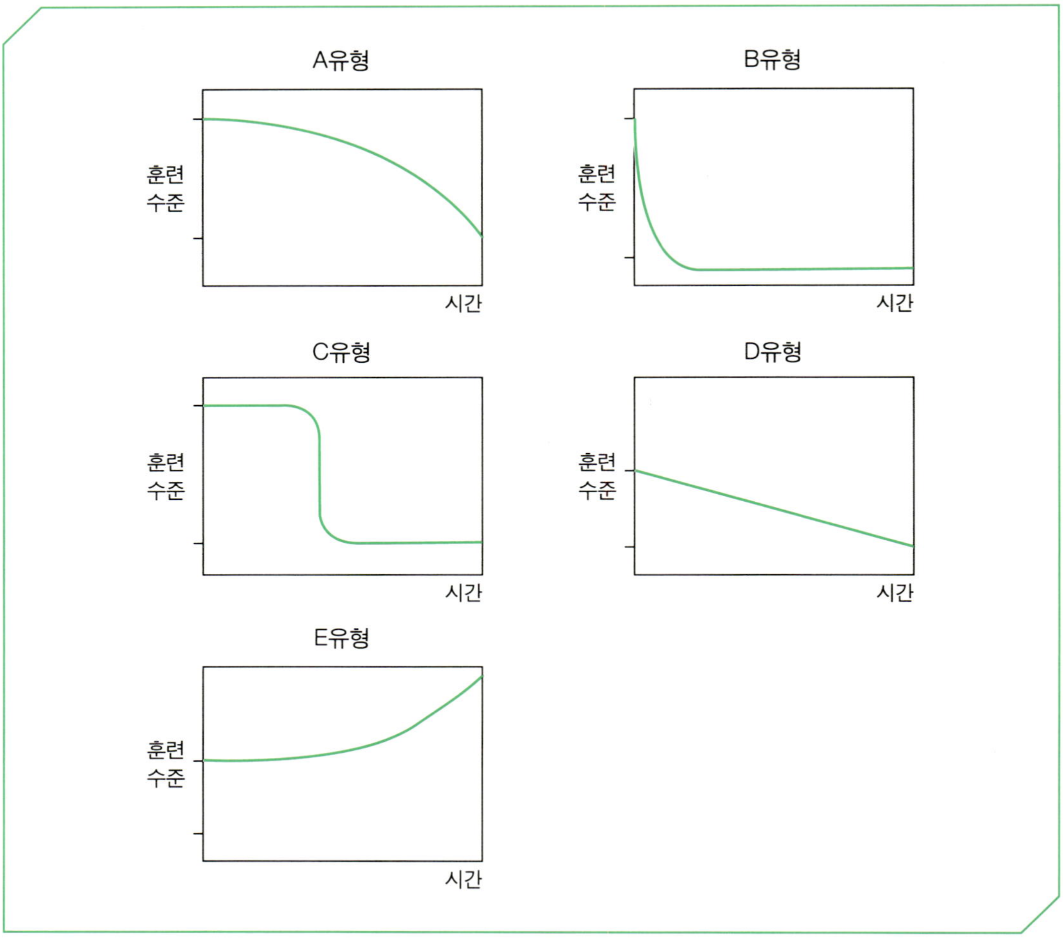

〈그림 15-4〉 훈련유지 곡선

4. 훈련설계의 원칙

성인에 대한 훈련을 설계할 때 참조될 수 있는 기본 원칙은 다음과 같다.

1. 자발적 학습의 원칙: 어떤 힘이나 타인의 강요가 아닌 학습자의 자발적 의지에 따라 참여하여야 한다.
2. 자기 주도적 학습의 원칙: 개인이 학습의 주체가 되어 자기 학습의 속도

나 그 결과에서 평가에 이르기까지 스스로 결정하는 교육이어야 한다.

3. 상호학습의 원칙: 상호작용을 통해서 학습의 효과를 높이도록 브레인스토밍이나 집단토의법과 같은 다양한 집단과정을 활용하면 좋다.
4. 현실성의 원칙: 교육의 목적이나 결과가 일상적인 생활에 즉각적으로 활용될 수 있도록 수립 · 실시되어야 한다.
5. 다양성의 원칙: 성인 학습자들은 다양한 적성, 능력, 기능, 흥미, 욕구 등을 가지고 있고, 그들의 직무내용, 성별, 연령, 학력수준 등도 다양하다. 이러한 다양한 요인들을 고려하여 학습능률을 높이기 위해 다양한 훈련방법을 사용해야 한다.
6. 능률성의 원칙: 투입되는 노력, 시간, 경비에 대한 최대의 효과를 얻도록 해야 한다.
7. 참여교육의 원칙: 훈련의 계획에서부터 목적 및 내용의 선정, 교수방법의 채택 및 실시, 평가에 이르기까지 전문가와 학습자가 같이 참여할 수 있는 기회가 필요하다. 이를 통해 학습자의 요구를 분석할 수 있고, 이에 맞게 훈련 프로그램을 개발할 수 있다.
8. 유희, 오락의 원칙: 훈련의 분위기가 너무 딱딱하면 훈련에 대한 집중도가 떨어지고 훈련의 효과가 줄어들게 된다. 따라서 학습자들의 심리적 긴장을 풀어주고 학습에 관심을 가지고 몰입할 수 있는 다양한 원리를 사용하여야 한다(예: 심리극, 영화 등).

5. 훈련기법

훈련기법은 크게 직장 내 훈련(on the job training: OJT)과 직장 외 훈련(off the job training: OFF JT)으로 구분된다.

대표적 OJT 기법은 다음과 같다.

1. **멘토링**: 조직에 먼저 들어온 연장자가 후배 또는 신입 사원에게 조직에서 터득했던 지혜와 경험을 전해주는 방식이다. 전수사항에는 구성원의 인적 사항, 조직 내 권력 구조 및 인간관계, 조직문화, 조직에서 갖추어야 할 기본자세, 태도, 예절, 작업 내용 및 방법 등이 포함된다.
2. **코칭**: 경험과 지식이 앞서는 사람이 그렇지 못한 사람에게 특정 부분의 문제를 깨닫고 개선할 수 있도록 일대일의 의사소통을 통한 훈련 방법이다.
3. **인턴십**: 방학기간이나 또는 시간제 근무로 학생들을 임시적으로 고용한 뒤 졸업 후에 정식 고용하는 것으로, 정식 고용 이전에 적합자를 훈련시키는 방법이다.
4. **도제 제도**: 작업장 내에서 일정 기간 동안 훈련 대상자가 선배나 동료로부터 기능을 배우는 훈련방법이다. 이는 정교한 수작업이 요구되는 공예나 수작업에 주로 적용되며, 훈련기간은 대체로 3~4년 정도로 많이 소요된다.
5. **직무순환**: 학습자가 기업의 직무 전체를 이해하도록 일련의 직무들을 훈련 계획에 따라 차례로 실제 수행해보는 훈련방법이다.

한편, 대표적 OFF JT 기법은 다음과 같다.

1. **강의법**: 강사가 지식이나 문제를 해결하는 과정 및 방법 등을 전달하는 방식으로, 훈련방법 중 가장 널리 쓰이는 방법이다.
2. **프로그램 학습법**: 심리학자들에 의해 개발된 훈련기법으로서 훈련 대상자에게 특정 주제에 대한 질문과 답이 제시된 학습자료를 제공하고, 이를 훈련 대상자가 스스로 진행 · 처리하게 하는 기법이다.

3. **시뮬레이션**: 시뮬레이션이란 실제 상황의 중요 요소들을 복제해서 사용자가 실제 상황의 중요 부분들을 조작하고, 그들 간의 관계를 파악할 수 있도록 해놓은 것을 말한다. 항공기 조종과 같이 실제 설비를 이용한 훈련이 어려울 때 시뮬레이션이 효과적이다.
4. **토의법**: 훈련 참가자가 일정 장소에 모여 특정 주제에 관한 자신의 견해, 지식, 경험 등을 발표·교환하고 문제해결에 대해 토론하는 것을 말한다. 토의법은 문제를 구체적으로 분석할 수 있으며 스스로 참여함으로써 학습의욕을 높일 수 있고, 자기반성과 아울러 결정된 내용을 준수하고 자신의 태도를 수정할 수 있다는 장점이 있다. 반면, 시간과 경비가 많이 소요되고 토론을 효율적으로 이끌 수 있는 능력 있는 리더가 요구되는 단점이 있다.
5. **사례법**: 기업에서 일어난 사건, 기업 현황들을 훈련 참가자들에게 제시하고 참가자들은 사례에서 중요한 문제점과 중요하지 않은 문제점을 구분해서 문제점을 분석하여 그 원인을 추론하고 문제해결을 위한 대안을 제시한다.
6. **행동 모방법**: 지식이나 정보의 제공보다는 태도와 행동을 변화시키고자 할 때 사용하는 기법으로, 반드시 모방할 대상이 있어야 한다. 어떤 모델 인물이 주어진 역할을 성공적으로 수행하는 장면을 보여준 후, 훈련 대상자에게 그 모델처럼 역할 연기를 해보도록 한다. 그 다음 단계에서는 행동의 이유, 과정 등을 이해시키고 이를 그대로 반복하여 연습하게 함으로써 행동의 변화를 유도한다.
7. **역할 연기법**: 관리자뿐 아니라 일반 종업원을 대상으로 인간관계에 대한 태도 개선 및 기술 습득을 위한 기법이다.
8. **비즈니스 게임법**: 역할 연기법은 훈련 대상자에게 타인의 입장을 연기하도록 하는데 반해, 비즈니스 게임법은 관리자의 입장에 있는 훈련 대상자들

에게 관리자의 역할이라는 자신의 원래 입장에서 게임을 하게 한다. 이 방법은 근래 들어 많은 기업에서 널리 사용되고 있으며, 게임의 대부분은 회사의 중장기 사업계획, 의사결정, 마케팅 전략, 대인관계나 의사소통관리 문제 등과 같이 경영관리에 대한 일반적 원리들을 다루고 있다.

6. 훈련 프로그램의 실시와 평가

개발된 훈련 내용을 누가, 어떻게, 어떤 방식으로 훈련시킬 것인가에 대한 많은 고려를 한 후에 훈련을 실시하여 한다. 마지막으로, 실시된 훈련 프로그램을 평가기준에 근거하여 훈련의 효과를 평가하는 단계이다. 이에는 훈련 내용을 어느 정도 습득하고 있는가, 얼마나 적응하고 있는가를 확인하거나 훈련의 효과로서 기대되는 변화가 실제로 어느 정도 일어나고 있는가를 확인하는 것을 포함한다.

15.4 직무 스트레스

직무 스트레스는 직무의 요구조건이 개인의 능력, 자원 또는 근로자의 욕구와 맞지 않을 때 발생하는 유해한 신체적, 정서적 반응이라고 정의된다.

1. 직무 스트레스의 원인과 결과

직무 스트레스의 원인으로는 작업자가 수행하는 직무의 내용이나 환경, 그 직무를 수행하는 작업자의 상태, 그리고 양자 간의 상호작용을 들 수 있다. 다음은 직무 스트레스를 야기하는 직무조건들을 나열한 것이다.

1. **직무설계**: 과도한 업무, 불규칙하거나 부족한 휴식시간, 장시간의 근무 등
2. **경영방식**: 의사결정에서의 작업자 참여 부재, 의사소통의 부재 등
3. **개인적 관계**: 사교적 사회활동의 부재, 동료 작업자나 선임자의 도움이나 지원 부재 등
4. **직무역할**: 직무성과에 대한 갈등이나 이해 부족, 직무에 대한 책임 과다, 직무 과다 등
5. **직장에 대한 근심**: 고용보장에 대한 걱정, 승진이나 자신의 성장에 대한 기회의 부재 등
6. **환경 요인**: 소음, 진동, 고열 등 환경적인 요인, 신체적인 스트레스, 불쾌하거나 위험한 작업환경 등

이러한 요인들에 의한 직무 스트레스는 작업자의 결근, 지각이나 직무 태만, 사직 등의 결과로 나타난다. 또한 직무 스트레스는 작업자에게 심혈관계 질환, 근골격계질환, 정신질환, 안전사고와 자살, 폭력 등과 같은 결과를 유발할 수 있다.

2. 직무 스트레스 발생 모델

(1) 인간-환경 적합성 모델

인간-환경 적합성 모델(person-environment fit model)은 작업자가 보유한 기술과 작업 요구 사이의 부조화, 또는 작업자의 목표와 실제 기회 사이의 부조화 등 작업자를 둘러싼 환경과의 부조화를 개인이 인지할 때 정서적 스트레스를 받는다고 가정한다.

(2) 요구-조절 모델

카라섹(Karasek) 등(1979)에 의해 제안된 요구-조절 모델(demand-control model)은 직무 스트레스 발생과정에 대한 설명과 직무 스트레스에 대한 평가 등에 널리 사용되어 왔다. 카라섹은 〈그림 15-5〉와 같이 스트레스를 결정짓는 두 인자로 직무요구도와 이에 대한 의사결정 범위를 고려했다. 의사결정 범위는 직무요구를 조절할 수 있는 능력으로 숙련기술의 사용 여부, 시간 분배 조절능력, 조직의 정책결정에의 참여 등과 같은 직무내용에 대한 결정권한 정도를 말한다. 이 두 인자의 조합 중 높은 직무요구에 비해 낮은 의사결정 범위를 가진 근로자들이 높은 직무 스트레스에 노출되어 있다고 할 수 있다. 장기간 이런 상태가 유지되면 질병에 전이될 확률이 커진다.

카라섹의 요구-조절 모델에 또 하나의 요인인 사회적 지지(social support)를 추가한 모델이 사용되기도 하는데 이는 요구-조절-지지 모델(demand-control-support model)이라고 한다. 사회적 지지는 동료, 감독, 조직으로부터의 직무수

		직무요구도	
		저	고
의사결정범위	저	수동적 집단 (passive job)	고긴장 집단 (high strain)
	고	저긴장 집단 (low strain)	능동적 집단 (active job)

〈그림 15-5〉 카라섹의 요구-조절 모델

행에 대한 관심과 지지를 의미한다. 사회적 지지가 있는 경우에는 고긴장 집단이라 하더라도 스트레스를 낮추고 관리해나갈 수 있다.

(3) 노력-보상 모델

시그리스트(Siegrist) 등(1996)에 의해 개발된 노력-보상 모델(effort-reward model)은 외적으로 직무에 있어서 요구되는 노력(직무요구, 의무)과 보상(금전적 보상, 승진, 자존심, 직무안정)의 균형을 가지고 스트레스 발생을 설명한다. 즉, 〈그림 15-6〉과 같이 높은 노력에 비해 낮은 보상이 계속될 때 근로자는 심한 스트레스에 노출된다고 본다. 이 모델은 사회적 보상이 없는 고도의 노력은 반복되는 강한 분노, 우울 및 혼란을 일으키고, 그것들은 지속적인 자율 신경계의 각성 및 이에 따른 고혈압, 심근경색 등의 건강 문제를 유발한다고 가정한다. 단, 내적 요인인 동기부여에 의해 외적 요인은 완화될 수 있다.

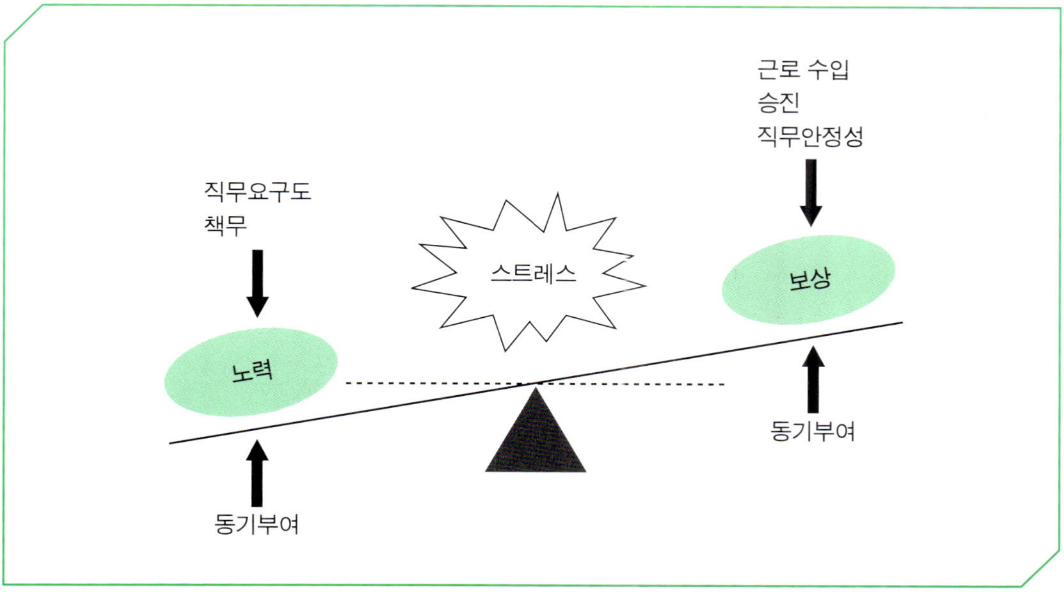

〈그림 15-6〉 노력-보상 모델

(4) NIOSH 직무 스트레스 모델

미국의 산업안전보건연구원(NIOSH)에서는 〈그림 15-7〉과 같이 기존의 스트레스 연구 결과들을 종합한 모델을 제시하였다. 이 모델에서 스트레스 요인으로는 크게 환경 요인, 직무 요인, 조직 요인이 있다. 환경 요인으로는 조명, 소음, 고열 등이 있다. 직무 요인은 작업의 특성인 부하, 속도, 교대 형태 등이 스트레스의 요인이 된다. 조직 요인으로는 역할 갈등, 관리 유형, 의사결정 참여, 고용 문제 등이 있다.

동일한 스트레스 요인에 대해서 개인들의 수용 정도는 차이가 나는데 이

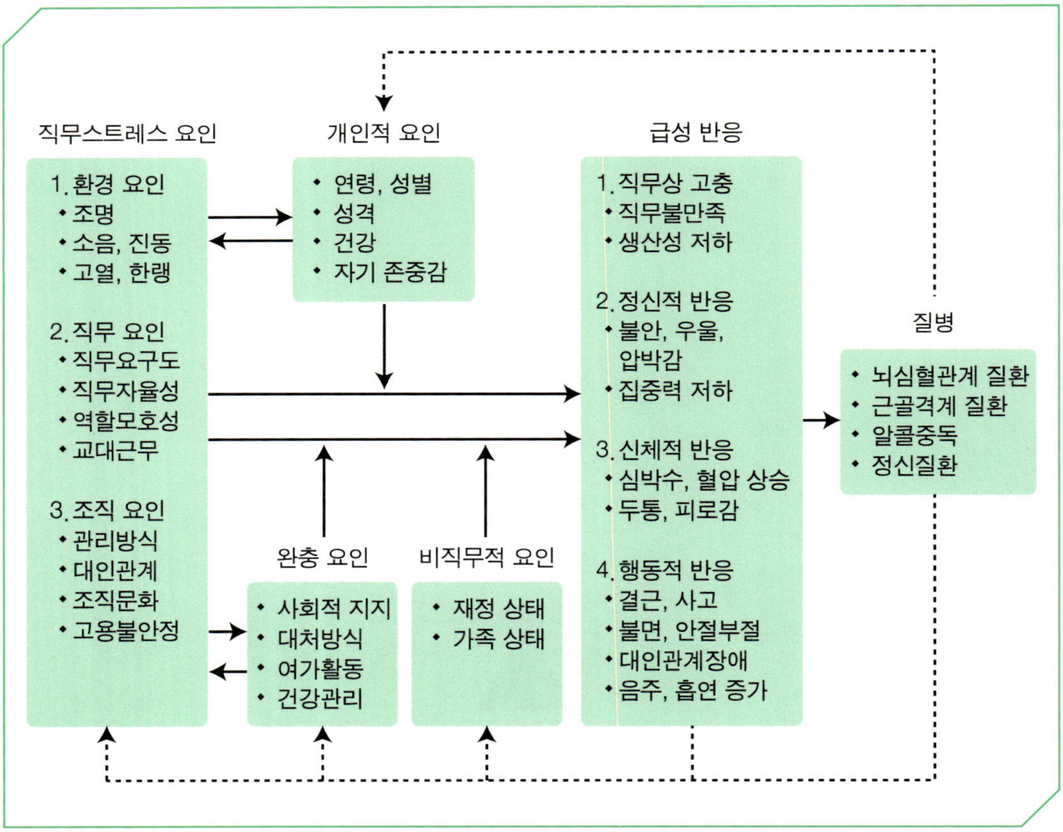

〈그림 15-7〉 NIOSH의 직무 스트레스 모델

는 개인적 요인, 비직무적 요인, 완충 요인 등에 의해 영향을 받는다. 개인의 성격, 연령 등에 따라 스트레스에 대한 반응의 차이를 나타낸다. 완충 요인으로는 사회적 지지, 업무 숙달 정도, 대응 능력이 해당한다. 완충 요인에서 이러한 것들이 감당되지 않으면 스트레스 반응이 일어날 수 있다.

3. 직무 스트레스와 작업 능률

스트레스는 그 정도와 대처 방식에 따라서 긍정적일 수도 있고 부정적일 수도 있다. 일반적 스트레스와 마찬가지로 직무 스트레스도 양면성을 가진다. 즉, 스트레스가 아주 많거나 없을 경우에 작업능률을 떨어뜨리는 부정적 영향을 미치나, 스트레스가 적정 수준일 때 오히려 사람을 적극적으로 만들고 스트레스에 맞설 잠재력과 자원을 찾아서 활용하게 되어 작업 능률을 향상시키는 긍정적 영향을 미친다. 스트레스의 양면성은 〈그림 15-8〉에 나와

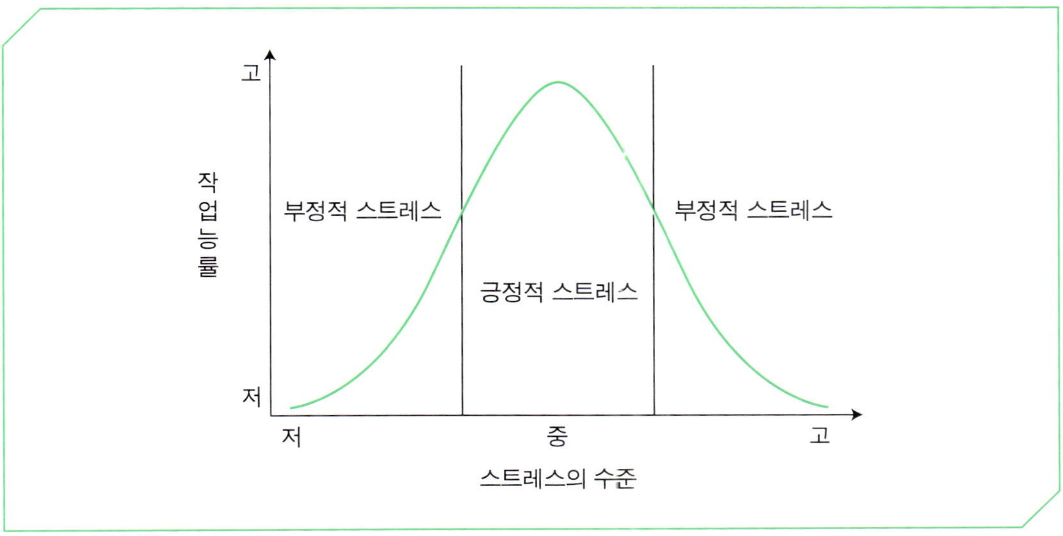

〈그림 15-8〉 스트레스와 작업 능률

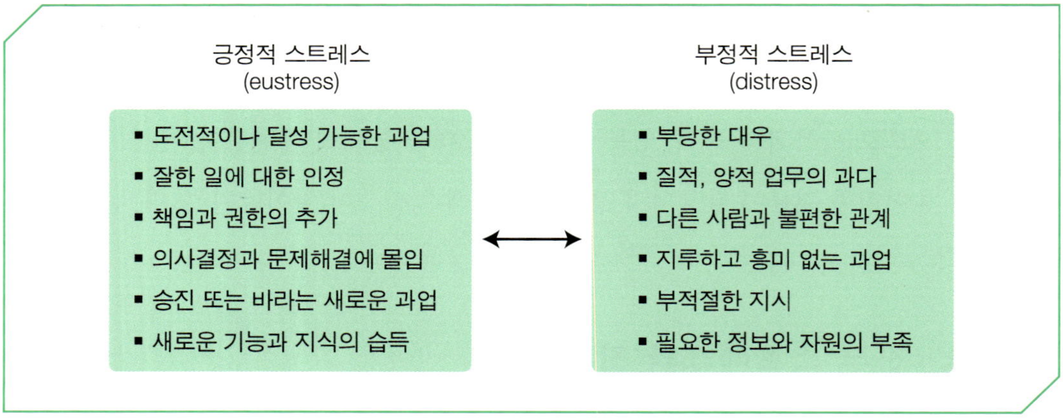

〈그림 15-9〉 긍정적 스트레스와 부정적 스트레스의 예

있으며 스트레스를 긍정적 스트레스(eustress)와 부정적 스트레스(distress)로 구분한 예가 〈그림 15-9〉에 나타나 있다.

4. 직무 스트레스 대책

조직이나 개인의 다양성으로 인하여 직무 스트레스를 해결할 수 있는 간단한 해결책이 존재하기는 쉽지 않다. 다만, 일반적으로 직무 스트레스를 해결하거나 예방하기 위한 절차를 소개한다.

1. **문제 인식:** 스트레스의 원인과 문제점을 찾기 위한 좋은 방법 중의 하나는 경영진과 노동조합 그리고 작업자들과의 그룹회의라고 할 수 있다. 규모가 큰 회사의 경우에는 설문지를 통해 정보를 얻는 것도 하나의 방법이 된다. 그리고 정확한 스트레스의 지표라고 할 수는 없지만, 결근이나 병가 또는 사직이나 이직률, 생산성 등과 같은 객관적인 정보를 활용하여 직무 스트레스의 정도를 추정할 수 있다.

2. **설계 및 개선:** 문제 인식 단계에서 여러 문제점들이 조직 전체에 해당하는 것인지 아니면 특정 부서나 특정 직무에서만 발생하는 것인지에 대한 상황인식을 할 수 있으며, 이후에 조직 전체 또는 특정 부서 및 직무의 설계 및 개선을 고려하게 된다. 문제가 간단한 경우에는 간단한 회의를 통해 개선안이나 새로운 작업설계의 해결책을 구할 수 있으나, 복잡한 문제의 경우는 문제인식 단계에서 구한 정보를 통해 외부의 전문가들과 회의를 통해 해결책을 구하기도 한다. 경우에 따라서 문제점이 의사소통의 향상이나 스트레스 관리 프로그램 등과 같이 단시간에 해결되는 사안이 있는가 하면, 전체 공정 프로세스를 새롭게 디자인하거나 라인을 재설계하는 것과 같이 장기간의 시간을 필요로 하는 개선을 요할 수 있다. 개선의 대소에 관계없이 작업자들과의 소통이 중요하며, 경영진은 작업자들에게 개선의 계획이나 절차를 통보하는 것이 좋다.
3. **평가:** 평가 단계는 개선이나 새로운 설계가 잘 진행되었는지 또는 수정이 필요한지를 평가할 수 있는 매우 중요한 단계라고 할 수 있다. 개선의 성격에 따라 분기별로 평가하는 단기평가와 1년 단위로 평가하는 장기평가로 나눌 수 있다. 평가 단계에서 사용할 정보로서 작업자의 개선에 대한 인지 및 의견은 매우 중요한 평가척도이다. 추가적으로 결근, 병원기록, 이직률 등과 같은 객관적 정보도 역시 평가척도로 사용할 수 있다. 다만, 직무 스트레스의 개선에 의한 성과나 영향은 다소 명확하지 않거나 장기간이 지난 후에야 나타난다는 것을 인지해야 한다.

요약

직무순환이란 세분화된 업무를 일정한 시간적 간격을 두고서 교대로 수행하게 하여 업무의 단조성, 무의미성 및 특정 신체부위의 피로, 산업 안전 및 보건 상의 문제 등을 감소시키는 것을 말한다. 직무순환의 장점은 기업의 직무 전반을 이해하고 지식, 기술, 경험을 풍부하게 하고 작업과 관련된 질환 및 상해의 발생이 줄어들며, 작업자의 근로 의욕과 직무만족도가 높아진다. 한편, 단점으로는 생산성이나 품질이 떨어질 수 있고, 새로운 직무에의 적응을 위한 작업자의 노력이 요구된다.

직무확대는 수평적으로 직무를 다양하게 넓혀주어 단순작업의 되풀이에 의한 권태감을 없애고 작업에 보다 흥미를 가질 수 있게 하는 것이다. 직무충실화는 작업자의 직무를 새롭게 설계하는 과정이다. 이는 수직적인 확대로서 상급자의 업무 영역의 일부를 하급자가 수행하도록 하여 하급자의 책임을 넓혀주어 작업만족도를 높여주는 것이다.

직무에 대한 동기란 작업자가 생산적 활동을 위해 자신의 노력과 에너지를 쏟아 붇는 의지를 의미한다. 동기는 활성화, 지향, 유지 등 세 가지 기능이 있다. 동기부여에 관한 매슬로우의 욕구 5단계 이론과 허즈버그의 2요인 이론을 기억한다.

효과적인 훈련을 위해서는 요구분석 단계, 훈련의 목표를 설정하는 단계, 훈련의 설계 단계, 실시 단계와 평가 단계가 체계적으로 이루어져야 한다. 훈련의 유지는 직무에 복귀한 훈련 참가자가 얼마나 훈련된 지식과 기술을 보유하고 있느냐의 문제이다. 가장 흔한 형태는 어느 기간까지는 천천히 훈련효과가 감소하다 이후에는 급격하게 훈련효과가 사라지는 형태이다.

성인에 대한 훈련을 설계할 때 참조될 수 있는 기본 원칙으로 자발적 학습의 원칙, 자기 주도적 학습의 원칙, 상호학습의 원칙, 현실성의 원칙, 다양성의 원칙, 능률성의 원칙, 참여교육의 원칙, 유희 · 오락의 원칙 등을 고려한다.

훈련기법은 크게 OJT와 OFF JT로 구분된다. OJT 기법으로는 멘토링, 코칭, 인턴십, 도제 제도, 직무순환 등이 있다. OFF JT 기법은 강의법, 프로그램 학습법, 시뮬레이션, 토의법, 사례법, 행동 모방법, 역할 연기법, 비즈니스 게임법 등이 사용된다.

직무 스트레스를 야기하는 직무조건들은 직무설계, 경영방식, 개인적 관계, 직무역할, 직장에 대한 근심과 환경 요인이 있다. 직무 스트레스 발생 모델로서 인간-환경 적합성 모델, 요구-조절 모델, 노력-보상 모델, NIOSH 직무 스트레스 모델을 설명하였다.

연습문제

1. 직무순환에 대한 설명으로 옳지 않은 것은?
   ① 일정 시간 간격으로 직무를 교대로 수행하는 것을 말한다.
   ② 직무순환의 가장 큰 목적은 생산성 향상이다.
   ③ 업무의 단조성, 무의미성, 특정 신체부위의 피로 등을 완화할 수 있다.
   ④ 3개월에서 2년에 걸쳐 직무를 순환하도록 직무순환을 설계하는 것이 좋다.

2. 직무순환의 직접적인 효과로 보기 힘든 것은?
   ① 상해 발생률 감소　　② 실수 감소
   ③ 작업자의 정신적 스트레스 감소　　④ 품질의 향상

3. 직무순환 설계 시 고려되어야 하는 요소로 가장 거리가 먼 것은?
   ① 임금 수준　　② 직무 간의 근접성
   ③ 작업자 수준　　④ 작업 관련 질환감소 정도

4. 직무순환의 장점과 거리가 가장 먼 것은?
   ① 직무 지식 풍부　　② 기업 이미지 향상
   ③ 직무만족도 향상　　④ 작업 관련 질환 감소

5. 직무의 수직적 확대 개념은?
   ① 직무순환　　② 직무확대
   ③ 직무충실화　　④ 교대근무

6. 개인의 행동을 촉발시키는 동기의 기능은?

① 활성화 기능 ② 지향 기능
③ 유지 기능 ④ 조절 기능

7. 동기부여가 시작되는 단계는?

① 행동 또는 활동 ② 욕구 결핍
③ 인센티브 ④ 행동 결과의 피드백

8. 동기부여에 대한 설명으로 옳은 것은?

① 직무 수행에서 가장 중요한 것은 동기부여 수준이다.
② 같은 직무가 주어질 경우 개인 간의 동기 수준은 크게 다르지 않다.
③ 동기 수준은 객관적으로 측정 가능하다.
④ 동기는 시간에 따라 변한다.

9. 훈련전이를 극대화하기 위한 방안으로 적절하지 않은 것은?

① 경영층 및 관리자로부터 훈련에 대한 전폭적인 지원이 있어야 한다.
② 문제에 대한 경험적 해결 사례 위주로 교육하여야 한다.
③ 훈련 결과가 직무 수행 평가에 반영될 수 있게 한다.
④ 훈련 결과 직무에서 새로운 행동을 나타내는 종업원에게 보상이 연결될 수 있게 한다.

10. 성인 교육 · 훈련에서 브레인스토밍과 같은 집단과정을 활용하면 좋다는 원리는?

① 현실성의 원리 ② 참여 교육의 원리
③ 다양성의 원리 ④ 상호 학습의 원리

11. 교육 · 훈련 기법 중 정교한 수작업이 요구되는 분야에 적절한 방법은?

① 멘토링 ② 코칭

③ 도제 제도 ④ 행동 모방법

12. 교육 · 훈련 기법 중 OJT가 아닌 것은?

① 멘토링 ② 직무순환

③ 인턴십 ④ 비즈니스 게임법

13. 훈련 대상자에게 특정 주제에 대한 질문과 답이 제시된 학습자료를 제공하고, 훈련 대상자 스스로 훈련하게 하는 교육 · 훈련 기법은?

① 토의법 ② 프로그램 학습법

③ 역할 연기법 ④ 비즈니스 게임법

14. 직무-스트레스 발생 모델 중 요구-조절 모델에서 스트레스가 높은 경우는?

① 직무요구도: 저, 의사결정 범위: 저

② 직무요구도: 저, 의사결정 범위: 고

③ 직무요구도: 고, 의사결정 범위: 저

④ 직무요구도: 고, 의사결정 범위: 고

15. NIOSH 직무 스트레스 모델에서 스트레스를 유발하는 요인이 아닌 것은?

① 환경 요인 ② 조직 요인

③ 완충 요인 ④ 질병 요인

16. NIOSH 직무 스트레스 모델에서 완충 요인이 아닌 것은?

① 사회적 지지 ② 가족 상태

③ 여가 활동 ④ 건강 관리

17. 부정적 스트레스 요인이 아닌 것은?

① 책임과 권한 추가　　② 부적절한 지시
③ 질적 업무의 과다　　④ 불편한 인간관계

18. 수평적으로 직무를 다양하게 넓혀주어 단순 작업의 되풀이에 의한 권태감을 없애고 보다 흥미를 가질 수 있도록 한 직무설계 개념의 예를 들고 그 효과를 설명하라.

19. 동기의 세 가지 기능을 들고 간단히 설명하라.

20. 교육 · 훈련의 전이가 무엇인지 간단히 설명하라.

21. 직무 스트레스 발생 모델 중 요구-조절 모델에서 스트레스 발생 수준을 결정하는 두 요인을 설명하라.

22. NIOSH 직무 스트레스 모델에서 스트레스를 설명하는 요인을 설명하라.

23. 교육 · 훈련 프로그램 개발의 단계를 들고 간단히 설명하라.

24. 교육 · 훈련 필요 방정식을 들고 간단히 설명하라.

25. 훈련 후 직무에 복귀한 훈련 참가자가 가능하면 훈련된 지식과 기술을 많이 유지 · 보유하고 있어야 한다. 훈련 효과 유지곡선의 형태를 들고 설명하라.

26. 교육 · 훈련 방법 중 행동모방법과 비즈니스 게임법을 설명하고 그 차이를 설명하라.

27. 직무 스트레스와 작업능률의 관계를 설명하라.

참고문헌

기도형 · 이경태 · 박재희 · 최경임, 산업안전보건관리자를 위한 인간공학, 3판, 한경사, 2010.

김원형 · 남승규 · 이재황, 신산업 및 조직 심리학, 학지사, 2006.

오원철 외 14인, 산업 및 조직 심리학, 박영사, 1998.

이근희, 작업관리, 삼조사, 1993.

이진식, 작업관리연구론, 형성출판사, 1996.

전영호 · 박희석 · 임태진 · 홍정완, 공학도를 위한 통계학, 창민사, 2013.

정수진 · 고종식, 산업 및 조직 심리학, 삼우사, 1998.

한국산업안전공단, 보건관리자용 직무 스트레스 관리 메뉴얼, 2003.

홍용기, 산업조직 심리학, 3판, 형성출판사, 2006.

황학, 작업관리론, 개정증보판, 영지문화사, 2008.

Aft, L. S., *Work Measurement & Methods Improvement*, John Wiley & Sons, 2000.

Astrand, I., Degree of strain during building work as related to individual aerobic work capacity, *Ergonomics*, 10(3), 293-303, 1967.

Astrand, P. O. and Rodahl, K., *Textbook of Work Physiology*, McGraw-Hill, 1970.

Barnes, R. M., *Motion and Time Study: Design and Measurement of Work*, 7th ed., John Wiley & Sons. 1980.

Bink, B., The physical work capacity in relation to working time and age, *Ergonomics*, 5(1), 25-28, 1962.

Bonjer, F. H., Actual energy expenditure in relation to the physical working capacity, *Ergonomics*, 5(1), 29-31, 1962.

Brey, E. E., Fatigue research in its relation to time study practice, Proceedings, Time Study Conference, Chicago, IL: *Society of Industrial Engineers*, February 14, 1928.

Chaffin, D. B., Herrin, G. D., and Keyserling, W. M., Preemployment strength testing, *Journal of Occupational Medicine*, 20(6), 403-408, 1978.

Davis, H. L., Faulkner, T. W., and Miller, C. I., Work physiology, *Human Factors*, 11(2), 157-165, 1969.

Eastman Kodak Company, *Ergonomic Design for People at Work*, Vol. 1, John Wiley & Sons, Inc., 1983.

Groover, Henderson, C. J., Ergonomic job rotation in poultry processing, Advances in Industrial Ergonomics and Safety, edited by Kumar, S., 443-450, 1992.

Groover, M. P., *Work Systems: The Methods, Measurement & Management of Work,* Prentice Hall, 2007.

Herzberg, F., *The Motivation to Work*, Wiley, 1959.

Herzberg, F., *Work and the Nature of Man*, World Publishing, 1966.

ILO, Introduction to Work Study, 1957.

Lazarus, I., *Inaccurate Allowances Are Clipping Work Measurement*, Factory, 1968.

Lehman, Physiological measurements as a basis of work organization in industry, *Ergonomics*, 1(4), 328-344, 1958.

Lowry, S. M., Maynard, H. B. and Stegemerten, G. J., *Time and Motion Study and Formulas for Wage Incentives*, 3rd ed., McGraw-Hill, 1940.

Maslow, A. H., A Theory of Human Motivation, *Psychological Review*, 50(4), 370-396, 1943.

Meyers, F. E. and Stewart, J. R., *Motion and Time Study for Lean Manufacturing*, 3rd ed., Prentice Hall, 2002.

McGregor, D., *Leadership and Motivation*, MIT Press, 1966.

Morrow, R. L., *Time Study and Motion Economy*, Ronald Press, 1946.

Mundel, M. E. and Danner, D. L., *Motion and Time Study: Improving Productivity*, 7th ed., Englewood Cliffs, Prentice-Hall, 1994.

Niebel, B. and Freivalds, A., *Method, Standards, and Work Design*, 11th ed. McGraw-Hill, 2003.

NIOSH, Stress at Work, U.S. Department of Health and Human Services, DHHS (NIOSH) Publication No. 99-101, 1999.

OSHA, Occupational Noise Exposure: Hearing Conservation Amendment, Federal Register 48, Washington, DC: Occupational Safety and Health Administration, 9738-9783, 1983.

Presgrave, R. W., *The Dynamics of Time Study*, 4th ed., The Ryerson Press, 1957.

Roebuck, J., Kroemer, K., and Thomson, W., *Engineering Anthropometry Methods*, Wiley-Interscience, 1975.

Rohmert, W., Problems in determining rest allowances, Part I: Use of modern methods to evaluate stress and strain in static muscular work, *Applied Ergonomics*, 4(2), 91-95, 1973.

Wright, W. R., Duvall, W. G. and Freeman, H. A., Machine interference, *Mechanical Engineering*, 58(8), 510-514, 1936.

Zandin, K. B., *MOST Work Measurement Systems: Basic MOST, Mini MOST, Maxi MOST*, 2nd ed., Marcel Dekker, 1990.

찾아보기

가

나

다

라

마

바

사

아

자

차

카

타

파

하

번호 및 기타

▼ 저자소개

- **박희석** hspark@hongik.ac.kr

서울대학교 산업공학과 학사
KAIST 산업공학과 석사
미국 미시간대학교 산업공학과 박사
현재 홍익대학교 산업공학과 교수
국가기술표준원 ISO TC 159(인간공학) 전문위원
근로복지공단 업무상 질병판정위원회 위원
한국경영자총연합회 자문위원
대한인간공학회 부회장 역임
대한산업공학회 총무이사 역임
마포구 기업정보화촉진위원회 위원 역임
저서: 인간공학(한경사), 산업인간공학(형설출판사), 산업위생학(신광출판사)

- **공용구** ykong@skku.edu

성균관대학교 산업공학과 학사
미국 펜실베니아 주립대학교 산업공학과 석사, 박사
미국 국립산업안전보건연구원 (NIOSH) 연구원 역임
미국 인간공학 기술사 (CPE: Certified Professional Ergonomist) 취득
현재 성균관대학교 산업공학과 교수
대한인간공학회 학술분과이사 역임
대한인간공학회 편집위원 역임
국가기술표준원 ISO TC 159(인간공학) 전문위원

- **정명철** mcjung@ajou.ac.kr

한양대학교 산업공학과 학사, 석사
미국 내브래스카대학교 산업공학과 석사
미국 펜실베니아 주립대학교 산업공학과 박사
현재 아주대학교 산업공학과 교수
대한인간공학회 총무이사 역임
국가기술표준원 ISO TC 159(인간공학) 전문위원

● **이인석** **lis@hknu.ac.kr**

포항공과대학교(POSTECH) 산업공학과 학사, 석사, 박사
인간공학기술사
현재 한경대학교 안전공학과 교수
한국안전학회지 편집위원 역임
대한인간공학회 학술분과이사 역임
국제 학술지 Ergonomics 편집위원
국가기술표준원 ISO TC 159(인간공학) 전문위원

● **기도형** **dhkee@kmu.ac.kr**

서울대학교 산업공학과 학사, 석사
포항공과대학교(POSTECH) 산업공학과 박사
현재 계명대학교 경영공학과 교수
대한산업공학회, 대한인간공학회, 한국안전학회 이사 및 편집위원 재임/역임
한국산업안전보건공단, 경북대 병원 자문위원 역임
근로복지공단 업무상 질병판정위원회 위원
1996년 미국 Liberty Mutual Insurance Company 최우수 논문상 수상
국가기술표준원 ISO TC 159(인간공학) 전문위원
인간공학 기술사
저서: 경영과학 실무 활용(교우사), 인간공학(한경사), 인간공학적 기기설계(한경사), 생체역학개론(한경사), Fundamentals and assessment tools for occupational ergonomics(one chapter, edited by W. Marras and W. Karwowski, Taylor and Francis)